ZHONGGUO TONGCHOU CHENGXIANG JIUYE JIZHI CHUANGXIN YANJIU
JIYU MAKESI JINGJIXUE SHIJIAO

中国统筹城乡就业机制创新研究

——基于马克思经济学视角

李保民◎著

人民出版社

责任编辑:王怡石
封面设计:王欢欢

图书在版编目(CIP)数据

中国统筹城乡就业机制创新研究:基于马克思经济学视角/
李保民 著. —北京:人民出版社,2023.5
ISBN 978-7-01-025574-3

Ⅰ. ①中… Ⅱ. ①李… Ⅲ. ①就业制度-体制改革-研究-中国
Ⅳ. ①F249.214

中国国家版本馆 CIP 数据核字(2023)第 059773 号

中国统筹城乡就业机制创新研究

ZHONGGUO TONGCHOU CHENGXIANG JIUYE JIZHI CHUANGXIN YANJIU

——基于马克思经济学视角

李保民 著

人民出版社 出版发行
(100706 北京市东城区隆福寺街 99 号)

北京盛通印刷股份有限公司印刷 新华书店经销

2023 年 5 月第 1 版 2023 年 5 月北京第 1 次印刷
开本:710 毫米×1000 毫米 1/16 印张:16.25 字数:250 千字

ISBN 978-7-01-025574-3 定价:88.00 元

邮购地址 100706 北京市东城区隆福寺街 99 号
人民东方图书销售中心 电话 (010)65250042 65289539

目　录

导　论

对于发展中国家来说，实现由传统二元经济向现代一元经济转换的根本困难，在于城乡之间的劳动力流动及其均衡问题。统筹城乡就业，是当前我国改变立足于城市利益来分割城乡就业关系、促进城乡一体化发展和全面建设社会主义现代化国家的必然要求，也是政府为扩大城乡就业总量、理顺和优化城乡就业关系、提高城乡就业现代化水平承担的一项重要职责。

一、研究回顾与评述

国外文献以 Lewis 的二元经济模式为起点，把乡—城劳动力转移看作是发展中国家工业化和城市化过程中必然出现的城乡就业结构调整现象，着眼于对 Lewis 模型的修正与拓展，形成了以农村剩余劳动力转移为核心、较为成熟的统筹城乡就业机制理论。① 在肯定 Lewis 模型城市现代工业部门关键作用的基础上，Ranis & Fei 把农业剩余劳动力转移与维持足够粮食剩余相结合，将该模型进一步发展为城乡两部门均衡增长模型。② 他们充分肯定农业劳动力从效率低的部门转移到效率高的非农部门对于结构转换的

① Lewis W. A.，"Economic Development with Unlimited Supplies of Labour"，*The Manchester School*，Vol.22，No.2（1954），pp.139-191.

② Ranis G. & Fei J.，"A Theory of Economic Development"，*American Economic Review*，Vol. 51，No. 4（1961），pp.533-565.

极端重要性。基于经典的古典理论和新古典理论，强调同质的生产要素在完全竞争经济中应有同等的边际收益。如果没有要素的自由流动，就无法实现帕累托最优配置。部门之间生产率的不同被认为是结构转换的根本原因。① 工业生产率和农业生产率因而被分别看做是乡—城劳动力转移的“拉力”和“推力”②。不同于强调发展生产率较高的城市现代工业部门的传统思路，Schultz③、Jogenson④、Harrist and Todaro⑤、Dixit⑥ 否定农业劳动力边际生产率为零的假设，强调改造传统农业、发展农业生产和乡村经济发展的重要性。农业技术进步在其中的积极作用越来越得到重视⑦。值得关注的是，Piore⑧、Gautam Bose⑨、Lars Ljungqvist⑩ 和 Kazuhiko Arai⑪ 等，则从不同的方面观察到发展中国家存在严重的二元劳动力市场分割现象，从加强城乡劳

① Acemoglu D. & Zilibotti F.，“Productivity Differences”，*Quarterly Journal of Economics*，Vol.116，No.2（2001），pp. 563-606.

② Matsuyama K.，“Structural Change ”，in Blume L. E. & DurLauf S. N.（eds），*The New Palgrave Dictionary of Economics*，London：Palgrave Macmillan，2008.

③ Schultz T. W.，*Transforming Traditional Agriculture*，New Haven：Yale University Press，1964.

④ Jorgenson D. W.，“Surplus Agricultural Labour and the Development of A Dual Economy”，*Oxford Economic Papers*，Vol. 19，No. 3（1967），pp.288-312.

⑤ Harris J. R. & Todaro M. P.，“Migration，Unemployment and Development：A Two Sector Analysis”，*American Economic Review*，Vol. 60，1970，pp. 126-142.

⑥ Dixit A.，“Models of Dual Economies”，in *Models of Economic Growth*，Mirrlees J. A. & Stern N. H.（eds），London：Macmillan，1973.

⑦ Gollin，Parente & Rogenson，“The Role of Agriculture in Development”，*American Economic Review*，Vol. 99，No.2（2002），pp. 160-164.

⑧ Piore M. J.，“The Dual Labour Market：Theory and Applications”，in *The State and the Poor*，Barringer R. & Beer S. H.（eds），Cambridge，Mass.：Winthrop，1970.

⑨ Bose G.，“Agrarian Efficiency Wages in a Dual Economy”，*Journal of Development Economics*，Vol. 49，No. 2（1996），pp. 371-386.

⑩ Ljungqvist L.，“Wage Structure as Implicit Insurance on Human Capital in Developed Versus Undeveloped Countries”，*Journal of Development Economics*，Vol. 46，No. 1（1995），pp.35-50.

⑪ Arai K.，“Cooperation，Jobs Security，and Wages in a Dual Labor Market Equilibrium”，*Journal of Socio-Economics*，Vol. 26，No. 1（1997），pp.39-57.

动力市场之间的联系和发展教育等方面为解除劳动力市场分割提供新的思路。Bharati Basu 对二元经济结构转换条件下城市部门内生效率工资扭曲所促成的乡—城劳动力转移进行了研究。[①] E. Proto[②]，Mude，Barrett，McPeak & Doss 则研究了因金融市场不完善所产生的信用约束对穷人接受教育获得现代部门就业的影响。[③] 有学者认为，城乡之间的工资与预期收入差距对劳动力转移决策的解释力并不充分。Banerjee 将劳动力流动的决定因素归结为流动人口的社会关系网络；[④] Stark & Taylor 以资产组合理论将其解释为家庭以规避风险为目的对劳动资产的配置，以改善其在特定群体中的相对收入地位；[⑤] Lucas 则从对"终身受益"预期角度解释农村人口向城市流动是如何内生于现代经济增长的。[⑥] 然而，文献只是不同程度地触及马克思对城乡就业的论述以及后来发生的争论，却没有系统的研究。

国内研究尚受现代西方乡—城劳动力转移理论研究路线影响较深。21 世纪之前主要关注我国农村剩余劳动力转移的特殊性，试图构建我国农村剩余劳动力转移模型。在农村剩余劳动力向何处去问题上，学界存在两种对立的代表性观点：其一，主张就地转移。强调除城市工业外，传统农业的改造与乡村工业的兴起也可以成为农业剩余劳动力转移的最终出路[⑦]，应

---

① Basu B.，"Another Look at Wage Distortion in a Developing Dual Economy"，*Australian Economic Papers*，Vol. 43，No. 2 (2004)，pp.208-227.

② Proto E. "Land and the Transition from a Dual to a Modern Economy"，*Journal of Development Economics*，Vol. 83，No. 1 (2007)，pp.88-108.

③ Mude，Barrett，McPeak & Doss，"Educational Investments in a Dual Economy"，*Economica*，Vol. 74，No.2 (2007)，pp. 351-369.

④ Banerjee B.，"The Role of the Informal Sector in the Migration Process：A Test of Probabilistic Migration Models and Labor Market Segmentation for India"，*Oxford Economic Papers*，Vol. 35，1983，pp. 411-20.

⑤ Stark O. & Taylor J.E.，"Migration Incentives，Migration Types：the Role of Relatives Deprivation"，*The Economic Journal*，Vol. 101，1991，pp.1163-1178.

⑥ Robert E.，& Lucas Jr.，"Life Earnings and Rural-Urban Migration"，*Journal of Political Economy*，Vol. 112，No. 1 (2004)，pp.29-59.

⑦ 张培刚：《农业与工业化（中下合卷：农业国工业化问题再论）》，华中科技大学出版社 2002 年版，第 258—260 页。

把农村城镇化作为安置农村剩余劳动力的主渠道①；其二，主张异地转移。农村剩余劳动力转移应以大中城市为主②。实证研究表明，伴随着非农产业特别是制造业在沿海地区集聚的是，向沿海地区和城市跨区流动就业成为农村劳动力就业非农化的主渠道③。李实、赵耀辉等对农村劳动力跨地区转移的机理和转移的规模、速度、方式及对输出地与输入地的影响开展了研究。④为了使分析贴近我国更为复杂的经济结构关系，陈吉元、胡必亮在二元经济理论基础上将中国经济的特征概括为三元经济，⑤即并存的传统农业、乡村工业和现代工业；乔根平则把新兴的信息产业部门作为独立的一元，将其与传统农业经济、工业经济共同构成的经济界定为三元经济，⑥以各自建立的三元经济模型分析我国经济转型和农村剩余劳动力转移机制的特殊性。

进入21世纪，农村剩余劳动力转移过程中累积的严重经济社会问题，促使学者开始从促进城乡劳动者平等就业的角度开展研究，统筹城乡就业被赋予新的含义，如何实现城乡劳动力市场一体化和农业转移劳动力与人口如何融入城市社会或实现市民化，则成为学界研究的重心。杜育红、孙志军研究发现，以人力资本禀赋差异解释城乡劳动者之间的工资与收入差距，并不能获得基于对欠发达地区调查数据实证分析的支持。⑦陈珣、徐舒实证研究

---

① 辜胜阻：《中国农村剩余劳动力向何处去》，《改革》1994年第4期；费孝通：《农村、小城镇、区域发展——我的社区研究历程的再回顾》，《北京大学学报（哲学社会科学版）》1995年第2期。

② 林毅夫：《中国经济》，中国财政经济出版社2003年版，第134—135页；杨宜勇：《城市化创造就业机会与城市就业空间分析》，《管理世界》2000年第2期。

③ 袁志刚、范剑勇：《产业集聚与农村劳动力的跨区域流动》，《劳动保障通讯》2003年第10期。

④ 赵耀辉：《中国经济转轨中劳动力流动模型》，《经济研究》1997年第1期；李实：《中国农村劳动力流动及教育在其中的作用——以四川省为基础的研究》，《经济研究》1997年第2期。

⑤ 陈吉元、胡必亮：《中国三元经济与农业剩余劳动力转移》，《经济研究》1994年第4期。

⑥ 乔根平：《建立三元经济发展的模型框架》，中国财政经济出版社2003年版。

⑦ 杜育红、孙志军：《中国欠发达地区的教育、收入与劳动力市场经历——基于内蒙古赤峰市城镇地区的研究》，《管理世界》2003年第9期。

的结论是，农民工工资的初始水平相对低、同化速度慢，表明其在城镇劳动力市场长期处在劣势地位。[①] 计量研究结果也表明，进城农村劳动力在城镇劳动力市场上受到的户籍歧视非常明显，[②] 城乡分割的就业、收入分配和社会保障制度是户籍歧视的制度根源。城市劳动力市场分割和职业隔离，使城市本地劳动力和农民工分别集中于正规部门和非正规部门就业，[③] 在就业岗位的性质和条件等方面存在巨大落差[④]。邓曲恒[⑤]、王美艳[⑥] 基于调查数据测度发现，户籍歧视是导致劳动力市场分割、机会不均等进而收入不平等的主要原因。杨云彦等[⑦]、蔡昉、都阳、王美艳[⑧] 研究发现，农民工不仅遭受不公正待遇和歧视，而且在城市失业下岗压力增大时遭到大规模清退。鉴于制度约束和结构排斥使乡—城流动人口难以融入城市的现实，乡—城劳动力及移民如何融入城市社会或实现市民化越来越成为学界关注的热点[⑨]。近十年来，通过切断户籍与部门岗位进入的关系[⑩]、改变各种歧视性就业政策[⑪] 及倾向城

---

① 陈珣、徐舒：《农民工与城镇职工的工资差距及动态同化》，《经济研究》2014 年第 10 期。

② 王德文、吴要武、蔡昉：《迁移、失业与城市劳动力市场分割——为什么农村迁移者的失业率很低》，《世界经济文汇》2004 年第 1 期；姚先国、赖普清：《中国劳资关系的城乡户籍差异》，《经济研究》2004 年第 7 期。

③ 甘春华：《城乡劳动力市场融合：动力机制与对策》，经济科学出版社 2010 年版。

④ 袁志刚、范剑勇：《我国劳动力市场如何整合》，《劳动保障通讯》2002 年第 5 期；姚先国：《职业隔离的经济效应——对我国城市就业人口职业性别歧视的分析》，《浙江大学学报》（人文社会科学版）2006 年第 2 期。

⑤ 邓曲恒、古斯塔夫森：《中国的永久移民》，《经济研究》2007 年第 4 期。

⑥ 王美艳：《城市劳动力市场上的就业机会与工资差异——外来劳动力就业与报酬研究》，《中国社会科学》2005 年第 5 期。

⑦ 杨云彦等：《大城市的内部迁移与城市空间动态分析——以武汉市为例》，《人口研究》2004 年第 2 期。

⑧ 蔡昉、都阳、王美艳：《中国劳动力市场转型与发育》，商务印书馆 2005 年版。

⑨ 简新华、黄锟：《中国农民工最新生存状况研究——基于 765 名农民工调查数据分析》，《人口研究》2007 年第 6 期；刘建娥：《中国乡—城移民的城市社会融入》，社会科学文献出版社 2011 年版。

⑩ 余向华、陈雪娟：《中国劳动力市场的户籍分割效应及其变迁》，《经济研究》2012 年第 12 期。

⑪ 章元、高汉：《城市二元劳动力市场对农民工的户籍与地域歧视——以上海市为例》，《中国人口科学》2011 年第 5 期。

市居民利益的城乡政策[①]、推进基本公共服务均等化[②]，实现从城乡分割到城乡平等与社会和谐的转变，也越来越成为人们的共识。进入新时代，促进以人为核心的城镇化是全面建设小康社会的重要目标，加快农业转移人口市民化需破除市民化成本分担的误区并完善相关机制[③]。张可云、王洋志观察发现，被动市民化群体的收入显著低于主动市民化群体，农业转移人口市民化进程中宜鼓励主动市民化。[④]洪银兴等认为，我国已从人口转移意义的1.0阶段进入市民化意义上的2.0阶段，并即将进入没有进城的农民在城乡融合基础上就地在农村城镇实现市民化的3.0阶段，既面临转移人口的市民化能力建设问题，又面临所在城镇的市民化能力建设问题。[⑤]

另外，尽管当前学界普遍认为，我国正处于工业化与信息化交汇处，未来仍需继续通过工业化吸纳农村剩余劳动力[⑥]，但也不得不承认农村富余劳动力只是在理论测算中还大量存在，事实上因普遍老龄化及年龄匹配原因已非常有限或难以转移为有效的工业劳动力[⑦]。针对上述判断，蔡昉指出，我国经济开始进入“刘易斯转折区间”，解决问题的条件已逐渐成熟，应通过制度创新和政策调整解决农村劳动力转移所面临的制度性障碍。[⑧]我国确定的城乡统筹就业试点地区已开始就取消农业户口和非农业户口的区别、消除城乡就业的不合理限制、推进城乡劳动力市场一体化进行探索。但问题在

---

① 陈钊、陆铭：《从分割到融合：城乡经济增长与社会和谐的政治经济学》，《经济研究》2008年第1期。

② 洪银兴：《以三农现代化补四化同步的短板》，《经济学动态》2015年第2期。

③ 魏义方、顾严：《农业转移人口市民化：为何地方政府不积极——基于农民工落户城镇的成本收益分析》，《宏观经济研究》2017年第8期。

④ 张可云、王洋志：《农业转移人口市民化方式及其对收入分化的影响——基于CGSS数据的观察》，《中国农村经济》2021年第8期。

⑤ 洪银兴等：《城镇化新阶段：农业转移人口和农民市民化》，《经济理论与经济管理》2021年第1期。

⑥ 汪川：《农业与工业化：新经济增长理论的视角》，《经济学动态》2014年第7期。

⑦ 李培林：《社会改革与社会治理》，社会科学文献出版社2014年版；洪银兴：《以三农现代化补四化同步的短板》，《经济学动态》2015年第2期。

⑧ 蔡昉：《中国经济面临的转折及其对发展和改革的影响》，《中国社会科学》2007年第3期。

于，农村劳动力大量外流及其伴随的人力资本流失也给自身带来过度吸纳农业发展要素[①]、极大加速农村劳动力结构老人化与妇女化[②]、农业发展方式落后[③]等不利影响，农民就业存在农户农业经营兼业化及“以代际分工为基础的半工半耕”家庭内部分工与生计模式一般化趋势[④]，由传统农民向新型职业农民转化断层，导致农业劳动力也出现了日渐严重的结构性不足[⑤]。近年来，由于中国高速增长阶段已经结束、传统增长模式向新增长模式转化和经济持续下行[⑥]，以人工智能为代表的技术进步引发对程式化工作的替代[⑦]，新冠疫情对中国劳动力市场产生影响，导致就业困难局面短时间内很难结束。蔡昉基于对从业者群体的个体追踪数据研究发现，新冠流行及疫情防控措施的实施确实给我国劳动力市场带来显著的负向冲击导致失业问题凸显，农民工的失业率高于城市本地劳动力，返乡成为主要的应急选择手段。[⑧]问题的根本解决越来越依赖于农业农村自身的经济发展。

乡—城劳动力转移理论研究路线在实践中遇到的困境，促使人们从马克思那里寻找灵感。然而，为数不多的文献拘泥于从马克思典籍中为主流的乡—城劳动力转移理论研究路线寻找相应的文献依据，学界尚缺乏基于马克思城乡就业一体化理论视角对统筹城乡就业机制创新的系统研究。

---

① 杨云彦：《就业替代与劳动力流动：一个新的分析框架》，《经济研究》2003 年第 8 期。

② 张永丽、金虎玲：《农村人口和劳动力资源禀赋变动趋势》，《经济学动态》2013 年第 9 期。

③ 洪银兴：《以三农现代化补四化同步的短板》，《经济学动态》2015 年第 2 期。

④ 夏柱智、贺雪峰：《半工半耕与中国渐进城镇化模式》，《中国社会科学》2017 年第 12 期。

⑤ 中国农村发展报告课题组：《全面深化农村改革的总体战略与路径选择——以全面深化改革激发农村发展新动能》；魏后凯、闫坤主编：《中国农村发展报告——以全面深化改革激发农村发展新动能》，中国社会科学出版社 2017 年版，第 17 页。

⑥ 吴要武、陈梦玫：《当经济下行碰头就业压力——对中国城乡劳动力市场状况的分析》，《劳动经济研究》2018 年第 3 期。

⑦ 苏剑、陈阳：《人工智能等技术进步影响劳动力需求的机制研究》，《中国经济报告》2019 年第 2 期。

⑧ 蔡昉：《新冠肺炎疫情对中国劳动力市场的影响——基于个体追踪调查的全面分析》，《经济研究》2021 年第 2 期。

二、研究意义

实现城乡经济社会协调发展是全面建设社会主义现代化国家的重大战略任务。统筹城乡就业、实现城乡就业一体化则是这一工程的核心与基础。目前，我国存在日益严重的农业“过密”与“内卷”、城市的劳动与资本双过剩、农村劳动力流动和人口迁移与市民化脱节、城镇化中“城市病”与“农村病”并存且相互影响等问题。这既是体现现代西方乡—城劳动力转移理论研究路线的政策与城乡二元体制共同促成的结果，也为创新我国统筹城乡就业机制提供了强大的动力与坚实的实践基础。

本书的理论意义和学术价值在于通过对马克思城乡就业一体化理论进行文本研究、现代阐释和模型化，提出不同于主流的现代西方乡—城劳动力转移理论研究路线的统筹城乡就业机制原理，有助于修正与丰富发展经济学的劳动力流动理论；对我国现代化转型背景下现代生产方式—就业机会创造与城乡分布动态机制转换的理论分析，有望丰富制度变迁与劳动力市场理论；马克思城乡就业一体化理论应用的中国案例，通过创新统筹城乡就业机制、探索中国特色社会主义的城乡就业现代化道路，还有助于马克思主义劳动经济理论的创新与发展。

本书的现实意义在于：第一，通过本课题研究揭示出马克思城乡就业一体化客观经济规律及其三大阶段转换思想，界定我国现阶段城乡就业一体化的历史方位，在对马克思城乡就业一体化理论进行现代阐释的基础上，提出它对当前我国统筹城乡就业、加快推进城乡就业一体化的指导意义。第二，通过对马克思城乡就业一体化理论和现代西方乡—城劳动力转移理论的比较研究，揭示西方农村剩余劳动力转移理论与政策的根本局限，对阻滞我国现代劳动就业方式城乡一体化的机理做出更为科学的分析，为现阶段克服现代西方乡—城劳动力转移理论的偏颇和创新统筹城乡就业机制提供理论依据和决策依据。第三，通过对改革开放四十余年来我国改革传统城乡二元就业制度、推动城乡就业一体化机制的恢复与重建过程的历史考察，针对统筹城乡就业存在的偏差以及导致的严重的经济社会问题，基于马克思城乡就业一体化理论视角，就如何进一步优化城乡就业一体化的发展路径提出切实可行的政策设计，为管理层决策提供参考。

三、研究内容和主要创新之处

（一）研究内容及结构安排

全书内容分为三个部分，结构安排如下：

第一部分导论。简要回顾与评述相关文献，讨论了本课题的理论意义及学术价值和重要的现实意义，简要说明全书的研究内容及结构安排、主要创新之处、研究的基本思路和方法。

第二部分，包括第一到第三章，共三章内容。第一章“马克思城乡就业一体化思想及现代阐释”。通过梳理马克思经典文献中关于城乡就业一体化的相关论述，提炼出马克思城乡就业一体化客观经济规律及其三大阶段转换思想，在此基础上对就业内容城乡一体化需具备的严苛经济社会条件进行了分析。然后，重点论述了现代雇佣劳动就业方式城乡一体化机制原理、引发的严重社会问题及马克思的态度与价值取向。最后，立足于我国现阶段城乡就业一体化的历史方位，对马克思城乡就业一体化理论进行现代阐释，并提出了它对当前我国统筹城乡就业、加快推进城乡就业一体化的指导意义。

第二章“现代西方乡—城劳动力转移理论的演进与适用性”。首先，通过考察现代西方乡—城劳动力转移理论的演进逻辑，结合发达国家的历史经验和发展中国家的实践教训，探讨该理论的适用性。其次，提出并在现代生产方式—就业机会概念框架下，将推进城乡就业一体化所面临的两个相互紧密关联、需要统筹解决的难题归结为：其一，如何充分创造现代生产方式—就业机会；其二，如何实现现代生产方式—就业机会城乡分布合理化。最后，围绕这两个问题的不同回答，对马克思和刘易斯两大统筹城乡就业理论进行比较研究，为进一步准确把握马克思城乡就业一体化理论、克服现代西方乡—城劳动力转移理论的偏颇和创新统筹城乡就业机制提供依据。

第三章“马克思对农民就业现代化过程的批判与超越”。留在农业领域的农民如何实现就业现代化，是当前我国统筹城乡就业、加快推进城乡就业一体化的重点和难点。马克思通过对发达国家发展初期农民就业现代化过程的批判与超越，形成了具有较为鲜明“后现代”理论特质的农民就业现代化思想，是马克思城乡就业一体化理论的重要组成部分。本章将基于马克思生产方式内部三层次结构理论，历史地考察西方发达国家现代化转型中农民就业现代化过程。并通过对马克思批判与超越西方发达国家发展初期农民就业现代化思想的文本分析，提炼出马克思农民就业现代化两种基本形式的理论观点，为社会主义社会如何推进农民就业现代化指明了方向。以此为理论依据，对当前我国农业生产组织变革方向问题上存在的几种主要代表性理论观点与政策主张从理论上正本清源进行评析，并就如何创新现代农业生产组织形式、引导其健康发展提出政策建议。

第三部分，为我国统筹城乡就业机制创新的专题实证研究部分，包括第四到第八章，共五章内容。

第四章“我国统筹城乡就业的路径转换与机制创新及历史经验”。通过系统总结马克思城乡就业一体化思想特别是雇佣劳动就业方式城乡一体化机制的模型化，从摆脱现代西方乡—城劳动力流动理论范式的窠臼、探索有中国特色的城乡就业一体化道路的角度，进一步提炼出马克思主义统筹城乡就业的理论分析框架。在三次发展模式转换的理论背景下，站在从传统社会主义模式和中国特色的自主型发展模式转换而形成的现代化的断裂点上，在马克思主义统筹城乡就业的理论分析框架下，考察改革开放以来我国城乡就业一体化路径转换与发展的历史过程。进而着眼于科学应对未来的挑战、创新统筹城乡就业机制、实现城乡就业一体化与全面建成社会主义现代化强国的伟大目标，总结我国统筹城乡就业的历史经验，弄明白过去我们为什么能够成功、在新的征程中怎样才能确保继续成功。

第五章“高校毕业生就业难的深层原因”。现阶段我国现代生产方式—就业机会创造是否充分、分布是否合理、如何创新统筹城乡就业机制推动现代生产方式—就业机会创造更加充分、分布更加合理、本章以现代生产方式—就业机会需求的主要对象——高校毕业生为考察对象，基于现代生产方式—就业机会创造与分布视角，通过对当前备受关注的高校毕业生就业难的深层原因的实证分析，进一步证明了：我国的经济增长一定程度上偏离了生产方式现代化转型的良性运行轨道，但工业化、城市化和农业现代化尚没有形成良性互动机制。

第六章“中西部粮食主产区城镇化困境与出路——以河南省为例”。按照马克思城乡就业一体化理论，城市化是统筹城乡就业能否顺利推进的重心与关键所在。城市化滞后是制约我国现代劳动就业方式城乡一体化的重要瓶颈。本章以我国粮食生产大省、农业大省、人口大省河南省为例，通过对中西部粮食主产区面临经济发展水平和城镇化水平最低、保障国家粮食安全和实现经济发展矛盾最尖锐的城镇化困境的实证分析，揭示出中西部粮食主产区城镇化进程面临的最大现实难题是人口聚集和经济聚集的空间错位，即人口和经济由于规模效应本应向大城市聚集，但现实是中小城镇吸纳了过多的人口、完成了过多的经济价值创造。通过分析造成人口集聚与经济集聚的空间错位的深层原因，围绕消除要素流动障碍、化解城镇化困境、推进城乡就业一体化，提出进一步优化统筹城乡就业的路径。

第七章“农业转移人口市民化缺口测算及分析”。以马克思城乡就业一体化理论为依据，基于劳动力价值实现的理论视角，运用张晨、冯志轩提出的“无储蓄原则”的劳动力价值测算方法，结合农民工群体实际情况进一步修正相关指标，构建农民工劳动力价值实现程度的测量指标。进而选取 1995—2013 年的数据，对农业剩余劳动力市民化进程中的农民工劳动力价值实现程度、农民工市民化缺口进行测算与分析，揭示出近年来以家庭为单位的农民工劳动力价值、以家庭为单位的农民工劳动力价值实现程度、农民工市民化缺口变动趋势，为加快推进农民工市民化进程及进一步优化提供依据。

第八章“创新流动人口管理的经验、困境与启示——基于对成都与常州的调研”。在乡—城劳动力转移和市民化被人为地割裂形成海量流动人口群体的情况下，如何融入城市和实现市民化，是当前流动人口迁入城市社会管理面临的巨大挑战。课题组成员于 2012 年 9 月从中西部、东部地区分别选取较有代表性的四川省成都市和江苏省常州市进行调研。通过采用文献调研、部门座谈、实地走访等方法，了解两市流动人口需要、政府实际，系统总结其创新流动人口管理与服务的经验。

（二）主要创新之处

1. 通过对马克思城乡就业一体化思想的文本研究和现代阐释，系统总结马克思城乡就业一体化思想特别是雇佣劳动就业方式城乡一体化机制原理，提出基于马克思城乡就业一体化理论视角的统筹城乡就业理论分析框架。有助于打破学界将西方乡—城劳动力转移理论研究路线奉为主流及在我国统筹城乡就业理论研究与政策设计中的垄断地位，恢复与重建马克思主义对我国统筹城乡就业理论、实践与政策的指导地位。

2. 统筹城乡就业，客观上存在现代西方乡—城劳动力转移理论和马克思城乡就业一体化理论两大理论研究路线。提出并在现代生产方式—就业机会概念框架下，将推进城乡就业一体化面临的两个相互紧密关联、需要统筹解决的问题归结为：如何充分创造现代生产方式—就业机会和如何实现现代生产方式—就业机会城乡分布合理化。围绕这两个问题，通过比较研究，揭示出现代西方乡—城劳动力转移理论的根本局限和马克思城乡就业一体化理论的独特价值，有助于克服西方乡—城劳动力转移理论研究路线的根本局限，丰富发展经济学的经济结构转换与劳动力流动理论。

3. 按照马克思的理论逻辑，特定历史阶段的城乡就业关系，是由一定历史阶段的生产力水平决定，并与社会生产方式相适应的。没有生产力发展到一定阶段基础上的现代生产方式城乡一体化，就不可能真正实现城乡就业一体化。现阶段城乡就业一体化的重点，是如何将传统农业生产方式改造为现代农业生产方式，将传统农民改造为城乡各行业的现代劳动者，促使城乡之间的生产力水平、生产方式现代化程度及社会发展水平接近一致，从而实现城乡现代劳动就业方式的一体化。

4. 当前农业生产方式转型迟滞、城市“民工荒”和农村劳动力“结构性过剩”并存僵局难以打破，留在农业领域的农民就业现代化徘徊不前，根本原因是缺乏能够引入现代生产要素的农业生产组织形式。当前，应以创新农业生产组织为切入点和突破口，通过在现有家庭承包经营的基础上再造现代农业生产组织形式和提高农民组织化程度，探索具有中国特色社会主义性质的农民就业现代化道路。

5. 明确提出我国城乡就业一体化总体上属于现代劳动就业方式城乡一体化阶段。然而，现代雇佣劳动就业方式却并非是现代劳动就业方式唯一的实现形式和有效途径。马克思在批判与超越雇佣劳动基础上设想的，实现广泛与和谐的合作劳动或自由联合劳动，是现代劳动就业方式的重要实现形式和有效途径。我国当前创新统筹城乡就业机制的一个重要努力方向，就是努力探索超越雇佣劳动的现代劳动就业方式城乡一体化。

6. 当前我国统筹城乡就业机制创新进入新阶段，需要实现理论依据由西方乡—城劳动力转移理论研究路线向马克思城乡就业一体化理论研究路线转换，价值导向由以服从资本利益向坚持以人民为中心的发展转变，政策设计由“农村剩余劳动力转移政策”向“城乡就业一体化政策”转变。结合中国若干案例，按照城乡就业总量扩大、城乡就业关系优化和城乡就业现代化水平提高等目标导向，提出现阶段我国统筹城乡就业机制转换与创新的政策重点和努力方向。

第一章　马克思城乡就业一体化思想及现代阐释

统筹城乡就业、加快推进城乡就业一体化，是当前消除影响城乡平等就业的制度障碍、构建高质量发展与就业扩容提质互促共进的联动机制、全面推进乡村振兴战略和全面建设社会主义现代化国家迫切需要研究和解决的重大课题。尽管马克思从来没有明确使用过城乡就业一体化概念，但在《德意志意识形态》《共产主义原理》《共产党宣言》《资本论》《反杜林论》等著作中却有大量相关论述，并且形成了科学、系统和富有批判精神的城乡就业一体化理论。马克思城乡就业一体化理论的文本具有很高的学术价值，对于破解当前我国面临的城乡就业关系严重失调的现实困境、创新城乡就业一体化机制具有重要的指导意义。

一、城乡就业一体化的辩证发展过程

马克思认为，城乡就业一体化是未来理想社会劳动就业的一个基本特征。他设想：在未来理想社会即共产主义社会里，“任何人都没有特殊的活动范围，而是都可以在任何部门内发展，社会调节着整个生产，因而使我有可能随自己的兴趣今天干这事，明天干那事，上午打猎，下午捕鱼，傍晚从事畜牧，晚饭后从事批判”。① 显然，未来理想社会劳动就业的城乡一体化，

① 《马克思恩格斯选集》第 1 卷，人民出版社 2012 年版，第 165 页。

是就业内容的城乡一体化，即在彻底消除城乡分工的基础上，全社会的劳动者联合起来，自主地实现与全社会范围的生产资料直接结合，并置于他们的共同控制之下，产生具有普遍性和全面性的个人关系和个人能力。其本质在于“通过消除旧的分工，通过产业教育、变换工种、所有人共同享受大家创造出来的福利，通过城乡的融合，使社会全体成员的才能得到全面发展”。[①]

就业内容的城乡一体化是人类社会辩证发展到高级阶段的必然产物。马克思以分工演进为基础、系统考察了城乡就业从浑然一体、到分离与对立、再到最终在更高的层次上实现一体化的辩证发展过程。

（一）城乡就业一体化客观经济规律及其三大阶段转换

马克思认为，城乡就业一体化存在客观的经济规律，体现为以下三大阶段及其内在转换的辩证发展过程。

第一个阶段：城乡就业浑然一体。早在人类社会的蒙昧时代，城乡就业原本并没有分开，而是浑然一体。在这个阶段，由于生产力水平极为低下，原始人群只能因血缘、地缘关系以氏族、部落形式聚居在一起，根本不存在城乡之别；他们直接与共同占有的简单生产资料结合，共同从事诸如采集、狩猎等生产活动，产品统一分配；农业和畜牧业、手工业直接结合在一起，农业劳动和畜牧劳动、手工业劳动没有分开、相互之间自然也不独立。马克思曾借用同时代法国历史学家、经济学家和政治活动家勒蒙泰（Lemontey，pierre-Édouard）在《疯狂与理性》中的一段话，由衷地感叹蒙昧时代个人能力之丰富：“我们十分惊异，在古代，一个人既是杰出的哲学家，同时又是杰出的诗人、演说家、历史学家、牧师、执政者和军事家。”[②]

第二个阶段：城乡就业分离与对立。在马克思看来，生产力从社会分工发展到一定程度，是城乡就业关系发生从浑然一体到分离与对立的本质性变化的根本决定因素。马克思认为，“一个民族的生产力发展的水平，最明

---

① 《马克思恩格斯选集》第 1 卷，人民出版社 2012 年版，第 308—309 页。

② 《马克思恩格斯选集》第 1 卷，人民出版社 2012 年版，第 249 页。

显地表现于该民族分工的发展程度。任何新的生产力，只要它不是迄今已知的生产力单纯的量的扩大（例如，开垦土地），都会引起分工的进一步发展”①。因而，在人类社会的野蛮时代和文明时代初期，原本同农业劳动结合在一起的畜牧业劳动、手工业劳动、商业劳动，经过一次次社会大分工，一个个先后脱离农业劳动而独立。② 从历史上看，“一个民族内部的分工，首先引起工商业劳动同农业劳动的分离，从而也引起城乡的分离和城乡利益的对立。”③ 正是通过一次次社会大分工，城市由最初只是用于军事防御的城堡逐渐发展成为手工业和商业集中的场所；城市和乡村逐渐分离为不同的聚居系统和专门就业领域：城市专门从事商业和手工业生产，乡村专门从事农业生产。④ 这时的“城市已经表明了人口、生产工具、资本、享受和需求的集中这个事实；而在乡村则是完全相反的情况：隔绝与分散。城乡之间的这种对立是个人屈从于分工、屈从于他被迫从事的某种活动的最鲜明的反映，这种屈从把一部分人变为受局限的城市动物，把另一部分人变为受局限的乡村动物”，而且每天都重新产生二者利益之间的对立，⑤ 使农村人口陷入数千年的愚昧状态。然而，由于城市化本身就是对商业化和工业化水平的反映，因而，此后相当漫长时期内的城乡经济社会发展表现为城市乡村化。直到 18 世纪 60 年代产业革命爆发，开辟了资本主义工业化的新纪元，社会生产力的发展水平以及由其决定的社会分工发生质的飞跃，才从根本上改变了城乡

① 《马克思恩格斯选集》第 1 卷，人民出版社 2012 年版，第 147 页。

② 恩格斯依据马克思对美国科学家路·亨·摩尔根《古代社会》所作的批语，专门撰写了《家庭、私有制和国家的起源》。在这部马克思主义关于古代政治经济学的重要著作中，他提出原始社会后期先后发生了三次社会大分工，即第一次社会大分工：游牧部落从其余的野蛮人群中分离出来；第二次社会大分工：手工业和农业分离了；第三次社会大分工：创造了不再从事生产而只从事产品交换的商人。参见《马克思恩格斯选集》第 4 卷，人民出版社 2012 年版，第 174—195 页。

③ 《马克思恩格斯选集》第 1 卷，人民出版社 2012 年版，第 147—148 页。

④ 在马克思看来，这一时代城乡分离的实质是统治阶级与被统治阶级之间的阶级对立，而不是城乡居民之间的对立。而且，城市居民在社会地位、生产方式与生活方式等方面并不存在相对于农村居民的优越性。

⑤ 《马克思恩格斯选集》第 1 卷，人民出版社 2012 年版，第 184—185 页。

关系乃至整个社会的面貌。凡是它渗入的地方，它就破坏手工业和工业的一切旧阶段，使原有的某些工业部门经历了“革命化”改造，而且还带动了一大批新型工业产业的产生，使工业迅速超越农业成为国民经济的主导部门。以马克思进行典型分析的英国为例，作为产业革命的发端地，该国工业和建筑业在国民经济中的比重，从1788年不足21%迅速上升到1851年的35%；而农业在国民经济中的比重，从1788年的40%以上降到1851年的21%。[①] 产业集聚带来人口集聚，从而使城市最终战胜了乡村。英国平均每个工人的一个工作日的生产率在1770—1840年期间比以前提高了20倍。从18世纪中期到1800年，英国人口中居住5000人以上居民的城市的比重从15%提高到25%，伦敦更是发展成为“人口集中的大城市”。[②] 可以说，以产业革命为分水岭，城乡经济社会发展从表现为城市乡村化转变到表现为乡村城市化。马克思分析认为，现代城市之所以能够替代过去自然形成的城市，并迅速发展成为现代工商业集聚的中心，其根本原因在于机器大工业使分工和劳动的自然性质为货币关系所取代。用英国著名经济史学家罗伯特·艾伦（Robert Allen）的话说则是：它“促使经济发展拐上了‘现代型增长模式’这一全新路径”[③]。不过，在马克思看来，工业化引起的乡村城市化非但不能消除城乡就业对立，反而使其日益尖锐化。[④] 因为，产业革命在使工业的物质技术基础发生革命性变化的同时，也引起了产业结构和企业内部分工不断发生革命性变化，需要大量的资本和大批的工人不断地从一个生产部门转投到另一个生产部门。现代大工业的这一本性，决定了劳动的变换、职能的更动和工人的全面流动性。另外，现代大工业则在它的资本主义形式上再生产出旧的分工及其固定化的专业。这个绝对的矛盾不断发展的消极后果，就是

---

① 参见谭崇台：《发达国家发展初期与当今发展中国家经济发展比较研究》，武汉大学出版社2008年版，第45—46页。

② ［英］M.M.波斯坦：《剑桥欧洲经济史》第六卷，经济科学出版社2002年版，第268—269页。

③ ［英］罗伯特·艾伦：《近代英国工业革命揭秘——放眼全球的深度透视》，浙江大学出版社2012年版，第431页。

④ 《马克思恩格斯全集》第18卷，人民出版社1964年版，第57页。

破坏着工人生活的一切安宁、稳定和保障，使工人面临这样的威胁："在劳动资料被夺走的同时，生活资料也不断被夺走，在他的局部职能变成过剩的同时，他本身也变成过剩的东西；这个矛盾怎样通过工人阶级的不断牺牲、劳动力的无限度的浪费和社会无政府状态造成的灾难而放纵地表现出来。"① 马克思还发现，在资本主导下，靠牺牲一部分人的利益来满足另一部分人需要的资本主义乡村城市化，伴随产业资本的集聚和集中、城市资本剥夺乡村、城乡经济联系遭到破坏，导致城市孤立、畸形的恶性发展和乡村的凋敝与破产。

第三个阶段：城乡就业一体化。正如城乡就业分离与对立是生产力从社会分工发展到一定程度的产物一样，就业内容的城乡一体化则是在资本主义时代成就的基础上生产力进一步发展的必然要求。因为，如果不消除城乡对立，工业生产和农业生产之间原本存在的密切联系和有机结合就无法得到有效恢复，调节社会生产客观需要的人和自然之间的物质变换就不能系统地建立起来，城市和农村各自生活方式的优点就不能有机结合起来，个人关系和个人能力的片面性就不能得到克服。而且，生产力的高度发展，将使产品能够完全满足社会成员的需要，各个敌对阶级的划分就成为多余的了，城乡就业一体化将随之产生。在马克思和恩格斯看来，私有制是城乡就业尖锐对立的制度根源，废除私有制是对现代大工业发展必然提出的对整个社会制度进行根本改造的最简明扼要的概括，② 而消除城乡对立、实现城乡就业一体化则是废除私有制这一制度根源的必然结果。同时，由于分工和私有制是相等的表达方式，③ 废除私有制和消除分工完全是一回事。从消除分工的角度看，城乡就业一体化就是要使劳动者彻底摆脱单一化、固定化的旧有分工的局限，完全按照自己的兴趣或有利于自己能力全面发展的目的，自主地从事

---

① ［德］马克思：《资本论》第 1 卷，人民出版社 2004 年版，第 560—561 页。

② 《马克思恩格斯选集》第 1 卷，人民出版社 2012 年版，第 302—303 页。

③ 马克思和恩格斯在《德意志意识形态》一文中指出："其实，分工和私有制是相等的表达方式，对同一件事情，一个是就活动而言，另一个是就活动的产品而言。"参见《马克思恩格斯选集》第 1 卷，人民出版社 2012 年版，第 163 页。

各种劳动。也就是说，与以往社会形态下的就业相比，此时的人的就业呈现出全新的性质，作为个体的人的能力的高度全面发展既是生产劳动就业的目的，也是生产力高度发展的根本体现。他们设想，在作为未来时态的共产主义社会，“城市和乡村之间的对立也将丧失。从事农业和工业的将来是同一些人，而不再是两个不同的阶级”，① 在新的基础上实现城乡就业一体化。

（二）实现城乡就业一体化需具备的主要条件

在揭示城乡就业一体化客观经济规律的基础上，马克思和恩格斯从克服处于分离与对立中的城乡就业各自片面性的角度，明确指出城乡就业一体化的实现取决于许多物质前提或苛刻的经济社会条件。通过对《德意志意识形态》《共产主义原理》《资本论》《反杜林论》等经典文献的文本分析与归纳提炼，我们认为，在马克思和恩格斯看来，实现城乡就业一体化需要具备的经济社会条件主要包括：

其一，农业和工业在对立发展形态的基础上实现新的更高级的综合，大工业尽可能均衡分布。城乡就业分离与对立，是与工农业的发展水平还不足够高和大工业生产的资本主义性质相适应的，这种状态则构成了进一步发展的障碍。因而，消除城乡就业分离与对立、实现城乡就业一体化必然提出如下要求：(1) 必须以工农业的高度发展为产业基础。马克思和恩格斯设想，高度发展的工农业不再以工业与农业的对立为前提，而是要在农业和工业对立发展形态的基础上实现新的更高级的综合。因为，“农业和工场手工业的原始的家庭纽带，也就是把二者的幼年未发展的形态联结在一起的那种纽带，被资本主义生产方式撕断了。资本主义生产方式同时为一种新的更高级的综合，即农业和工业在它们对立发展的形态的基础上的联合，创造了物质前提。”② 也就是说，城乡就业的分离与对立以农业和工业的对立为产业基础，一方面，创造了巨大的社会生产力，聚集着社会发展的动力；另一方

① 《马克思恩格斯选集》第 1 卷，人民出版社 2012 年版，第 308 页。

② ［德］马克思：《资本论》第 1 卷，人民出版社 2004 年版，第 578—579 页。

面，城市特别是大城市的存在破坏了人和自然之间自发的物质变换，“同时强制地把这种物质变换作为调节社会生产的规律，并在一种同人的充分发展相结合的形式上系统地建立起来”①。因而，在消灭私有制后，应该“把农业和工业结合起来”。②“只有使工业生产和农业生产发生密切的内部联系”，“才能使农村人口从他们数千年来几乎一成不变地栖息在里面的那种孤立和愚昧的状态中挣脱出来。”③（2）工业尽可能均衡分布。④工业之所以主要集中在城市，那是因为向城市集中是资本主义生产的基本条件，是机器大工业的资本主义应用的必然结果。⑤因为，城市拥有由一切工业部门紧密联系起来的整套工业体系，资本家在那里能够很便利地利用新发明的机器工具、修筑良好的道路、买到便宜的机器和原料、雇到训练有素的工人。⑥另外，机器大工业的资本主义应用和向城市集中，却破坏了工业中差不多一切生产部门第一需要或主要需要的运行条件——比较干净的水，即工厂城市将所有的水都变成臭气熏天的污水，迫使资本家不得不从大城市迁移到农村去经营。显然，只有消除现代工业的资本主义性质，按照统一的计划协调配置生产力和分布工业，才能从根本上消灭这个不断重新产生的现代工业的矛盾。而且，

---

① ［德］马克思：《资本论》第1卷，人民出版社2004年版，第579页。

② 《马克思恩格斯选集》第1卷，人民出版社2012年版，第422页。

③ 《马克思恩格斯全集》第18卷，人民出版社1964年版，第313—314页。

④ 《马克思恩格斯选集》第3卷，人民出版社2012年版，第684页。

⑤ 恩格斯在《反杜林论》中提出，以往的工业生产依赖作为动力的水力，而水力必然存在于乡村，由此具有地方局限性；机器大工业则以蒸汽力为动力，虽然蒸汽力并不必然存在于城市，但它的资本主义应用必然使它主要集中于城市，从而在很大程度上摆脱了地方局限性。参见《马克思恩格斯选集》第3卷，人民出版社2012年版，第683页。美国学者弗里德里克·L.努斯鲍姆也认为，资本主义工业产生之初，它因解决原材料和动力等方面的难题而寻求矿山、森林与河流，从而存在于乡村，对城市构建并没有发挥多大的作用。向蒸汽力动力过渡，是导致手工业的小城镇发展为大城市、把乡村地区打造成新兴城市的创造性因素，此外，人口集中和生产规模扩大，也是重要的创造性因素。参见［美］弗里德里克·L.努斯鲍姆：《现代欧洲经济制度史》，上海财经大学出版社2012年版，第226页。19世纪下半叶，内燃机和电力的采用更加强了资本主义行业向城市集中的趋势。

⑥ 《马克思恩格斯全集》第4卷，人民出版社1958年版，第60—61页。

现代工业生产早已使工业部门在很大程度上摆脱了地方的局限性，并不必然存在于城市，可以尽可能地均衡分布。[①]

第二，城市和乡村融合，城乡之间的文化和生活条件日益接近。城乡就业对立的社会前提，是资本主义生产方式现代化转型导致病态的城乡发展不协调：一方面体现为乡村农业人口陷入孤立和分散的“农村病”；另一方面体现为城市因人口高度集中、住宅过分拥挤、流行病蔓延和环境污染严重等的“城市病”。马克思以当时的伦敦为例，说明了这种“城市病”的严重性，“今天所说的住宅缺乏现象，是指本来就很恶劣的工人的居住条件因为人口突然涌进大城市而特别尖锐化，房租大幅度提高，每所房屋里的住户愈加拥挤，有些人简直无法找到住所”。[②]“最污浊的猪圈也经常能找到租赁者。”[③]“挤满了工人的所谓的‘恶劣的街区’，是周期性光顾我们城市的一切流行病的发源地……这些疾病在那里几乎从未绝迹，而在适当的条件下就发展成为普遍蔓延的流行病。”[④]“仅仅伦敦一地每日都要花费很大费用，才能把比全萨克森王国所排出的更多的粪便倾倒到海里。”[⑤]对于如此严重的“农村病”“城市病”及城乡发展不协调，马克思认为“只有通过城市和乡村的融合，现在的空气、水和土地的污染才能排除，只有通过这种融合，才能使目前城市中病弱群众的粪便不致引起疾病，而被用做植物的肥料。”[⑥]城乡融合还要求人口在城乡之间尽可能平均分布，农村人口从他们数千年来几乎一成不变地在其中受煎熬的那种与世隔绝的和愚昧无知的状态中挣脱出来，[⑦]“把城市和农村生活方式的优点结合起来，避免二者的片面性和缺点”，[⑧]使城乡之间的文化和生活条件日益接近。只有这样，才能够为城乡就

---

① 《马克思恩格斯选集》第 3 卷，人民出版社 2012 年版，第 683 页。

② 《马克思恩格斯全集》第 2 卷，人民出版社 1972 年版，第 470 页。

③ 《马克思恩格斯全集》第 2 卷，人民出版社 1972 年版，第 495 页。

④ 《马克思恩格斯全集》第 2 卷，人民出版社 1972 年版，第 491—492 页。

⑤ 《马克思恩格斯全集》第 18 卷，人民出版社 1964 年版，第 313 页。

⑥ 《马克思恩格斯选集》第 3 卷，人民出版社 2012 年版，第 684 页。

⑦ 《马克思恩格斯选集》第 3 卷，人民出版社 2012 年版，第 265 页。

⑧ 《马克思恩格斯选集》第 1 卷，人民出版社 2012 年版，第 305 页。

业一体化奠定起必要的社会基础。

第三，消除城乡劳动者发展水平之间的巨大势差和劳动者能力的片面与畸形发展，让全社会劳动者的才能都得到高度全面的发展与发挥。以资本主义生产方式为基础的城乡就业对立，造成城乡劳动者发展水平之间存在巨大势差和劳动者能力的片面与畸形发展。(1) 乡村的孤立与分散、农村土地耕种者直接与自然打交道的劳动方式，使农村劳动者的发展水平大大低于城市劳动者的发展水平，二者之间存在巨大的势差。然而，城乡劳动者发展水平之间存在的巨大势差的消除，却不能停留在乡村人口城市化、城市通过引领与示范、农业生产方式现代化对农村劳动者素质的提高上。通过城乡融合、个人成为充分社会化的自由人、社会发展成为自由人联合体，使全社会劳动者的主体能力都得到高度全面的发展，才是治本之策。(2) 城乡劳动者能力的片面与畸形发展，也是以资本主义生产方式为基础的城乡就业对立的必然结果。"每一个人都只隶属于某一个生产部门，受它束缚，听它剥削，在这里，每一个人都只能发展自己才能的一方面而偏废了其他各方面，只熟悉整个生产的某一个部门或者某一个部门的一部分。"① 现代大工业的本性却要求劳动者的才能能够满足劳动的变换、职能的更动和工人的全面流动性，② 需要"才能得到全面发展、能够通晓整个生产系统的人"。③ 城乡劳动者才能的畸形发展和现代大工业的本性二者之间存在不可调和的矛盾，说明资本主义现代大工业的发展越来越不需要才能片面与畸形发展的劳动者，未来社会必须通过"消除旧的分工，产业教育、变换工种、所有人共同享有大家创造出来的福利，通过城乡融合，使社会全体成员的才能得到全面发展。"④

第四，废除私有制。恩格斯认为，经济危机几乎每隔几年就定期发生一次，这说明，竞争和个人经营工业生产业已发展成为现代大工业的枷锁，现代大工业必须粉碎这一枷锁。而私有制是竞争和个人经营工业生产的制度

① 《马克思恩格斯选集》第1卷，人民出版社2012年版，第307—308页。

② 《资本论》第1卷，人民出版社2004年版，第560页。

③ 《马克思恩格斯选集》第1卷，人民出版社2012年版，第308页。

④ 《马克思恩格斯选集》第1卷，人民出版社2012年版，第308—309页。

根源，因而，废除私有制是现代大工业发展必然引起的改造整个社会制度的最简明扼要的概括。[①] 他设想，到了未来社会，废除私有制以后的大工业发展的规模将十分宏伟。相比之下，资本主义工业的规模就显得非常渺小，就像前资本主义时代的工场手工业的规模无法和资本主义现代大工业的规模相比一样。因而，未来理想社会大工业给社会所提供的产品，足以满足所有社会成员的生产与生活需要。现在由于私有制的压迫和土地分散的束缚，而难以充分利用现有改良成果和科学成就的资本主义农业，将来也同样会进入崭新的繁荣时期，并给社会提供足够的产品。[②] 换句话说，不废除资本主义私有制这一制度根源，就不可能实现农业和工业各自高度发展及在对立发展的形态的基础上的联合，就不可能实现城乡就业一体化。不仅如此，旧分工的消除、城乡的融合、社会全体成员的才能得到全面发展，也都是废除私有制的主要结果。[③]

尽管马克思和恩格斯没有也不可能详细罗列实现就业内容的城乡一体化所需具备的一切社会经济条件，但从上述这些主要条件的苛刻程度仍不难看出：只有发展到人类社会的高级阶段，这些社会经济条件才有可能具备，就业内容的城乡一体化才能得以实现。值得强调的是，马克思恩格斯未来理想社会就业内容的城乡一体化的设想并非空想，而是在历史地考察城乡就业辩证发展的历史过程的基础上揭示出来的，是根据社会发展规律和趋势所做出的科学预见。而且，它作为变革的革命性因素，早已以萌芽的形式包含在资本主义社会化大生产实践及其发展要求之中。当前，我国面临城乡就业对立的现实困境，亟须创新出具有中国特色的社会主义城乡就业一体化机制。一定意义上，颇具“后现代”特色的马克思就业内容的城乡一体化思想本身，就是他在历史地考察城乡就业辩证发展的历史过程的基础上，对资本主义城乡就业尖锐对立的扬弃和超越的理性思考，无疑具有不容忽视的现实价值。

① 参见《马克思恩格斯选集》第 1 卷，人民出版社 2012 年版，第 301—303 页。

② 参见《马克思恩格斯选集》第 1 卷，人民出版社 2012 年版，第 307 页。

③ 参见《马克思恩格斯选集》第 1 卷，人民出版社 2012 年版，第 308—309 页。

二、现代雇佣劳动就业方式城乡一体化机制原理

现代雇佣劳动就业方式的城乡一体化思想，是马克思和恩格斯在重点考察英国、法国和德国等发达国家发展初期[①]生产方式资本主义现代化转型的历史变迁过程的基础上，所形成的较为系统的理论学说。它揭示出隐藏在有关15世纪至19世纪中后期、上述国家资本主义生产方式现代化转型过程的无数历史事实和历史文献背后，至今仍饱受现代西方学者曲解的现代雇佣劳动就业方式的城乡一体化机制原理。

（一）现代雇佣劳动就业方式在城市工业领域的确立

18世纪60年代发端于英国、以蒸汽机的使用为标志的产业革命开创了资本主义生产方式现代化转型的新纪元。对此，马克思和恩格斯给予了高度评价：从此，“任何一个国家，如果没有使用蒸汽发动机的机器工业，自己不能满足（哪怕是大部分）自身对工业品的需要，那么，它现在各文明民族中就不可能占据应有的地位。”[②]

机器是现代大工业特有的生产资料或与其相应的技术基础，它的应用引发了一场影响深远的生产方式现代化转型。其一，“劳动资料取得机器这种物质存在方式，要求以自然力来代替人力，以自觉应用自然科学来代替从经验中得出的成规。”[③]其二，劳动过程的协作性质变成由机器本身的性质所决定的技术上的必要。[④]如果说工场手工业的社会劳动过程的组织还纯粹是

---

① 发达国家发展初期，这一概念参考借用了我国著名发展经济学家谭崇台教授的观点。在他主编的著作《发达国家发展初期与当今发展中国家经济发展比较研究》中，他对“发达国家发展早期”或“发达国家发展初期”这一概念或提法的含义，解释为当今发达国家早期由传统农业社会转型为现代工业社会的历史阶段（谭崇台：《发达国家发展初期与当今发展中国家经济发展比较研究》，武汉大学出版社2008年版，第5页）。

② 《马克思恩格斯全集》第38卷，人民出版社1972年版，第304页。

③ ［德］马克思：《资本论》第1卷，人民出版社2004年版，第443页。

④ ［德］马克思：《资本论》第1卷，人民出版社2004年版，第443页。

主观的，是局部工人的结合，那么，机器体系则使现代大工业具有完全客观的生产有机体，并作为现成的物质生产条件出现在工人面前，只有通过直接社会化的或共同的劳动才能发生作用。其三，机器大工业凭借其高的劳动生产率优势使所有传统手工业部门机械化和实行工厂制度。由于“机器是提高劳动生产率，即缩短生产商品的必要劳动时间的最有力的手段”①，机器生产的产品的个别价值降低到社会价值以下，产品不仅好而且非常便宜，率先垄断使用机器生产在过渡时期内的利润当然特别高，机器在整个工业部门内就会迅速得到普遍应用，因而，机器生产开始很快取代手工劳动，工厂制排挤掉手工工场和家庭作坊等传统生产组织形式，机器大工业很快摧毁和替代了传统的手工工业和工场手工业。在英国，它首先发端于棉纺织工业部门，然后“所有这些工业部门都像纺纱和织布业一样，一个跟着一个全都受到了蒸汽动力、机器和工厂制度的支配”②。在19世纪中叶以前，英国也仅仅是棉纺织工业部门采用蒸汽机提供的动力、生产流程实现了高度机械化，而其余绝大多数工业部门机械化水平还很低，有的部门甚至几乎没有机械化因素。然而，从19世纪中叶以后开始，该国棉纺织工业以外的其余所有工业部门都无不大规模引进机械化生产设备。③19世纪70年代后，内燃机和电力逐渐代替蒸汽机使机器的运用更加广泛，进一步推动机械化和实行工厂制度向纵深发展。其四，机器大工业使现代大工业城市兴起并成为经济中心。机器大工业“建立了现代的大工业城市——它们的出现如雨后春笋——来代替自然形成的城市”④。在欧洲，一大批新兴工业城市伴随机械化的推进而兴起与发展，如英国涌现出曼彻斯特、索尔福德、斯托克波特、博尔顿等棉纺织工业城市，涌现出诺丁汉、德比、莱斯特等织袜和花边工业城市，涌现出利兹、哈德斯菲尔德、布拉德福等新兴毛纺织工业城市，涌现出南威尔

① ［德］马克思：《资本论》第1卷，人民出版社2004年版，第463页。

② 《马克思恩格斯选集》第1卷，人民出版社2012年版，第296页。

③ 参见［英］罗伯特·艾伦：《近代英国工业革命揭秘——放眼全球的深度透视》，浙江大学出版社2012年版，第435页。

④ 《马克思恩格斯选集》第1卷，人民出版社2012年版，第194页。

士、加的夫、纽波特等煤炭工业城市；德国柏林由产业革命前的政治、文化和商业中心发展成为拥有机械制造、食品加工、纺织、电气等工业部门的经济中心，格尔森基尔欣由默默无闻的农村迅速发展成为大工业城市；法国的机械化推进尽管相对缓慢，但也出现了诸如鲁贝、图尔库安、圣—康坦等纺织工业城市。可以说，机器大工业无论渗入什么产业部门，都会无情地破坏掉这些产业部门的一切旧阶段。而实现了工业化和新产生的各个工业部门和行业，则因很大程度上摆脱了对水力、风力等自然动力依赖的局限而趋于积聚集中，彼此之间依存度迅速增强，从而大大提高了对交通运输、商业、金融、科技信息和其他服务业的需求。它使以土地财产和农业为基础的城市发展成为一个国家或地区的经济中心。① 总之，它使工业取代了农业，赢得了国民经济中的决定性地位；它使城市最终战胜了乡村，发展成为经济、文化和政治的中心。

机器的资本主义应用，不仅引发了这场影响深远的生产方式现代化转型，而且确立起现代雇佣劳动就业方式在城市工业领域的统治地位。

在马克思看来，作为严格的经济学术语，“雇佣劳动是设定资本即生产资本的劳动，也就是说，是这样的活劳动，它不但把它作为活动来实现时所需要的那些物的条件，而且还把它作为劳动能力而存在时所需要的那些客观要素，都作为同它自己相对立的异己的权力生产出来，作为自为存在的、不以它为转移的价值生产出来”②。现代资本主义雇佣劳动就业方式，则是指劳动者只有通过劳动力市场将自己的劳动力卖给资本家或被资本家雇佣，才能实现与生产资料结合即就业。而劳动者的劳动力能否在市场上卖出去，或劳动者能否得到资本家雇佣，根本上取决于劳动者的数量是否达到“资本增殖的平均需要”，或劳动者受剥削程度是否达到或超过资本主义生产过程的“健康的、正常的”需要。相反，如果超过“资本增殖的平均需要”，或者受剥削程度没有达到或超过资本主义生产过程的“健康的、正常的”需要，劳

① 参见《马克思恩格斯全集》第 26 卷 I，人民出版社 1973 年版，第 480 页。

② 《马克思恩格斯全集》第 46 卷上，人民出版社 1972 年版，第 461 页。

动者将因劳动力无法在市场上卖出去或得到资本家雇佣而处于失业状态。这也被“看作是现代工业的生活条件”。①

那么，同前资本主义劳动就业方式相比，② 现代雇佣劳动就业方式具有哪些特征？恩格斯在回答“无产者和奴隶有什么区别”和“无产者和农奴有什么区别”等问题时，事实上客观回答了这一问题。

他认为，现代雇佣劳动就业方式下的城市产业工人和奴隶劳动就业方式下的乡村农奴存在根本的区别，主要表现为：(1) 奴隶一次就被完全卖掉，被出卖的是奴隶；无产者按照诸如每一天每一天地或每一小时每一小时地出卖，出卖的是他自己的劳动力。(2) 奴隶是其主人的财产，生活有保障；单个无产者是整个资产阶级的财产，生活没有保障。(3) 奴隶处在市场竞争之外；无产者处在市场竞争之中。(4) 奴隶被看作物，而不被看作人，不具有公民的权利；无产者属于更高的社会发展阶段，被承认为人，形式上具有公民的权利。(5) 只要废除奴隶制关系，奴隶就能解放自己；只有废除一切私有制，无产者才能获得解放。③

现代雇佣劳动就业方式下的城市产业工人和封建主义农奴劳动就业方式下的乡村农奴之间存在的根本区别，恩格斯则将其主要表现归纳为以下几个方面：(1) 农奴占有并使用封建主的生产资料，为此要交出自己的一部分收益或者服一定的劳役；无产者则是用资本家的生产资料为这个资本家做工，从而得到一部分收益即工资。前者是交出东西，后者则是得到报酬。(2) 农奴生活有保障，即旧封建制度为农奴提供生存保障；无产者的生活则

① 马克思：《资本论》第 1 卷，人民出版社 2004 年版，第 730 页。

② 笔者认为，马克思经典文献中存在以下三个层次的就业概念：其一，基于物质资料生产一般理论，就业指的是劳动者与生产资料相结合，“制造使用价值的有目的的活动”（《资本论》第 1 卷，人民出版社 2004 年版，第 215 页），这是在任何社会形态下都存在的就业。本书这里所谈到的诸如奴隶劳动、农奴劳动等前资本主义劳动就业方式就属于这种含义的就业。其二，依据马克思劳动力商品学说，就业则是指劳动者因劳动力商品被卖出去而被投入生产过程并获得劳动报酬的活动。其三，从资本主义特有的人口规律的角度来看，就业是以劳动人口实现就业是以符合“资本增殖的平均需要”或受剥削程度达到或超过资本主义生产过程的“健康的、正常的”需要为前提的。

③ 《马克思恩格斯选集》第 1 卷，人民出版社 2012 年版，第 298 页。

没有保障。(3) 农奴处在市场竞争之外；无产者处在激烈的市场竞争之中。(4) 农奴有可能通过不同的途径加入有产者阶级的队伍，并进入竞争领域而获得解放；无产者只有通过消灭市场竞争、私有制和一切阶级差别才能获得解放。①

机器的使用使固定资本的规模和比重大大提高，并具有专用性和不可分性，工厂的劳动生产率大大高于传统生产组织的劳动生产率，竞争优势日益明显。随着机器大工业和现代工厂制度迅速占领城市的各个工业部门，现代资本主义雇佣劳动就业方式也很快在城市工业领域取得了统治地位。

（二）现代雇佣劳动就业方式扩展到乡村农业领域

工业化不仅使资本主义生产方式和现代雇佣劳动就业方式在城市工业领域取得了统治地位，而且通过资本占领和改造农业将其范围扩展到乡村农业领域。

首先，资本占领和改造农业，推动农业生产方式现代化。(1) 机器的采用使农业生产手段发生了根本的变化。产业革命以前，传统农业和家庭手工业结合在一起，以手工劳动为基础，是典型的小生产。产业革命以后，机器大工业提供的先进农业机器为资本征服和改造农业部门提供了锐利的武器，使农业生产手段发生了根本的变化。19 世纪末，英国的大块田地已经使用了相当数量的蒸汽机。德国 1907 年时使用的蒸汽机也已达到了 2995 台。截至 20 世纪 30 年代，英国和德国的农业就已经基本实现了拖拉机化。此外，脱粒机、马铃薯挖掘机、甜菜收割机、牛奶离心分机及其他机器也被广泛应用。② “大规模使用机器耕种土地已成了一种常规，而且日益成了唯一可行的农业生产方式。”③ 事实证明，只有先进的农业机器设备，才为资本主义农业提供了特有的、牢固的物质技术基础，彻底地剥夺了传统农民，彻底铲除

① 《马克思恩格斯选集》第 1 卷，人民出版社 2012 年版，第 298—299 页。

② ［英］M. M. 波斯：《剑桥欧洲经济史》第六卷，经济科学出版社 2002 年版，第 606—615 页。

③ 《资本论书信集》，人民出版社 1976 年版，第 528 页。

了农村家庭手工业的根基——纺纱和织布，使农业和家庭手工业发生了完全的分离。①

（2）按照现代工厂经营模式建立的新型生产劳动组织在农业部门占统治地位。传统农民在小块土地上按照经验和习惯进行分散生产和孤立劳动，劳动的社会性不发展。而占领和改造农业的资本，则使资本主义生产方式在农业生产中也取得主导地位，并按照现代工厂经营模式建立新型生产劳动组织。也就是说，“发达的、同资本主义基础上的机器生产相适应的劳动组织，就是工厂制度，这种制度甚至在现代的大农业中——由于这一生产领域的特点而或多或少发生一些变化——也占统治地位。”② 到了19世纪初，英国的自耕农已基本消失，由大土地所有者、农业职能资本家和农业雇佣工人三大基本阶级构成的典型资本主义租赁农场已成为主要的农业生产组织形式。③

（3）科学技术在农业部门得到有意识地、大规模地和彻底地应用。资本占领和改造农业的一项巨大成果就是：“它一方面使农业由社会最不发达部分的单凭经验的和刻板沿袭下来的经营方法，在私有制条件下一般能够做

① 马克思：《资本论》第1卷，人民出版社2004年版，第858页。

② 《马克思恩格斯全集》第47卷，人民出版社1979年版，第400页。

③ 在发达国家发展初期，按照现代工厂经营模式建立的现代农业生产组织指的是以雇佣劳动为主的资本主义大农场。在英国，以雇佣劳动为主的资本主义大农场在产业革命时期得到很大的发展，直到19世纪60年代末，其数量增长的态势同中小农场数目的下降形成了明显的对比。在德国，作为其典型形式的雇佣经营容克地主大庄园农场得到了较大发展。在美国，农业资本主义雇佣经营在19世纪中叶也得到较大的发展，中西部地区还出现了超大规模经营的农场。然而，英国和美国从19世纪70年代开始、德国从20世纪初叶开始，以雇佣劳动为主的资本主义大农场普遍趋于衰落，而家庭经营农场在第二次世界大战以来发展成为占主导地位的农业经营形式。这引起了广泛的关注，也引起了以雇佣劳动为主的资本主义大农场和家庭农场孰优孰劣的争论。绝大多数马克思主义学者依然坚持认为，以雇佣劳动为主的资本主义大农场是资本主义农业经营形式发展的必然趋势，它当前的衰落态势只是反映出农业生产本身所具有的特殊性及其现代化（在资本主义国家则是资本主义生产方式在农业领域取得主导地位的过程）的复杂性与曲折性。从当今发达国家的实际情况来看，尽管家庭经营农场在农场总数中占绝对比重，但绝大多数的过小农场或兼业农户都难免备受排挤、风雨飘摇、最终消失的命运。需要进一步说明的是，那些具有顽强生命力、甚至具有上升势头的家庭农场，相当数量在事实上、在一定程度上应该归入小业主或资本家经营的范围。

到的范围内，转化为农艺学的自觉的科学的应用。”[①] 同工业部门一样，现代科学技术在农业部门也得到了大规模地、彻底地应用。[②] 早在19世纪初叶，被誉为“农学的鼻祖”的德国农学家阿尔布雷希特·泰厄（Albrecht Daniel Thaer）就独自提出了系统的近代农学体系，几乎涵盖了农业的所有领域，囊括了基础理论、经营农法论、土壤论、施肥—耕作—土壤改良论、作物生产论、畜产理论等六个部分。它历经二百来年的发展，范围拓展得越来越宽泛，门类分化得越来越精细，如今业已重构和发展成为更为系统和高度专业化的现代农学体系。[③] 19世纪40年代，德国化学家尤斯图斯·冯·李比希（Justus von Liebich）通过大量实验找到了制造化学肥料的方法，开创了现代化肥工业，从而使化学肥料不久就在德国富农和地主那里得到了广泛的应用。19世纪末，现代植物遗传技术使瑞典的农产量提高了一成。此外，大土地所有者积极推动农业技术改良、农业合作生产组织积极传播新技术、政府和农业技术教育体系也为农民积极提供技术指导，使现代农业生产技术得以大量推广与应用。

（4）农业生产要素商品化。农业生产方式的现代化，“需要机器，需要通过贸易得到化肥，需要来自远方国家的种子等等……机器制造厂、对外贸易、手工业等等就成了农业的需要。”[④] 因而，农业再也不能在本部门内部自然而然地得到它所需要的生产条件，农业生产服务也由存在于农业内部向外在的独立生产部门转变。传统农业部门不仅分化出为专门农业生产提供机械、化肥、农药及其他生产资料的产前部门，专门为农产品提供采购、加工、储藏、运输、销售服务的产后部门，以及专门从事种植、养殖活动的产中部门，而且，同农业的产中部门所占比重越来越小相反，农业产前部门和农业产后部门所占的比重却越来越大。

---

① 马克思：《资本论》第3卷，人民出版社2004年版，第696—697页。

② 《资本论书信集》，人民出版社1976年版，第192页。

③ 参见［日］祖田休：《近代农业思想史——从工业革命到21世纪》，清华大学出版社2015年版。

④ 《马克思恩格斯全集》第46卷下，人民出版社1980年版，第19页。

（5）农业从以“谋生”为主导的传统部门转变为“一种营业”。传统农民被剥夺土地，并从属于一个为利润而经营农业的资本家阶级。传统的农业部门，则是要完全变成一个科学经营的现代产业部门，即它“和制造业完全一样受资本主义生产方式的统治，也就是说，农业是由资本家经营；这种资本家和其他资本家的区别，首先只在于他们的资本和这种资本推动的雇佣劳动所投入的部门不同。”①

其次，传统农民分化，资本主义雇佣劳动就业方式在乡村农业领域得以确立。在马克思经典文本里，“分化”一词在一般意义上常用来描述和说明事物发生由量变到质变的变化过程。基于不同的视角，传统农民的分化可以被解构为诸多方面：比如，从传统农业劳动者经由社会分工的深化、细化与产业结构的调整所发生的向现代农业劳动者和非农业劳动者转型的职业分化；又如，从作为传统体力劳动者经由职业分化所发生的向包括脑力劳动者转型的劳动性质的分化；又比如，从就业与生活在封闭的乡村社区经由跨城乡的流动所发生的向开放的城乡地域空间分化；再如，从封建社会的个体农民经由商品经济发展和资本原始积累所发生的向现代资本家阶级与工人阶级转型的阶级分化，等等。按照马克思的研究任务与研究内容，他所着重分析与考察的传统农民分化，是从封建社会传统农民解体并分化为资产阶级、无产阶级及中小农民的消失，所形成的现代资本主义雇佣劳动关系的质变过程。对于这一过程，马克思依据大量史料，通过对1500年以来的英国的农民分化进行典型案例分析，将其历史逻辑归结为：（1）传统农民的上层转化为农业资本家阶级和农业企业家阶层。在完成对国有土地的掠夺、对公有土地的盗窃、对小农土地的剥夺的基础上，大土地所有者进一步要求拥有对土地的现代私有权，进而发展成为拥有大规模土地的新土地贵族或农业资本家阶级。以前的农奴的管事先是转化为分成农和半租地农场主，不久就被真正的租地农场主所取代，转化为资本主义租地农场主即农业企业家阶层。“他靠使用雇佣工人来增殖自己的资本，并把剩余产品的一部分以货币或实物的

---

① 马克思：《资本论》第3卷，人民出版社2004年版，第693页。

形式作为地租交给地主。”① 一旦租地农场主出现在土地所有者和农业直接生产者中间，传统农村生产方式下的社会生产关系就会走向解体，为同资本主义生产方式相适应的社会生产关系所代替。“租地农场主成了这种农业工人生产的实际指挥官，成了他们的剩余劳动的实际剥削者，而土地所有者现在只和这种资本主义租地农场主发生直接的关系，而且是单纯的货币关系和契约关系。”② 因不满足于固定数量的地租也要亲自投资经营农业的一部分大土地所有者，同来自城市、为获取利润而投资于农业的租地农场主一起，共同构成一个农业企业家阶层。（2）绝大多数传统农民无产阶级化。他们最终被暴力剥夺走土地，并在各种古怪的和恐怖的法律与酷刑下，被迫成为城乡各行各业的雇佣工人，当然也包括在就业人口中所占比重迅速降低、人数绝对地减少的农业雇佣工人。资本主义雇佣劳动就业方式，在传统农民分化中最终确立起它在乡村农业领域的统治地位。

最后，对于绝大多数传统农业直接生产者在无产阶级化过程中所遭受的痛苦和灾难，马克思和恩格斯给予充分地同情，并提出了马克思主义者应有的态度和主张。马克思以英格兰为典型案例，引用大量研究文献、政府报告和统计资料，说明与现代农业的进步形成鲜明对比的是，农业工人的状况是如何极端的恶化。他发现：“在租地农场主饲养的各种牲畜中，工人这种会说话的工具一直是受苦最深、喂得最坏和虐待得最残酷的了。”③ 他借用属于自由学派的罗杰斯教授的话说：“今天的英格兰农业工人，不要说同他们 14 世纪下半叶和 15 世纪的先人相比，就是同他们 1770 年到 1780 年时期的先人相比，他们的状况也是极端恶化了，‘他们又成了农奴’，而且是食宿都很坏的农奴。”④ 对此，恩格斯以小农为切入点，明确地阐述了马克思主义者应有的态度和主张：要坚决地站在小农方面。首先，决不能违反农民的意志，而强行干预他们的财产关系。其次，促使资本家和大土地占有者在反对

① 马克思：《资本论》第 1 卷，人民出版社 2004 年版，第 852 页。
② 马克思：《资本论》第 3 卷，人民出版社 2004 年版，第 903 页。
③ 马克思：《资本论》第 1 卷，人民出版社 2004 年版，第 777 页。
④ 马克思：《资本论》第 1 卷，人民出版社 2004 年版，第 781 页。

小农的斗争中尽量少用不公正的手段，并且尽可能阻挠资本家和大土地占有者对小农的直接掠夺和欺诈行为，竭力使小农的命运较为过得去一些。马克思和恩格斯认为，如果小农沦落为现代无产者的命运能够因我们的挽救而得以避免，那么小农在农民地位时就被我们吸收到自己方面来的农民数量越多，社会变革的实现也就会越加迅速和容易。恩格斯强调，“如果我们要等到资本主义生产发展的后果到处都完全显现出来以后，等到最后一个小手工业者和最后一个小农都变成资本主义大生产的牺牲品以后，才来实现这个改造，那对我们是没有好处的。我们在这个意义上，为了农民的利益而必须牺牲一些社会资金，从资本主义经济的观点看来好像只是白花钱，然而这确是一项极好的投资……因此，在这个意义上来说，我们可以慷慨地对待农民。”①

（三）现代雇佣劳动就业方式城乡一体化的实现

马克思指出：“资本主义生产一旦占领农业，或者依照它占领农业的程度，对农业工人人口的需求就随着在农业中执行职能的资本的积累而绝对地减少，而且对人口的这种排斥不像在非农业的产业中那样，会由于更大规模地吸引而得到补偿。因此，一部分农村人口经常准备着转入城市无产阶级或制造业无产阶级的队伍，经常等待着有利于这种转化的条件。”② 城市现代工业部门拼命进行资本积累，推动现代工业部门大规模扩张，引起农业过剩人口异乎寻常的外流。以英格兰和威尔士为例。从 1851 年到 1911 年 60 年间，英格兰和威尔士的农业劳工、农场牧羊人和牧羊工从 1460986 人减少到 656377 人，一共减少了 55%；英国农业劳动者在就业人口中的比重，在 1770 年为 42%，1801 年下降到 35.9%，1851 年下降到 21.7%，1901 年下降到 8.7%。③ 伴随农村剩余劳动力和人口大量外流，英格兰和威尔士城市和

① 《马克思恩格斯选集》第 4 卷，人民出版社 2012 年版，第 372 页。

② 马克思：《资本论》第 1 卷，人民出版社 2004 年版，第 739 页。

③ 王章辉、黄柯可：《欧美农村劳动力的转移与城市化》，社会科学文献出版社 1999 年版，第 7—14 页。

工矿地区的人口却在迅速增加，其在人口中的比重也在快速上升。从1851年到1911年六十年间，英格兰和威尔士的城市人口从899万人迅速增长到2816.3万人，城市人口在人口中的比重从50.2%快速上升到78.1%。[①] 农村剩余劳动力大规模地向城市现代工业部门转移，成为不可阻挡的历史潮流。

农村剩余劳动力大规模地向城市现代工业部门转移，是连接城乡、实现资本主义雇佣劳动就业方式城乡一体化的主要推动力量。它的顺利进行也需要以一定的经济社会条件为前提。

其一，劳动力市场的形成。现代雇佣劳动就业方式的确立，要以直接生产者彻底摆脱人身依附关系、成为自由出卖劳动力和具有“全面流动性”的现代雇佣工人为前提。而直接生产者转化为现代雇佣工人的历史运动，一方面表现为直接生产者从农奴地位和行会束缚下解放出来；另一方面表现为，新被解放的人只有在被剥夺了一切生产资料和旧封建制度给予的一切生存保障之后，才能成为出卖自身劳动力的现代雇佣工人。而对他们的这种剥夺，是用血和火的文字载入人类编年史的。[②] 然而，对于劳动力市场的形成，仅有作为供求双方的资本家和劳动力还是远远不够的，还需要现代雇佣工人通过教育、传统和习惯将资本主义生产方式的要求承认为理所当然的自然规律，[③] 相对过剩人口不断将劳动供求规律、从而将工资限制在与资本增殖需

---

① 王章辉：《英国工业化与农村劳动力的转移》，《世界历史》1996年第6期。

② 在《资本论》第1卷第24章，马克思以具有典型形式的英国为例，用大量的篇幅论述了资本原始积累对以个人劳动为基础的直接生产者剥夺的历史及其残酷性。他强调，首要的是用残酷的恐怖手段将大量的直接生产者突然强制地同自己的生存资料分离开来，并通过血腥的严刑峻法惩治这些被剥夺者，将其抛进劳动力市场。

③ 英国发展初期对农村劳动力转移进行国家干预，经历了从惩治流民到救济贫民再到“济身”的变迁过程。英国政府最初是沿袭中世纪的政策将所有无业者都称作流浪汉，而且通过更为严厉的法令，从逮捕烙印直到判处死刑对流浪农民予以惩治；在认识到农民流浪是社会转型原因而不是自身的原因导致的结果后，从亨利八世开始，逐步承担起组织救济的责任；产业革命发生以后，又发展到“济身”政策，即为对流浪者和失业者创造实行强制劳动，并为他们创造就业机会，进行技能培训，提供社会安全保障，以培养他们接受改行做工人的应有的劳动习惯（参见李世安：《英国农村剩余劳动力转移问题的历史考察》，《世界历史》2005年第2期）。

要相适应的限度以内，[①] 由经济关系的无声强制保证资本家对工人的统治。[②]

其二，现代土地私有财产制度的确立和土地的自由流通与集中。土地所有权的垄断是资本主义生产方式的历史前提和基础。资本主义社会化大生产，不仅意味着传统工业部门转型为现代大工业生产，而且意味着传统农业部门转型为现代农业大生产，即农业合理化从而使农业按照社会化的方式经营。它“一方面使土地所有权从统治和从属的关系下完全解脱出来，另一方面又使作为劳动条件的土地同土地所有权和土地所有者完全分离，土地对土地所有者来说只代表一定的货币税，这是他凭他的垄断权，从产业资本家即租地农场主那里征收来的……这样，土地所有权就取得了纯粹经济的形式”。[③] 然而，资本主义生产方式产生时所遇到的土地所有权形式，是同农业和家庭手工业相结合的自给自足的自然经济相适应的小土地所有制。“小土地所有制的前提是：人口的最大多数生活在农村，占统治地位的，不是社会劳动，而是孤立劳动。”[④] “在这里，农民同时就是他的土地的自由所有者，土地则是他的主要生产工具，是他的劳动和他的资本的不可缺少的活动场所。在这个形式下，不支付任何租金。”[⑤] 按其性质来说，小土地所有制排斥社会劳动生产力的发展、劳动的社会形式、资本的社会积聚、大规模的畜牧和对科学的累进的应用。这显然是同资本主义社会化大生产的要求存在根本冲突的。因而，必须将这种土地制度转化为现代土地私有财产制度，并通过土地的自由流通和集中，将小土地所有制改造为大土地所有制。而且，这种土地所有权不仅是小生产的生产方式充分发展的必要条件，也是传统农民个人独立性发展的基础和最重要的生存保障。只有将小土地所有制改造为资本主义大土地所有制，才能“促使农村居民变成无产阶级，把他们‘游离’出

---

① 英国还曾在 1799—1800 年颁布《结社法》(*The Combination Acts*)，其中有专门要求资本家仅提供工人维持生计水平的最低工资的条款。

② 资本家专制是我们对资本主宰市场经济运行的一个简要的理论概括，即劳动者受雇于并实际从属于资本家，社会生产函数各种经济变量最终决定于资本家利润最大化偏好。

③ 马克思：《资本论》第 3 卷，人民出版社 2004 年版，第 697 页。

④ 马克思：《资本论》第 3 卷，人民出版社 2004 年版，第 918 页。

⑤ 马克思：《资本论》第 3 卷，人民出版社 2004 年版，第 909 页。

来投向工业”。[1] 所以，正是“大土地所有制使农业人口减少到一个不断下降的最低限量，而同他们相对立，又造成一个不断增长的拥挤在大城市中的工业人口。”[2]

其三，资本和劳动力的自由流动。城乡各个产业部门工人的工资水平接近一致，是实现现代雇佣劳动就业方式城乡一体化的重要标志。这是资本和劳动力在利润率平均化规律调节下自由流动促成的结果，是工业化和城市化发展到较高阶段的产物。在工业化和城市化的初期，“工业的迅速发展产生了对人手的需要：工资提高了，因此工人成群结队地从农业地区涌入城市。人口以令人难以置信的速度增长起来，而且增加的差不多全是工人阶级。”[3] 工业化和城市化发展到一定阶段，城市工商业利润率水平逐步下降。当它低于乡村农业部门的利润率水平时，就会促使具有逐利本性的资本向农业部门转移，从而提高农业雇佣工人的报酬。[4] 资本和劳动力跨城乡、跨产业部门的竞争和自由流动的结果，是城乡各个产业的利润水平上接近一致，工人的工资水平接近一致。

现代雇佣劳动就业方式城乡一体化的实现，对于缩小工农差别、城乡差别具有积极作用。然而，在资本主导下野蛮推进这一进程，对于转移到城市工业部门的农村劳动力来讲，则是一部苦难史。这种流动的劳动力犹如资本的轻骑兵，由资本按照自己组织生产的需要时而调到这里，时而调到那里。当不行军的时候，他们就“露营”。他们被用在各种建筑工程和排水工程、制砖、烧石灰、修铁路等方面。“这是一支流动的传染病纵队，它把天花、伤寒、霍乱、猩红热等疾病带到它扎营的附近地区。在像铁路建设等需要大量投资的企业中，企业主本人通常为自己的军队提供一些木棚之类的住所。这种临时性的村落没有任何卫生设备，不受地方当局监督，对承包人先生非常有利可图，他把工人既当作产业士兵又当作房客进行着双重剥

① 马克思：《资本论》第 1 卷，人民出版社 2004 年版，第 833 页。

② 马克思：《资本论》第 3 卷，人民出版社 2004 年版，第 918 页。

③ 《马克思恩格斯全集》第 2 卷，人民出版社 1972 年版，第 296 页。

④ 《马克思恩格斯全集》第 26 卷，人民出版社 1975 年版，第 261 页。

削。”[①] 而且，“资本消费劳动力是如此迅速，以致工人到了中年通常就已经多少衰老了。他落入过剩者的队伍，或者从较高的等级被排挤到较低的等级。我们看到，正是大工业中的工人寿命最短。”[②] 从19世纪中期开始，英国为了缓解由此引发的严重社会问题和稳定社会秩序，制定和颁布了《工厂法》(1833年)、《济贫法》(1834年)、《贫民遣返法（修正案)》、《工会法》和《劳资关系法》等，采取了一系列措施有意识地和有计划地改善工人的工作和生活状况，试图使工人的权利在严重不公正的社会生活中也能得到最低限度的保障。马克思和恩格斯充分肯定了英国政府所采取的这些缓解与改善工人的生产和生活状况的措施的积极作用；同时也敏锐地认识到，由于资本家的规避，国家落实得很不彻底、很不自愿、很少诚意，即使这些有限的措施也不能真正发挥作用。

三、马克思城乡就业一体化理论的现代价值

通过文本研究不难发现，马克思城乡就业一体化思想科学、系统和富有批判精神，对于当前我国统筹城乡就业、加快推进城乡就业一体化具有重要的指导意义。

首先，创新统筹城乡就业机制，必须进一步深化对马克思城乡就业一体化客观规律的理解。在马克思看来，城乡就业一体化是客观存在的经济规律，在人类社会的各个发展阶段体现为各有侧重的阶段性特征：现代雇佣劳动就业方式城乡一体化是资本主义形成、发展和走向成熟阶段城乡就业一体化的基本内容，就业内容的城乡一体化则是人类社会发展的最高阶段的任务，二者在内容上各有侧重、在时间上前后衔接，共同构成了城乡就业一体化的辩证发展过程。正如马克思所指出，“一切民族，不管它们所处的历史环境如何，都注定要走这条道路”[③]，“在不同的历史条件下能够发生变化的，

① 马克思：《资本论》第1卷，人民出版社2004年版，第765页。

② 马克思：《资本论》第1卷，人民出版社2004年版，第739页。

③ 《马克思恩格斯文集》第3卷，人民出版社2009年版，第466页。

只是这些规律借以实现的形式。”① 当前创新统筹城乡就业机制，从根本上说就是要在科学理解城乡就业一体化客观规律的基础上，立足中国国情，顺应历史大势，创新出这一规律在新时代、新发展阶段中国的有效实现形式。而对这一规律的科学理解，也不能停留在经验范围内的、直观的事物外在的因果关系上，而是要深入到事物内在的本质的联系中，去探寻其历史运动的内部机制。② 那种认为城乡就业一体化只是人类社会发展到最高阶段的任务、现阶段提出和推行城乡就业一体化是超越阶段、不切实际的观点，是缺乏理论依据的。因为，当前我国仍处于社会主义初级阶段，不仅没有完成信息化的任务，而且仍没有完成一些发达国家在资本主义条件下就已经完成的工业化、城镇化、农业现代化等历史任务。这就决定了现阶段我国亟须加快推进的城乡就业一体化，不是人类社会发展到最高阶段才能提出和实现的就业内容的城乡一体化，而是总体上属于现代劳动就业方式的城乡一体化范畴。进一步看，我国的现代化是史无前例的中国式现代化，走的是和西方现代化根本不同的现代化道路，③ 新中国的劳动就业方式现代化进程一开始就采取了迥异于西方发达国家的道路。新中国成立初期，为了推行重工业优先发展战略，我国推行以户籍制度为核心、人为阻断劳动力和人口在城乡之间自由流动的制度安排，形成了行政主导的城乡二元就业结构，客观上严重背离了生产方式现代化转型阶段城乡就业一体化的规律性要求，导致我国城乡劳动力资源配置严重扭曲，城镇化水平长期严重滞后于工业化水平，给经济社会发展都造成了严重的消极影响。④ 经过 40 余年的改革与发展，这种行政主导

---

① 《马克思恩格斯选集》第 4 卷，人民出版社 2012 年版，第 473 页。

② 参见于沛：《历史科学与中国特色社会主义》，《中国社会科学》2019 年第 10 期。

③ 参见本刊评论员：《发展无愧于新时代的中国理论》，《中国社会科学》2022 年第 1 期。

④ 根据《中国统计年鉴》相关年份的数据，从推行“一五”计划前夕的 1952 年到改革开放起始的 1978 年，我国工业产值占国民收入的比重从 19.5% 迅速提高到 49.4%，农业产值所占的份额从 57.7% 下降到 32.8%。与工业化水平迅速提高极不相称的是，同期我国工业部门劳动力占全社会劳动力的比重从 6.0% 缓慢提高到 12.5%，农业部门劳动力所占的比重从 83.5% 下降到 73.3%，仍有超过 70% 的劳动力保留在农业部门；我国城镇人口占总人口的比重由 10.6% 上升到 12.5%。也就是说，20 年的时间内，我国工业化水平提高了近 30 个百分点，而城镇化率水平提高不足 2 个百分点。

的城乡二元就业制度安排已经动摇。但是，由于对城乡就业一体化客观规律仍缺乏深刻的认识，阻碍城乡劳动力和人口自由流动和迁移的核心制度障碍至今仍没有从根本上消除，实现城乡劳动者平等就业和进城农民工及其家属市民化仍任重而道远。根据第七次全国人口普查调查结果，截止到2020年11月1日零时，我国常住人口城镇化率为63.89%，仍有多达近3.76亿的流动人口并没有真正融入城市，导致真正反映城市化发展水平的户籍人口城镇化率仅有45.4%。[①] 因此，当前我国统筹城乡就业机制亟待创新，前提是必须进一步深化对城乡就业一体化客观规律的认识，以根除阻碍城乡劳动力和人口自由流动和影响城乡平等就业的核心制度障碍为突破口，进一步深化现代劳动就业方式城乡一体化。

其次，没有生产力高度发展基础上的现代生产方式城乡一体化，就没有现代劳动就业方式城乡一体化。正如前文所述，当前我国正在推进的城乡就业一体化，总体上仍属于现代劳动就业方式城乡一体化范畴，本来应该在生产方式现代化转型过程中自发地进行。当前我国却需要通过统筹城乡就业机制创新来积极推进这一进程，那是因为在过去相当长的时期内这一自发进程被人为地扭曲和阻碍，导致如今的积重难返局面。那么，如何创新统筹城乡就业机制来积极推进这一进程？主流观点认为，只要消除城乡劳动力和人口自由流动的制度阻碍，推进城乡劳动力市场一体化，就能实现城乡就业一体化。依据这一主流理论观点所开出的政策药方自然是：改革分割城乡的传统户籍制度、建设与完善劳动力市场、建立城乡统一的社会保障制度，等等。按照马克思的观点，特定历史阶段的城乡就业关系，根本上是由该历史阶段的生产力水平决定的，是与其社会生产方式相适应的。没有现代生产方式城乡一体化，就不可能真正实现现代劳动就业方式城乡一体化。显然，尽管上述主流理论观点及政策主张包含有不少合理成分，但没有抓住根本决定因素。我们认为，现阶段城乡就业一体化的重点，应该是如何通过积极实施

---

① 国家统计局：《第七次全国人口普查公报（第七号）——城乡人口和流动人口情况》，2021年5月11日，见 http：//www.stats.gov.cn/tjsj/tjgb/rkpcgb/qgrkpcgb/202106/t20210628_1818826.html。

乡村振兴战略将传统农业生产方式改造为现代农业生产方式，将传统农民改造为城乡各行各业的现代劳动者，使城乡的生产力水平、生产方式现代化程度及社会发展水平接近一致，最终实现现代劳动就业方式城乡一体化。

最后，统筹城乡就业、推进城乡就业一体化，必须坚持维护劳动者权益的价值取向和以人民为中心的发展思想。改革开放特别是20世纪90年代以来的一个时期，受新自由主义理论与政策的影响，片面强调和夸大资本与市场的决定性作用及自我修正功能和对劳动保护的“国家退出”，导致我国在劳动就业体制改革过程中，客观上出现了传统体制下的“主人翁”向雇佣劳动者转化、农民工无产阶级化、非正规就业取代正规就业在劳动力人口中占主导、普通劳动者工资与福利长期被锁定在过低水平等损害劳动者权益现象，出现了下岗职工、农民工、留守老人与儿童、城市贫困人口、失地农民、“蚁族”等弱势群体，造成了较大的消极影响。马克思主义认为，劳动是社会围绕转动的太阳，劳动者是生产过程和社会的主体，必须坚持维护劳动者权益的价值取向。在回答如何对待生产方式现代化转型中的农民时，马克思和恩格斯旗帜鲜明地表达了他们的态度和政策主张：不要违反农民的意志用强力干预他们的财产关系，不能用强制的办法剥夺农民，而是要慷慨地对待农民，坚定地站在农民的一边维护农民的利益，通过示范和帮助的办法让农民走合作社的生产和占有，等等。① 英、法、德等老牌资本主义国家血腥的资本主义发家史，二战以来广大发展中国家陷入资本主导型的城乡就业二元结构的泥沼难以自拔，这一再启示我们：我国是社会主义国家，理应坚持劳动者的主体地位，坚持以人民为中心的发展思想，通过创新统筹城乡就业机制，探索出一条符合我国现阶段国情的社会主义性质城乡就业一体化道路。

① 《马克思恩格斯选集》第4卷，人民出版社2012年版，第368—377页。

第二章　现代西方乡—城劳动力转移理论的演进与适用性

现代西方乡—城劳动力转移理论，是以刘易斯模型为基础和起点、以农村剩余劳动力转移为核心内容、着眼于刘易斯模型的修正与拓展逐步形成的理论体。它在很长时期内对包括我国在内的广大发展中国家乡—城劳动力流动、城乡就业与人口迁移的理论研究与政策设计影响深刻。本章将在考察现代西方乡—城劳动力转移理论演进逻辑的基础上，通过将马克思城乡就业一体化理论与其进行比较研究，发现和克服现代西方乡—城劳动力转移理论的偏颇与适用局限，提出符合马克思主义科学精神的统筹城乡就业机制原理，为新时代创新我国统筹城乡就业机制提供理论依据。

一、现代西方乡—城劳动力转移理论的演进逻辑

（一）源头：古典政治经济学家的思想和观点

作为现代西方发展经济学的重要组成部分，现代西方乡—城劳动力转移理论，是基于当今发达国家经济体完成资本主义生产方式现代化转型的经验，出于西方"一个国家或一个集团的一时的和狭隘的政治利益或战略利益"，①

① ［瑞典］冈纳·缪尔达尔：《亚洲的戏剧：南亚国家贫困问题研究》，首都经济贸易大学出版社 2001 年版，第 6 页。

针对发展中经济体工业化、城市化、农业现代化过程中发生的大规模农村人口不断向城市转移的规律性现象所做出的理论概括，是发达国家对发展中国家的一种经济理论“援助”。[①] 作为人类社会发展史上具有划时代意义的巨大变革，从传统社会向现代社会的转型，由近代第一次工业革命所引发，首先出现并完成于这次工业革命的发端地英国，然后向欧洲、北美和日本等国家和地区扩散并完成。大致处于英国生产方式现代化转型时期的古典政治经济学家们，创立了代表当时新兴资产阶级利益的经济理论体系，初步探讨了工业化的动因、规律及趋势，提出了一些反映以英国为代表的发达国家发展初期现代化转型及乡—城劳动力转移经验的思想和观点。

被马克思称为英国“政治经济学之父”的威廉·配第（William Petty），生活在工场手工业处于主导地位的时代，因而他谈论的工业事实上指的是工场手工业。配第以荷兰和英格兰为例，从发展各个产业的资源禀赋不同出发，提出了“工业的收益比农业多，而商业的收益又比工业多”[②] 及产业间收入差距会造成农业劳动力向非农产业转移的观点。[③] 被誉为“现代经济学的开山鼻祖”的亚当·斯密（Adam Smith）在写作《国民财富的性质和原因的研究》时已处于近代英国产业革命开始时期。因而，斯密克服了法国重农学派只有农业劳动才是生产劳动的理论偏见，提出工业劳动也是生产劳动；因工业资本数量增得多（从而劳动者人数增多、工业的分工发展、专业化分工水平高从而劳动生产率高），固定资本与流动资本之间的比例高（固定资本特性是不必经过流通、不必更换主人即可提供收入或利润；农业固定资本的数量是固定的，工业需要大得多的固定资本），因而工业收益会远远超过农业收益；由于“各人的利害关系必然促使他寻求有利的用途，避开不利的用途”[④]，因而事实上粗略地说明了劳动者从农业部门转向工业部门从而乡—城劳动力转移中的经济原因与行为逻辑。大卫·李嘉图（David

① 方福前：《论发展经济学失败的原因》，《中国人民大学学报》2002 年第 4 期。

② 王亚南：《资产阶级古典政治经济学选辑》，商务印书馆 1979 年版，第 74 页。

③ 王亚南：《资产阶级古典政治经济学选辑》，商务印书馆 1979 年版，第 86 页。

④ 王亚南：《资产阶级古典政治经济学选辑》，商务印书馆 1979 年版，第 354 页。

Ricardo）经历过工业生产获得空前巨大发展的“大工业的狂飙时期”，是英国从工场手工业到机器大工业过渡时期、代表处于上升时期的新型工业资产阶级利益的经济学家。李嘉图则认为，必须依赖有限土地的农业部门，劳动的边际生产率递减；不严重依赖土地、大量资本投在机器上的工业部门，劳动的边际生产率不递减或存在递增趋势；因而，劳动力会从农业部门转向工业部门。①

尽管古典政治经济学家们没有创建出乡—城劳动力转移的系统化理论体系，但他们的思想和观点开创了对现代化转型及乡—城劳动力转移研究的先河，一定程度上反映了以英国为代表的发达国家发展初期顺利完成现代化转型及乡—城劳动力转移的经验，从而具有重要的学术价值。新古典经济学兴起于20世纪初，彼时欧美各个发达国家均已基本完成现代化转型，现代化转型及乡—城劳动力转移问题自然不是其重点关注与研究的对象。第二次世界大战结束后，来自西方发达国家、出于对自身狭隘的重大政治利益和战略利益、主动为新独立的欠发达国家研究和制订发展计划的经济学家、研究机构和国际组织，不可避免地采用根据发达国家自身的国情和经验得出的理论和方法，研究欠发达国家如何实现现代化转型及乡—城劳动力转移。而他们所能够依据的、反映发达国家发展初期顺利完成现代化转型及乡—城劳动力转移的经验的理论，只能来自古典政治经济学家们的思想和观点。因此，古典政治经济学家们关于现代化转型及乡—城劳动力转移的思想和观点，必然对那些来自西方发达国家、主动为新独立的欠发达国家研究和制订发展计划的发展经济学家们创建的现代乡—城劳动力转移理论体系产生不可磨灭的影响。古典政治经济学家们的思想和观点，无疑构成了现代西方乡—城劳动力转移理论体系的源头。

（二）基础：刘易斯模型

作为发展经济学的重要组成部分，现代西方乡—城劳动力转移理论反

---

① 王亚南：《资产阶级古典政治经济学选辑》，商务印书馆1979年版，第452—627页。

映的是西方发达国家狭隘的重大政治利益和战略利益的需要，不可避免地受体现发达国家早期经验的古典政治经济学家的思想与观点的影响。古典政治经济学家们关于资本积累和工业部门扩展的决定性作用、产业间生产率或收入差距为乡—城劳动力转移提供动力、工业化、城市化与市场化相互促进等方面的思想，在现代西方乡—城劳动力转移理论那里基本上都得到了继承。另一方面，现代西方乡—城劳动力转移理论的直接服务对象毕竟是二战后获得独立的欠发达国家，需要反映这些新独立的欠发达国家实现现代化转型对理论的需要，理论建构中必须将欠发达国家所面临的、不同于发达国家发展早期的、关键的经济社会条件差异考虑进去。当然，发达国家发展初期和欠发达国家启动现代化转型时所处的经济社会条件，存在许多方面的不同甚至是巨大的反差，但最为关键的差异，无疑是欠发达国家同时并存相对发达的现代部门和落后的传统部门的“二元经济”结构。因为，发达国家发展初期启动现代化转型的时点是重商主义的农业时代，经济社会特征是农业和手工业紧密结合在一起的“传统一元经济”，即农业和手工业均以传统手工劳动为技术基础，以家庭为生产组织形式，所处的经济社会环境也基本相同。而绝大多数欠发达国家启动现代化转型前，曾长期作为发达国家的殖民地或半殖民地，使其既存在数量少、又主要集中在大城市的现代部门，也存在数量上占绝对优势、分布极为广泛的传统部门，即具有迥然不同于发达国家发展初期转型起点的“二元经济”结构性特征。

刘易斯模型被公认为是第一个也是最常用的模型，用来解释劳动力严重过剩的欠发达经济体如何通过乡—城劳动力转移转型为现代一元经济。它是由诺贝尔经济学奖得主、美国普林斯顿大学教授威廉·阿瑟·刘易斯（William Arthur Lewis）于20世纪50年代中期创建的。刘易斯模型隐含的第一个假定，即现代部门与传统部门并存的“二元经济”，充分强调和考虑了欠发达国家普遍存在的二元经济结构特征；它隐含另一个假定，即现代工业部门创造的劳动力需求及其从而对农村剩余劳动力的吸纳水平决定于其资本积累水平，较好地体现了古典政治经济学家关于资本积累与工业扩张对于经济发展的重要性等观点；它对乡—城劳动力转移过程及其机理的描述，可以也反映出其或多或少地受到了古典政治经济学家关于产业间生产率或收入差距为农业劳动力向非农产业转移提供动力的思想的影响。总之，刘易斯模型足以满足西方发达国家狭隘的重大政治利益和战略利益的需要，反映了欠发达国家尽快实现现代化转型的要求，体现了古典政治经济学家思想和观点的精髓，也充分强调和考虑了欠发达国家特有的经济结构特征，是欠发达经济体现代化转型及劳动力转移研究领域开拓性的经典成果，为现代西方乡—城劳动力转移理论奠定了较为坚实的基础。

刘易斯模型主要隐含以下基本假定①：其一，二元经济结构假定。即欠发达经济体由并存的两个部门组成，一个是采用传统生产技术、劳动生产率很低的非资本主义部门或传统部门，以农业部门为代表；另一个是采用现代生产技术、劳动生产率和工资水平相对高得多的资本主义部门或现代部门，以工业部门为代表。其二，传统部门剩余劳动假定。由于传统农业部门和农村部门人口与劳动力众多、增长迅猛，土地和资本投入有限，存在大量的剩余劳动力，劳动的边际生产率为零甚至为负数。因而，传统农业部门劳动的边际生产率为零甚至为负数的剩余劳动力，基于传统上非商业化的收入分享原则，按照人均产出而不是边际产出取得维持基本生存需要的最低收入。其三，工业部门和城市部门不存在失业和拥有一个竞争充分的劳动力市场假定。正是由于工业部门和城市部门不存在失业，该部门新增的劳动力需求就只能通过吸纳来自农村的剩余劳动力来满足；竞争充分的劳动力市场假定，则保证工业部门和城市部门可以在一个维持工人生存为限、固定不变的工资水平（比传统部门基本生存收入高30%左右），从农业部门和农村部门雇佣到所需要的任意数量的劳动力，即劳动力供给具有无限弹性。其四，现代工业部门的利润全部用于资本积累和资本与劳动力比例固定不变假定。利润全部用于资本积累，意味着利润不能用于消费，必须全部用于投资，推动现代工业部门扩张。资本与劳动力比例固定不变，意味着工业部门不存在替代劳

① ［美］威廉·阿瑟·刘易斯：《二元经济论》，北京经济学院出版社1989年版，第1—46页。

动力的资本密集型技术进步。当资本增加时，劳动力需求吸纳的农村剩余劳动力会按同一比率增加。

在上述基本假定下，刘易斯模型对欠发达经济体通过乡—城劳动力转移实现现代化转型的过程的理论概括，可以结合图 2–1 简要说明如下：现代工业部门在既有资本量 K_{M1} 和技术条件下，形成的劳动需求曲线（边际产量曲线）为 D_1-D_1（K_{M1}），按照固定不变的工资水平 W_M，雇佣的劳动力数量为 L_1，通过组织生产可获得相当于图形中 W_MD_1F 区域面积的利润。[①] 现代工业部门将利润全部用于投资进行资本积累，使其资本量增加到 K_{M2}，继续以原有技术即维持资本与劳动力比例固定不变来组织生产，劳动需求曲线向右上方移动到 D_2-D_2（K_{M2}）位置，按照固定不变的工资水平 WM，雇佣的劳动力数量相应地增加到 L_2。这样，现代工业部门与城市部门就可以增加雇佣来自传统农业部门和乡村部门、数量为 L_2-L_1 的剩余劳动力。现代工业部门再次将由此创造的、相当于图形中 W_MD_{1G} 区域面积的利润，全部

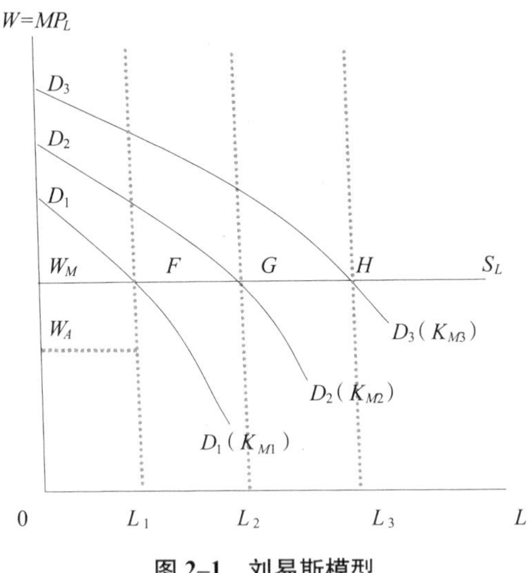

图 2–1 刘易斯模型

资料来源：[美] 迈克尔 · P. 托达罗、斯蒂芬 · C. 史密斯：《发展经济学》，机械工业出版社 2010 年版，第 73 页。

① 注：利润 = 总产出 − 工资。总产出相当于图形中 $0D_1FL_1$ 的面积，工资相当于 $0W_MFL_1$ 的面积，利润就是二者的差额，相当于图形中 W_MD_1F 区域面积。

用于投资进行资本积累，资本量增加到 K_{M3}，劳动需求曲线进一步向右上方移动到 D_3-D_3（K_M）位置，按照工资水平 W_M 雇佣的劳动力将进一步增加到 L_3，增加吸纳来自传统农业部门和乡村部门、数量为 L_3-L_2 的农村剩余劳动力。现代工业部门如此这样持续进行资本积累和就业扩张，使农村剩余劳动力源源不断地向现代工业部门和城市部门转移，直至农村剩余劳动力全部被现代工业部门和城市部门吸纳完毕，欠发达经济体也就最终完成了从二元经济结构到现代一元经济结构的转型。

（三）发展：刘易斯模型的拓展与修正

现代西方乡—城劳动力转移理论，以刘易斯模型为基础和起点，把乡—城劳动力转移看作是发展中国家在工业化和城市化过程中必然出现的城乡就业结构调整现象，以农村剩余劳动力转移为核心内容，是着眼于刘易斯模型的拓展与修正逐步发展起来的理论体系。

通过拓展刘易斯模型使其更为完善起来的代表性成果首推拉尼斯—费景汉模型。对于经典的刘易斯模型，拉尼斯和费景汉（Ranis，G.& Fei，J.）着重从两个方面进行了拓展：① 其一，在原有模型中加进传统农业部门提供粮食剩余能力的限制因素。拉尼斯和费景汉认为，在强调现代工业部门资本积累的驱动作用的同时，必须对传统农业部门提供粮食剩余能力限制作用的重要性给予足够的认识。因为传统农业部门如果不能为转移劳动力提供足够的粮食剩余，乡—城劳动力转移就将因现代工业部门粮食短缺、粮价上涨、工资水平提高受阻而停顿下来。因而将乡—城劳动力转移同乡—城粮食剩余转移同时考虑进去，将非均衡的刘易斯模型发展为城乡两部门均衡增长的理论模型。其二，对传统部门剩余劳动假定的深化。拉尼斯和费景汉将剩余劳动与剩余劳动者区分开来，并将剩余劳动力进一步细分为：(1) 劳动的边际生产率为零的“多余劳动力”；(2) 边际生产率大于零但小于不变制度工资

---

① Ranis，G.& J.Fei，A Theory of Economic Development，*American Economic Review*，1961，Vol.51，pp.533-565.

即农业部门劳动者的平均收入水平的“隐蔽失业”。他们据此把现代化转型及乡—城劳动力转移过程划分为三个阶段：第一个阶段：传统农业部门和农村部门存在多余劳动力，劳动力转移不会造成粮食总产量的减少，现代工业部门和城市部门的资本积累与就业扩张，不会引起其工资水平的提高，乡—城劳动力转移机制同刘易斯模型描述的情况一样。第二个阶段：传统农业部门和农村部门存在隐蔽失业，劳动力进一步转移，会造成粮食总产量减少、粮食短缺、粮价上涨，从而导致现代工业部门和城市部门工资水平的上涨，通过购买工业消费品以补偿短缺的粮食量，至此劳动力供给曲线出现“第一个拐点”。第三阶段：一旦农村剩余劳动力全部转移完毕，传统农业部门和农村部门的劳动边际生产率将上升到超过不变制度工资，劳动者的工资水平最终也按照市场原则决定；为补偿更为短缺的粮食，现代工业部门和城市部门劳动力供给曲线出现“第二个拐点”，从此向上升的曲线斜率更大。

刘易斯模型隐含的一些苛刻的、不符合欠发达经济现实的基本假定，遭到一些学者的质疑与批评，以此来修正该模型则成为现代西方乡—城劳动力转移理论另一个发展方向。哈里斯—托达罗（Harris-Todaro）模型就是在刘易斯模型基础上沿着这一方向发展所形成的最具代表性的经典模型，①其基本思想主要体现在托达罗、哈里斯和托达罗发表和出版的一系列理论文献。同刘易斯模型相比，哈里斯—托达罗模型隐含的假定前提存在以下几个方面的重要区别：其一，质疑和否认刘易斯模型关于传统农村部门存在劳动的边际生产率为零的剩余劳动假定，而是假定传统农村部门不存在剩余劳动；其二，质疑和否认城市部门不存在失业假定，而是认为发展中国家城市存在严重失业问题，因而进入城市的农村劳动力面临无法在现代部门就业的可能与风险；其三，在承认二元经济结构假定的基础上，事实上又进一步将城市部门看作是由现代部门（正式部门）、非正式部门、失业等N个分部门共同构成，并且只承认在现代部门（正式部门）工作为就业，将在非正式

① Todaro，M.，A Model of Labor Mogration and Urban Unemployment in Less Developed Countries，*American Economic Review*，1969，59，pp.139-147.

部门工作看作隐蔽失业；其四，否认城市现代部门（正式部门）面对的是一条水平的劳动力供给曲线（固定不变的工资水平），认为受最低工资法、工会组织集体谈判等因素影响，该分部门向工人支付的工资水平高，而且是上升的。此外，深入细致、从微观机制而不是停留在从现代化转型的宏观要求方面探讨乡—城劳动力转移，则是哈里斯—托达罗模型和刘易斯模型、拉尼斯—费景汉模型相比的另一个重要区别。按照现代西方微观经济理论的基本原理，作为微观经济主体的一个农民，选择是否要从乡村到城市的劳动力转移的决策，实质上无非是他根据成本（放弃他原来在农村时的收入或农村平均实际收入）和收益（转移城市后可能获得的收入）的比较所做的理性选择。按照哈里斯—托达罗模型所暗含的城市存在严重失业假定，一个潜在的转移到城市的农民将得到的收益，不是城市现代部门（正式部门）较高的实际工资率，而是城市部门的期望收入，决定于城市现代部门（正式部门）的实际工资率和他实现在城市现代部门（正式部门）就业的概率。显然，潜在转移到城市的农民对于是否从乡村到城市进行劳动力转移的理性选择，决定于城市部门期望收入和农村平均实际收入的比较。当乡—城劳动力转移持续进行到城市部门期望收入和农村平均实际收入相等时，潜在转移的农民显然没有必要做出转移的行为决策，乡—城劳动力转移即处于均衡状态。如果我们假设城市正式部门为 F，就业岗位数量为 L_F，工资水平为 $\bar{W}$；假设城市非正式部门为 I，就业岗位数量为 L_I，工资水平为 W_1；假设农村部门为 A，农村平均实际收入为 W_A；那么，哈里斯—托达罗均衡条件就是：①

$$\frac{\bar{L}_F}{\bar{L}_F+\bar{L}_I}\bar{W}+\frac{\bar{L}_F}{\bar{L}_F+\bar{L}_I}W_I=W_A$$

此外，Schultz、Jogenson、Dixit 否定农业劳动力边际生产率为零假设，强调改造传统农业、发展农业生产和乡村经济发展的重要性。Piore、Gautam Bose、Lars Ljungqvist 和 Kazuhiko Arai 等则从不同的方面观察到发

① 参见［美］德布拉吉·瑞：《发展经济学》，北京大学出版社 2002 年版，第 349—355 页。

展中国家存在严重的二元劳动力市场分割现象，从加强城乡劳动力市场之间的联系和发展教育等方面为解除劳动力市场分割提供新的思路。Bharati Basu 对二元经济结构转换条件下城市部门内生效率工资扭曲所促成的乡—城劳动力转移进行了研究。① Lucas 则从对“终身受益”的预期角度解释了农村人口向城市流动是如何内生于现代经济增长的。② 总之，以刘易斯模型为基础和起点，现代西方乡—城劳动力转移理论沿着对刘易斯模型的拓展与修正的两大主流方向不断得到发展。

然而，现代西方乡—城劳动力转移理论，无论是有意还是无意，远没有真正反映发达国家发展初期完成现代化转型及乡—城劳动力转移实际情形的复杂性及无法复制的“经验”。除韩国、新加坡等少数几个国家以及中国香港、中国台湾地区外，绝大多数欠发达经济体，特别是幅员广大、人口众多、典型农业特征明显的经济体，现代化转型及乡—城劳动力转移至今仍都没有从停滞或徘徊中摆脱出来。我们不禁要问，现代西方乡—城劳动力转移理论究竟存在什么局限（隐藏了发达国家发展初期完成现代化转型及乡—城劳动力转移实际情形的复杂性、无法复制的“经验”及本身需要扬弃的具体内容是什么），包括我国在内的广大发展中国家又究竟该怎样克服现代西方乡—城劳动力转移理论政策的偏颇（怎样顺利实现现代化转型及乡—城劳动力转移并减轻其给当事的劳动者所带来的痛苦），我们将通过将马克思城乡就业一体化理论与其进行比较研究，发现和改正现代西方乡—城劳动力转移理论的局限和政策上的偏颇，进一步探讨马克思经济学中蕴含的城乡就业一体化原理及其当代价值。

---

① Bharati Basu，Efficiency Wages，*Agglomeration*，*and a developing Dual Economy*，*Regional Science*，Vol .38，2004.

② Robert，E.，and Lucas，Jr，.“Life earnings and rural-Urban Migration”，*Journal of Political Economy*，2004，112（1），pp.29-59.

二、城乡就业一体化理论的比较研究：马克思与刘易斯

对于现代化转型及乡—城劳动力转移，马克思以具有典型形式的英国为主要观察对象，运用辩证唯物主义和历史唯物主义方法论，在揭示资本主义生产方式产生、发展及必然灭亡的规律性这个大的理论框架下进行了研究，形成了科学、系统和富有批判精神的城乡就业一体化理论。现代西方乡—城劳动力转移理论，则是由主要来自西方发达国家的经济学家、研究机构和国际组织，代表所在国或国家集团狭隘的重大政治利益和战略利益，根据以英国为代表的发达国家发展初期完成现代化转型及乡—城劳动力转移的部分经验，遵循结构主义、比较静态分析和动态分析及从利己主义出发展开整个理论体系的理论框架，以现代经济增长模式即发达资本主义国家为转型目标，侧重于分析工业化、人口流动、城市化之间的关系。那么，马克思城乡就业一体化理论和现代西方乡—城劳动力转移理论是否具有可比性？二者的核心机制的根本区别是什么？刘易斯模型是现代西方乡—城劳动力转移理论的起点和基础。现代西方乡—城劳动力转移理论其他主要理论模型基本上都是由它出发沿着修正和拓展的方向演进而来的。下面，我们将刘易斯模型作为现代乡—城劳动力转移理论体系的代表，通过马克思城乡就业一体化理论和刘易斯模型的比较研究来回答这两个问题。

（一）现代生产方式—就业机会概念框架

马克思认为，社会生产方式是社会存在和社会发展的基础，从根本上和总体上决定着人类社会变迁的方向和进程。“一切社会变迁和政治变革的终极原因，不应当到人们的头脑中，到人们对永恒的真理和正义的日益增进的认识中去寻找，而应当到生产方式和交换方式的变更中去寻找。”[①] 目前，我国存在日益严重的农业“过密”与“内卷”、城市的劳动与资本双过剩、

① 《马克思恩格斯选集》第 3 卷，人民出版社 2012 年版，第 654—655 页。

农村劳动力流动和人口迁移与市民化脱节、城镇化中“城市病”与“农村病”并存且相互影响等经济、社会问题。城乡就业矛盾，是新中国成立以来特别是改革开放以来生产方式现代化转型和城乡二元就业制度形成与转型过程中存在的问题长期累积的结果。它的形成机制解释与实践中创新破解，自然也“应当到生产方式和交换方式的变更中去寻找”。事实上，影响极为深远的第一次产业革命何以发生及社会生产方式现代化转型如何进行，是国际学术界素来研究和争论的重要热门话题，也形成了诸多颇有影响的学说或理论。① 需要强调的是，与这些局限于对外在共生因素的理论考察不同，马克思从社会生产方式变革的内在根本矛盾出发，揭示出生产方式现代化转型的客观必然性、历史过程与发展趋势。他认为，传统生产方式“是以土地和其他生产资料的分散为前提的。它既排斥生产资料的积聚，也排斥协作，排斥同一生产过程内部的分工，排斥对自然的社会统治和社会调节，排斥社会生产力的自由发展。它只同生产和社会的狭隘的自然产生的界限相容。要使它永远存在下去，那就……等于‘下令实行普遍的中庸’。它发展到一定的程度，就产生出消灭它自身的物质手段。从这时起，社会内部感到受它束缚的

① 英国著名经济史学家罗伯特·艾伦在揭秘近代英国工业革命之谜时，谈到哈特韦尔、琼斯、布劳特、戈德斯通等诸多代表性人物提出的五花八门的观点、理论和学说，认为这些学说解释归结起来就是技术变革、社会结构、产权观念、传统文化等因素。而罗伯特·艾伦本人的观点则是，18 世纪的英国恰好具备了为近代工业革命提供了一种有利可图的社会经济环境，而英国在其他时段、其他地区却并不具备这样的社会经济环境（参见［英］罗伯特·艾伦：《近代英国工业革命揭秘——放眼全球的深度透视》，浙江大学出版社 2012 年版，第 1—34 页）。另一位国际学术界颇负盛名的英国经济史学家埃里克·霍布斯鲍姆提出，近代工业革命之所以仅仅发生在英国这样一个经济体，而不是同时发生在几个经济体，很可能是前资本主义条件下至少在某个时段，世界经济或更准确地说处于世界性经济网络中心的欧洲经济，只容得下一个经济体进行工业化的空间；之所以这个经济体恰恰是英国，则是因为英国在欧洲列强中通过战争赢得了对世界性海军力量和海外殖民地的垄断，从而使他国无法染指海外欠发达市场，其经济目标被制造业压力集团所主导也使得工业经济得以从商业中成长起来，从而抓住了国内经济大规模但低速度的增长和国际经济的快速扩张两者相结合的机遇，掌控了大部分海外市场，从而确立起用制成品交换外国初级产品的国际经济基础（［英］埃里克·霍布斯鲍姆：《工业与帝国：英国的现代化进程》，中央编译出版社 2016 年版，第 25—42 页）。

力量和激情就活动起来。”[①] 因而，生产力的进一步发展，必然要求变革传统生产方式和调整社会生产关系。按照马克思生产方式三层次结构分析[②]，生产方式现代化转型过程可以分解为以下三个方面。

(1) 劳动方式，是指劳动过程的技术条件和生产组织形式。资本起初只是在既有的技术条件下（手工劳动）使劳动服从于自己，并未直接改变生产方式，但是，进入机器大生产阶段后，资本主义生产的技术条件便发生了根本变革：机器体系的生产代替了以往的手工劳动，先进的自然科学在技术上的应用代替了以往手工劳动者的经验，使生产的技术水平空前提高。资本主义生产的物质技术条件的变化，必然带来生产组织形式发生相应的变革。作为资本主义生产组织的一般形式或基本形式，劳动的社会化协作最初采取简单协作这一特殊形式，然后发展成为以分工为基础的协作或工场手工业的有意识的、有计划的、系统的形式，只有发展到机器大工业阶段，以不同机器的分工为基础、以机器体系的协作为主体的工厂制度，才成为资本主义生产中占统治地位的生产组织形式。[③] 而且，机器大生产的物质基础对企业最低资本规模的要求大幅度提高，企业生产的快速扩张对巨量资本的需求越来越强烈，使业主制和合伙制企业制度越来越难以适应新的形势，而股份制企业却因适应资本社会化而得到了蓬勃发展。

(2) 社会生产形式，即劳动的交换形式与资源配置方式。马克思认为，资本主义社会化大生产和小生产的区别不在于生产商品，而在于商品经济成为占统治地位的社会经济形式。他指出，使资本主义生产方式“和其他生产方式相区别的，不在于生产商品，而在于，成为商品是它的产品的占统治地位的、决定的性质……这种性质，即 1. 产品作为商品和 2. 商品作为资本产

---

① ［德］马克思：《资本论》第 1 卷，人民出版社 2004 年版，第 872—873 页。

② 于金富：《社会主义经济转轨的马克思主义分析方法》，《经济研究》2006 年第 12 期。

③ 马克思在《资本论》第一卷第四篇《相对剩余价值生产》，占用第十一章、第十二章、第十三章较大篇幅，运用历史和逻辑统一的方法，揭示了资本主义古典企业（工厂制度）的起源与发展。在那里，他依据企业内部生产技术的变化，将资本主义古典企业（工厂制度）起源与发展划分为简单协作、以分工协作为基础的手工工场和以机器体系的协作为主体的工厂制度三个历史阶段。

品的性质，已经包含着一切流通关系，即产品必须通过并在其中取得一定社会性质的一定的社会过程；同样，这种性质也包含着生产当事人之间的一定的关系，这种关系决定着他们的产品的价值实现和产品到生活资料或生产资料的再转化”。① 与此相适应，人类社会的资源配置方式从自然配置方式过渡到市场配置方式。从历史上看，早在近代中期，英国就已经出现了商品市场和土地、劳动力、资本等生产要素市场，已初步形成了现代市场体系，特别是海外贸易的发展对产业革命的发生起到了有力的促进作用。产业革命的发生与扩展，引起的生产力水平快速提高、人口迅猛增长和市场交易量急剧膨胀，反过来又极大地促进了英国现代市场体系的成熟和定型。从劳动的交换形式角度看，这种性质所意味的全部价值决定和价值对全部生产的调节作用，体现为“一方面，劳动只作为社会劳动起作用；另一方面，这个社会劳动的分配，它的产品的互相补充，它的产品的物资变换，它从属于和被纳入社会的传动机构，这一切却听任资本主义生产者个人偶然的、互相抵消的冲动去摆布”②。

（3）生产的社会形式，也就是劳动者与生产资料相结合以生产人们所需要的物质资料的特殊方式。马克思认为；“我们称之为资本主义生产的是这样一种社会生产方式，在这种生产方式下，生产过程从属于资本，或者说，这种生产方式以资本和雇佣劳动的关系为基础，而且这种关系是起决定作用的、占支配地位的生产方式。”③ 它的首要特征就在于：它的生产主体是资本家，是由资本家来进行组织和为资本家而进行的生产，并且是在资本家的监督下进行的。作为资本主义社会的生产的社会形式，雇佣劳动就业方式是指劳动力只有在市场上卖出去才能实现它的所有者即劳动者与生产资料的结合。这三个方面的变革缺一不可，共同构成了资本主义生产方式替代前资本主义小生产方式的社会生产方式现代化转型。

在社会生产方式现代化转型过程中，资本主义经济一定时期内必然会

---

① ［德］马克思：《资本论》第 3 卷，人民出版社 2004 年版，第 995—996 页。

② ［德］马克思：《资本论》第 3 卷，人民出版社 2004 年版，第 996 页。

③ 《马克思恩格斯全集》第 47 卷，人民出版社 1979 年版，第 151 页。

出现较为明显的“二元经济结构”特征，即传统生产方式与现代生产方式并存，由此派生出两种性质不同的就业机会：传统生产方式—就业机会和现代生产方式—就业机会。马克思在回答“无产者和农奴有什么区别”问题时[①]，客观上说明了传统生产方式—就业机会和现代生产方式—就业机会之间客观存在的主要区别：(1) 农奴占有并使用别人的土地，为此要交出自己的一部分收益或者服一定的劳役；无产者则是用资本家的生产资料为这个资本家做工，从而得到一部分收益即工资。(2) 农奴生活有保障；无产者生活没有保障。(3) 农奴处在市场竞争之外；无产者处在激烈的市场竞争之中。(4) 农奴有可能通过不同的途径加入有产者阶级的队伍，并进入竞争领域而获得解放；无产者只有通过消灭市场竞争、私有制和一切阶级差别才能获得解放。[②] 显然，在马克思那里，现代生产方式—就业机会取代传统生产方式—就业机会，是分析以城乡二元经济结构转换为基本内容的社会生产方式变革及其对劳动者就业与命运影响的一个重要理论维度。因此，现代生产方式—就业机会概念框架的提出，在马克思经济思想经典文本中客观上存在明确的依据，有着坚实的马克思主义经济学理论基础，对于分析社会生产方式急剧变革中的统筹城乡就业问题有着不可替代的重要应用价值。

值得一提的是，现代生产方式—就业机会概念框架的提出，在现代西方发展经济学那里也有较为丰富与坚实的理论依据。众所周知，农业国工业化是发展经济学研究的主题，基于工业化的乡—城劳动力转移是结构转变的显著特征，也是发展经济学研究的核心内容，现代西方乡—城劳动力转移理论乃至整个发展经济学都是以二元经济结构为起点和基准的。通过比较不难发现，刘易斯二元经济结构假定与马克思现代生产方式—就业机会概念框架

① 在马克思那里，生产方式现代化转型客观上存在资本主义性质和社会主义性质两种类型。以英国为代表的发达资本主义国家发展初期的现代化转型无疑属于前者。“无产者”就是资本主义性质的生产方式现代化转型必然产生的劳动者主要群体，它的生产生活状况反映的正是资本主义性质的现代生产方式—就业机会所具有的特征。农奴则是前资本主义生产方式下劳动者的主要群体，其生产生活状况反映的则是传统生产方式—就业机会所具有的特征。

② 《马克思恩格斯选集》第1卷，人民出版社2012年版，第298—299页。

两者之间客观上存在诸多相似与相通之处，具有相互融通与补充的基础。

其一，刘易斯二元经济结构假定和马克思现代生产方式—就业机会概念框架客观上存在诸多相似与相通之处，具有相互融通的可能。所谓二元经济结构，是指传统部门与现代部门并存的发展中经济结构。由于对传统部门与现代部门的理解不同，发展经济学家先后提出了“社会二元结构”“技术二元主义”“二元结构”以及由此派生的劳动力市场二元性、金融市场二元性、区域二元性等理论。尽管现代西方发展经济学家们对传统部门与现代部门的解释存在这样或那样的不同，但二元经济结构假定的提出者、发展经济学的奠基人威廉·阿瑟·刘易斯（William Arthur Lewis）的界定无疑是最为权威和影响最为深远的。他对二元经济结构假定所做出的界定是：① 一元是采用传统生产技术、劳动生产率很低的非资本主义部门或传统部门，以农业部门为代表；另一元是采用现代生产技术、劳动生产率和工资水平相对高得多的资本主义部门或现代部门，以工业部门为代表。传统部门和现代部门的不同之处主要体现为：(1) 传统部门生产所有社会都生产的产品，现代部门主要生产制造业产品。(2) 传统部门使用简单的生产工具和传统劳动密集型技术，因而不需要资本投入；现代部门使用资本密集型的现代新技术，需要大量资本投入。(3) 传统部门主要由传统生产组织如家庭来组织生产活动，不使用付薪劳动力，家庭成员根据分享原则分配总收入从而得到劳动补偿，其数量相当于家庭的平均产出；现代部门由追求利润最大化目标的企业组织生产，大规模使用付薪劳动力，根据劳动的边际产出支付给劳动者工资。(4) 传统部门的市场体系很不完善，尤其是缺乏信贷市场，家庭很难通过信贷市场融资；现代部门拥有完善的现代市场体系和有组织的金融市场，大企业能以非常优惠的条件和很低的利息获得贷款。(5) 传统部门因存在大量剩余劳动力，边际劳动生产率近乎零甚至是负数，劳动者按照分享原则获得的收入水平低下，勉强维持生存，生活环境比较恶劣；现代部门的劳动者拥有

① ［美］威廉·阿瑟·刘易斯：《二元经济论》，北京经济学院出版社1989年版，第1—46页。

较高的收入水平。通过比较不难发现，刘易斯二元经济结构假定和马克思生产方式三个层次内容在以下方面存在相近或相通之处：上述（2）和（3）体现了二元经济在劳动过程的技术条件与生产组织形式方面的差别，相当于马克思生产方式内部结构中的劳动方式方面之间的差别；（4）所体现的相当于二元经济在社会生产形式方面的差别；（3）则体现了二元经济在生产的社会形式方面的差别。当然，二者之间也存在一些明显的不同。譬如，（1）传统部门与现代部门生产的产品之间的差别，马克思生产方式内部结构理论却没有涉及。这一点并不难理解。因为，马克思一向强调的是“各种经济时代的区别，不在于生产什么，而在于怎样生产”，[①] 产品并不是区分不同经济时代的标准。可见，马克思生产方式内部结构的三个层次和刘易斯二元经济结构假定之间的相似与相通，意味着两者之间客观在着相互融通的可能，能够为现代生产方式—就业机会概念框架的提出提供更为坚实的理论基础。

其二，刘易斯二元经济结构假定和马克思现代生产方式—就业机会概念框架内容的不同，有助于进一步拓展和丰富这一概念框架的内容。刘易斯二元经济结构假定中的（5），更多体现的是传统部门与现代部门在劳动生产率和收入水平方面的差异。这在一般情况下也是符合实际的。马克思现代生产方式—就业机会概念框架则更为强调传统生产方式—就业机会和现代生产方式—就业机会在生产条件、生存状况和解放条件等方面的不同。按照刘易斯的理论逻辑，与传统生产方式—就业机会相比，现代生产方式—就业机会具有更高的劳动生产率和收入水平，因而，以收入最大化为目标的理性经济人，必然选择从传统部门转移到现代部门就业。按照马克思的理论逻辑，现代生产方式—就业机会未必意味着较传统生产方式—就业机会更高的收入水平，甚至是劳动者的处境更为恶化。譬如，“随着工业革命的发展，随着挤掉手工劳动的新机器的不断发明，大工业把工资压得越来越低，把它压到上面说的最低额，因而无产阶级的处境也就越来越不堪忍受了”，[②] “今天的英

---

① ［德］马克思：《资本论》第 1 卷，人民出版社 2004 年版，第 210 页。

② 《马克思恩格斯选集》第 1 卷，人民出版社 2012 年版，第 301 页。

格兰农业工人，不要说同他们14世纪下半叶和15世纪的先人相比，就是同他们1770年到1780年时期的先人相比，他们的状况也是极端恶化了，'他们又成了农奴'，而且是食宿都很坏的农奴。"[①] 在这种情况下，劳动者自然不会自愿从传统部门转移到现代部门就业。所以，欧美发达国家在早期生产方式现代化转型过程中，普遍借助于国家"暴力"迫使农村劳动力转移到城市现代工业部门，以满足城市现代工业部门扩张对劳动力的需要和资本家扩大剩余价值生产的需要。当然，现代西方主流经济理论，向来是将这些血腥的历史事实和工人备受摧残的现实掩饰在劳动力市场供给与需求的曲线背后，理论上从不涉猎这些"不可告人"的禁忌内容。撇开马克思与刘易斯的阶级立场与研究角度的不同，以上两种逻辑的矛盾与对立客观上反映了生产方式现代化转型及乡—城劳动力转移问题的极端复杂性。因此，在坚持马克思的生产方式—就业机会理论的基础上吸取刘易斯二元经济结构假定的合理成分，提出和运用马克思现代生产方式—就业机会概念框架，将有助于从更宽阔的理论视野洞悉我国统筹城乡就业面临问题的复杂性和创新科学的城乡就业一体化机制。

综上所述，现代生产方式—就业机会的基本特征可以概括为以下几个方面：(1) 采用现代技术条件和现代生产组织形式；(2) 采用劳动的商品交换形式与市场的资源配置方式；(3) 劳动者个体通过劳动力市场订立雇佣契约实现与生产资料的间接结合；(4) 拥有较高的劳动生产率和工资收入水平（一般情况下）。现代生产方式—就业机会概念框架的提出，在马克思和刘易斯或马克思主义经济学和发展经济学那里都有较为坚实的理论依据，对于分析统筹城乡就业面临的难题、创新城乡就业一体化机制有着不可替代的重要价值。

（二）现代生产方式—就业机会创造及其城乡动态分布机制

美国著名经济学家、诺贝尔经济学奖获得者威廉·阿瑟·刘易斯(William Arthur Lewis)，第一个从乡—城劳动力转移的视角考察了二元经济

---

① ［德］马克思：《资本论》第1卷，人民出版社2004年版，第781页。

结构转换过程，因而被公认为西方发展经济理论的奠基人之一。马克思是马克思主义经济学的创始人之一，在揭示出资本主义生产方式产生与发展规律的同时，通过对以英国为代表的欧美发达国家发展初期生产方式现代化转型及乡—城劳动力转移过程的批判与超越，事实上形成了科学、系统和富有批判精神的城乡就业一体化理论。在现代生产方式—就业机会概念框架下，城乡就业一体化面临两个相互紧密关联、需要统筹解决的问题：一是如何充分创造现代生产方式—就业机会？二是如何实现现代生产方式—就业机会城乡动态分布合理化？下面，我们围绕这两个问题对刘易斯与马克思的理论进行比较研究。

其一，如何充分创造现代生产方式—就业机会？

在这个问题上，刘易斯和马克思之间的根本分歧在于：现代生产方式—就业机会是否只能由城市现代工业部门创造？

刘易斯的回答是肯定的。他的理由就包含在由他本人提出的二元经济结构假定中。按照该假定，传统部门是以传统生产方法进行生产、劳动生产率和工资水平都极低的非资本主义部门，以农业部门为代表；现代部门是以现代生产方法进行生产、劳动生产率和工资水平都相对高得多的资本主义部门，以工业部门为代表。经济发展过程表现为城市现代工业部门的扩张，现代生产方式—就业机会自然只能通过城市现代工业部门的扩张创造出来。刘易斯在城市现代工业部门只使用资本和劳动两种生产要素的假定下，对现代生产方式—就业机会的创造机制进行了说明。与哈罗德—多马模型一致的是，资本积累被刘易斯看作是经济增长的引擎。不仅如此，他在二元经济结构假定下，进一步把城市现代工业部门的资本积累与扩张看作是现代生产方式—就业机会创造的源泉。按照新古典经济学原理，现代企业利润最大化的条件是：$MP_L = W$，即劳动边际生产率等于工资。对于城市现代工业部门来讲，给定任一规模的资本存量，都存在一条相应的劳动边际生产率曲线，即劳动需求曲线。根据边际生产率递减规律，该条劳动需求曲线向右下方倾斜。再假定城市现代工业部门每一个生产过程结束都将其所得的利润全部用于资本积累，如此循环往复，资本存量将不断增大。如图 2–1 所示，假定城市现代工业部门初期的资本存量为 K_{M1}，与它相对应的劳动需求曲线为 D_1（K_{M1}），劳动需求曲线 D_1（K_{M1}）与劳动供给曲线 S_L 相交的交点 F 所对应的劳动量 L_1，就是城市现代工业部门初期资本存量为 K_{M1} 时所创造的现代生产方式—就业机会规模。假定第一个生产过程结束所创造的利润全部用于资本积累，第二个生产过程开始时的资本存量将增加到 K_{M2}，与 K_{M2} 相对应的劳动需求曲线将外移到 D_2（K_{M2}），那么劳动需求曲线 D_2（K_{M2}）与劳动供给曲线 S_L 的交点 G 所对应的劳动量 L_2，就是城市现代工业部门扩张后所创造的现代生产方式—就业机会的规模。这样，随着城市现代工业部门不断把新创造的利润全部用于资本积累，劳动需求曲线不断外移，城市现代工业部门所创造的现代生产方式—就业机会规模将不断扩大。

在马克思看来，现代生产方式—就业机会的创造过程同时也是现代资本主义生产方式产生和发展的过程。所谓现代资本主义生产方式，是指以机器大生产为特有物质技术基础的社会生产方式，迥然不同于机器大生产出现以前、以手工劳动为基础的资本主义生产方式。机器的使用使固定资本的规模和比重大为提高，并具有专用性与不可分性；自然动力替代了人力和畜力；科学技术的自觉应用代替了从经验中得出的成规，机器大生产的劳动生产率大大高于传统手工生产，市场竞争优势非常明显。因此，首先形成于 18 世纪下半叶英国棉纺织工业部门的这种现代资本主义生产方式，迅速扩展到机器制造业、钢铁工业和化学工业等工业部门；从英国迅速扩展到欧美其他资本主义国家。然而，马克思却并没有由此得出现代生产方式—就业机会只能由城市现代工业部门创造的结论。因为，他敏锐地观察到，机器大工业提供的先进机器同样为资本占领和改造农业部门提供了锐利的武器。伴随资本占领和改造农业，现代资本主义生产方式将其范围扩展到乡村传统农业部门。马克思感慨道："1680 年，小农业还是一种常见的生产方式，而大地产只是个别的，尽管不断增加，但总还是个别的。今天，大规模使用机器耕种土地已成了一种常规，而且日益成了唯一可行的农业生产方式。"① 与此

① 《资本论书信集》，人民出版社 1976 年版，第 528 页。

相应地，“发达的、同资本主义基础上的机器生产相适应的劳动组织，就是工厂制度，这种制度甚至在现代的大农业中——由于这一生产领域的特点而或多或少地发生一些变化——也占统治地位”。[①] 也就是说，在马克思看来，资本并不满足于将它的势力仅仅局限于城市工业部门，它一旦充分加强起来，也将使农业屈服于自己。经过资本占领与改造，农业部门实现生产方式现代化转型，也可以成为创造现代生产方式—就业机会的源泉。

需要强调和说明的是，在马克思和恩格斯看来，现代生产方式—就业机会并非必然要采取雇佣劳动就业方式。他们还吸取了空想社会主义者的合作思想和 19 世纪欧洲农业生产合作运动的实践经验，提出了无产阶级掌握国家政权后可以在国有化的大地产上通过组织农业工人合作社的设想，这就在事实上提出了现代生产方式—就业机会也可以采取合作劳动就业方式的论断。譬如，恩格斯提出，无产阶级掌握国家政权后，“我们对于小农的任务，首先是把他们的私人生产和私人占有变为合作社的生产和占有”，“逐渐把农民合作社转变为更高级的形式，使整个合作社及其社员个人的权利和义务跟整个社会其他部门的权利和义务处于平等地位”；对于较大的农民（中农和大农），“我们也只能建议把各个农户联合为合作社，以便在合作社内越来越多地消除对雇佣劳动的剥削，并把这些合作社逐步变成一个全国大生产合作社的拥有同等权利和义务的组成部分”；对于大土地占有者，就应该剥夺他们，“我们将把这样归还给社会的大地产，在社会监督下，转交给现在就已经耕种着这些土地并将组织成合作社的农业工人使用”。[②] 由此可以看出，在马克思和恩格斯那里，存在两种不同性质的现代生产方式—就业机会及其实现道路：一种是资本主义性质的现代生产方式—就业机会及其实现道路，另一种是社会主义性质的现代生产方式—就业机会及其实现道路。他们设想的通过组织农业工人合作社将农业部门改造成为社会主义性质的现代生产方式—就业机会的部门，就是社会主义性质的现代生产方式—就业机会及其实

① 《马克思恩格斯全集》第 47 卷，人民出版社 1979 年版，第 400 页。

② 《马克思恩格斯选集》第 4 卷，人民出版社 2012 年版，第 368—377 页。

现道路。马克思和恩格斯的这一设想，具有重要的学术价值，对于社会主义国家如何推进农民就业现代化和创新城乡就业一体化机制无疑也具有重要的指导意义。

客观地说，刘易斯强调现代生产方式—就业机会是由城市现代工业部门创造的论断，准确地抓住了事物发展的主流，而且从反映近代英国产业革命的经济史料中也不难找到依据。18 世纪中叶，英国产业革命发端于棉纺织业，进而引起和带动机器制造业、钢铁工业和化学工业等，采矿业、建筑业等城市新兴工业部门的发展，使城市现代工业部门在全国就业人口中所占的比重迅速上升，并大大超过农业部门在全国就业人口中所占的比重，农业在全国就业人口中所占的比重相应地迅速下降。1801—1901 年，英国制造业、采矿业和建筑业从业人员占全国就业人员的比重从 29.7% 提高到 46.3%，农、林、渔业从业人员占全国就业人员的比重由 35.9% 下降到 8.7%。① 不过，由于刘易斯的理论不能完整地揭示出现代生产方式—就业机会的创造机制，因而难以解释和回答：撇开被城市现代工业部门吸纳的那部分农业剩余劳动力外，那些继续留在乡村农业部门的劳动力既然不能永恒地保留传统生产方式—就业机会，又是如何获得现代生产方式—就业机会的呢？在实践与政策上，刘易斯的这一理论缺陷体现为片面强调工业化、忽视甚至以损害农业发展为代价来推进工业化的发展战略，由此导致采取这一发展战略的国家的现代工业部门难以充分创造现代生产方式—就业机会、农业部门陷入长期停滞，甚至连吃饭问题都无法得到根本解决。事实上，刘易斯的这一理论缺陷在西方发展经济学界也先后遭到拉尼斯和费景汉、舒尔茨和乔根森等人的批评与修正。相反，马克思提出的传统农业部门通过现代化改造也能够成为现代生产方式—就业机会创造源泉的观点，显然更为完整和准确地揭示了现代生产方式—就业机会的创造机制，客观上也回答了刘易斯上述无法解释和回答的问题。

---

① Dean，P. and Cole，W. A.，*British Economic Growth*，*1688—1957*，Cambridge：Cambridge University，1962，p.142.

其二，如何实现现代生产方式—就业机会城乡动态分布合理化？

按照刘易斯的理论逻辑，既然现代生产方式—就业机会只能由城市现代工业部门创造，传统农业部门的剩余劳动力就只能通过转移到城市现代工业部门才能获得现代生产方式—就业机会。显然，刘易斯的现代生产方式—就业机会实现城乡动态分布合理化的机制原理，实际上仅仅是一个农村剩余劳动力转移理论模型。该理论模型建立在他著名的无限劳动力供给假定之上。按照该假定，乡村传统农业部门存在大量剩余劳动力，农业部门的劳动边际生产率为零甚至为负数，这些剩余劳动力可以在不降低农业部门产出的前提下转移出去。刘易斯认为，由于乡村传统农业部门劳动边际生产率为零甚至为负数、人均产出很低，城市现代工业部门的劳动生产率总是大大高于乡村传统农业部门，因而，城市现代工业部门并不需要根据劳动边际生产率确定工资水平，而只需要在相当于乡村农业部门工资水平之上、以维持低水平生存为限确定某一不变的工资水平（如较乡村传统农业部门人均收入高 30% 左右），就可以得到无限供给的劳动力，即可以雇佣到它所需要的任意数量的劳动力。假设全社会的劳动力总量不变，城市现代工业部门不断扩张，将不断从乡村传统农业部门吸纳农业剩余劳动力，直到最终吸收完毕，城乡二元经济结构转变为现代一元经济。

在马克思看来，工业化是现代生产方式—就业机会创造的动力源；城市化则是工业化从根本上改变城乡就业与人口分布的必然结果。因为，“工业的迅速发展产生了对人手的需要：工资提高了，因此工人成群结队地从农业地区涌入城市。人口以难以置信的速度增长起来，而且增加的差不多全是工人阶级”①。工业化和城市化发展到一定阶段，资本必然在利润率平均化规律作用下侵入传统农业部门。“资本主义生产一旦占领农业，或者依照它占领农业的程度，对农业工人人口的需求就随着在农业中执行职能的资本积累而绝对地减少，而且对人口的这种排斥不像在非农业的产业中那样，会由于在更大规模地吸引而得到补偿。因此，一部分农村人口经常准备着转入城市无

① 《马克思恩格斯全集》第 2 卷，人民出版社 1972 年版，第 296 页。

产阶级或制造业无产阶级的队伍，经常等待着这种转化的条件。”[①] 资本对农业的占领和改造，不仅不断推动农村剩余劳动力转移到城市现代工业部门；而且推动传统农业部门生产方式走向现代化，成为现代生产方式—就业机会创造的源泉。可见，马克思现代生产方式—就业机会城乡动态分布合理化机制由两个方面构成：一方面，城市现代工业部门通过不断扩张，持续从乡村传统农业部门吸纳农村剩余劳动力，从而在城市创造和集聚更多的现代生产方式—就业机会；另一方面，资本通过占领和改造农业，将包括现代农业科技与管理人才（拥有现代生产方式—就业机会的劳动力）在内的现代生产要素引入传统农业部门，从而持续不断地将农业部门剩余劳动力排挤出去，与此同时，农业部门本身也被改造成为现代生产方式—就业机会创造不可或缺的重要源泉。

显然，在马克思那里，现代生产方式—就业机会城乡分布的动态变化机制既包括农村剩余劳动力向城市现代工业部门转移，也包括资本通过占领和改造农业，使农业部门本身成为创造现代生产方式—就业机会的源泉。它顺利运行的前提，是城市和乡村必须拥有统一的现代市场体系和制度安排。

其一，现代劳动力市场的形成。资本主义性质现代生产方式—就业机会的本质，就是直接生产者彻底摆脱传统的人身依附关系、成为自由出卖劳动力和具有“全面流动性”的现代雇佣工人。而由传统生产方式—就业机会转化为现代生产方式—就业机会，或直接生产者转化现代雇佣工人的历史运动，一方面表现为直接生产者从农奴地位和行会束缚下解放出来；另一方面表现为，新被解放的人只有在被剥夺了一切生产资料和旧封建制度给予的一切生存保障之后，才能成为出卖自身劳动力的现代雇佣工人。[②] 需要强调的

① ［德］马克思：《资本论》第1卷，人民出版社2004年版，第739页。

② 在《法德农民问题》一文中，恩格斯对法国小农和现代无产者所做的三个方面对比，就体现了由传统生产方式—就业机会转化为现代生产方式—就业机会或直接生产者转化现代雇佣工人的历史运动所包含的内容：其一，解除了必须对地主担负的种种封建赋税和劳役；其二，丧失了早先自治马尔克公社对作为其中一员的保护，也丧失了他那一份使用早先公社公有土地的权利；其三，还失去了小农生存所不可或缺的另一个的基本条件——工业副业（《马克思恩格斯选集》第4卷，人民出版社2012年版，第358—359页）。

是，市场经济历经几百年的发展，今天的市场经济早已不是亚当·斯密时代自在的市场经济，而是必须有社会保障的现代市场经济。自从第二次世界大战以来，以德国为代表的欧美主要发达国家对原有的社会保障制度进行了大刀阔斧的改革，覆盖范围不断扩大，社会保障制度的社会性、普遍性、福利性大为提高。如今欧美发达国家的农村居民和城市居民，在工作期间都要缴纳社会保障金，退休后都能领取到养老金，在社会保障方面根本不存在差别。全国统一、城乡一体的社会保障，为劳动力“全面流动性”提供了制度保障，业已成为现代劳动力市场不可或缺的后盾。①

其二，现代土地财产权利制度的确立和土地的自由流通和集中。小土地所有制是传统农业的所有制基础，也是传统小农最重要的生存保障。农业的资本主义生产方式，不可能建立在传统的小土地所有制基础之上，而是必须以大土地所有制为基础。而且，如果不通过现代土地财产权利制度的确立和土地的自由流通和集中，将小土地所有制改造为大土地所有制，就不可能“促使农村居民变成无产阶级，把他们‘游离’出来投向工业”②。然而，现代土地财产制度的确立和土地的自由流通和集中过程，却并非如新古典经济学理论所表述的那样，是通过市场主体之间自由、平等、自愿的交易完成的。恰恰相反，它在英国是通过用血腥的暴力强制剥夺农民的土地和抢占农村公用土地的圈地运动，通过资产阶级革命废除骑士领地制度、拍卖国王与王党的土地和使圈地运动成为合法行动从而形成大土地所有制的。

其三，资本和劳动力跨部门自由转移。城乡各个产业部门工人的工资水平接近一致，是实现现代雇佣劳动就业方式城乡一体化的重要标志。它的实现是资本和劳动力在利润率平均化规律调节下进行跨部门自由转移的结

① 譬如，我国农业部通过对意大利艾米利亚大区费拉拉省的考察，发现意大利在社会保障和服务方面并不存在城乡差别，农民和城里人一样缴纳社会保障金，退休后可以领取养老金，调研的结论还认为发达国家的农民和市民、农村和城镇在税收政策、社会保障、社会事业发展、基础设施等方面享有同等权利（马有祥等：《意国印象：现代农业难离补贴 发达农村难留农民》，《农业·农村·农民》2006年第8期）。

② ［德］马克思：《资本论》第1卷，人民出版社2004年版，第833页。

果。因为，工业化的发展到一定阶段，必然导致城市工商业利润率的逐步下降。如果城市工商业利润率降到低于农业部门利润率水平，资本和劳动力在利润率平均化规律调节下就会自发转移到农业部门，从而提高农业雇佣工人的工资水平。[①] 资本和劳动力在城乡之间的跨部门竞争和自由转移的结果，必然是城市工商业和乡村农业的利润率在平均利润率的水平上接近一致，城市工商业工人和乡村农业工人的工资水平接近一致。

通过比较不难发现，刘易斯将现代生产方式—就业机会城乡动态分布合理化的核心机制归结为农村剩余劳动力转移，强调劳动力市场培育和吸纳农业剩余劳动力的工资水平以维持低水平生存为限的重要性。而且，在他看来，既然农业剩余劳动力自愿选择转移到城市现代工业部门就业，就必然意味着转移符合其收入最大化目标，能够改善其福利状况。而在马克思看来，现代生产方式—就业机会城乡动态分布合理化，体现的是资本主义生产方式从城市工业部门向城乡各个产业部门扩张，并最终实现现代劳动就业方式城乡一体化的历史过程。在这个历史过程中，资本对农业的占领与改造，是不可或缺的关键环节和重要内容。当然，由于种植业基于农作物生长的生物特性，生产的季节性强、对土地的依赖性大、时间和空间上的逻辑调整困难、劳动监督难度大，实现现代资本主义生产方式较城市工业部门和农业中的畜牧业部门要相对复杂和缓慢得多。[②] 然而，决不能因此忽视或否定农业现代化或资本对农业的占领与改造的重要性。事实上，农业剩余劳动力转移和资本对农业的占领与改造，或者说工业化基础上的城市化和商业化基础上的农业现代化，犹如车之双轮、鸟之双翼，缺少任何一个都无法实现现代劳动就业方式城乡一体化的协调推进。而且，资本的主导下的现代雇佣就业方式城乡一体化，给城乡各个部门的直接生产者带来的也未必是福利的改善，而很可能是处境的恶化。

---

① 《马克思恩格斯全集》第 26 卷Ⅱ，人民出版社 1975 年版，第 261 页。

② 陈纪平：《为什么大工业没有割断农业生产中的家庭纽带——马克思农业资本主义生产理论的解读及发展》，《经济学家》2013 年第 2 期。

三、主要研究结论

近年来，我国统筹城乡就业、推进城乡就业一体化，已从最初针对“城乡分割”的就业管理体制，转向如何消除影响城乡平等就业的制度障碍、建立经济发展与扩大就业的联动机制、进一步优化城乡劳动力资源配置和实现农业转移人口与农民市民化等问题。现实困境、问题导向和政策目标的重大调整，促使我们对事实上主导我国统筹城乡就业的理论研究与政策设计的主流理论——现代西方乡—城劳动力转移理论——进行系统的反思。现代西方乡—城劳动力转移理论究竟存在什么根本局限？究竟应该怎样克服现代西方乡—城劳动力转移理论政策的偏颇？通过对现代西方乡—城劳动力转移理论及演进的考察，对马克思城乡就业一体化思想和刘易斯模型的比较研究，我们初步得出了以下研究结论：

其一，现代西方乡—城劳动力转移理论，把乡—城劳动力转移看作是伴随欠发达经济体现代化转型所必然出现的城乡就业结构调整现象，以刘易斯模型为基础和起点，沿着对刘易斯模型修正与拓展的方向逐步发展起来的理论体系。从表面上看，它迎合了二战后获得独立的欠发达国家和地区实现现代化转型的迫切需要，以这些欠发达国家和地区为直接服务对象，理论建构也注意反映欠发达国家所面临的、不同于发达国家发展初期的经济社会条件。然而，由于它由主要来自西方发达国家的经济学家、研究机构和国际组织主导，代表的是发达国家及其国家集团狭隘的重大政治利益和战略利益，而不是欠发达国家和地区的国家利益和人民利益；反映的只是以英国为代表的发达国家发展初期完成现代化转型及乡—城劳动力转移的部分“经验”，没有也不可能反映血腥的“圈地运动”、逼迫失地农民转化为雇佣工人的严刑峻法、掠夺海外殖民地积累的巨额资本、大规模向海外殖民地移民等羞于启齿和极力掩盖的历史“经验”；坚持历史唯心主义方法论，遵循结构主义、比较静态分析和动态分析及从利己主义出发展开整个理论体系的理论框架；以现代经济增长模式即发达资本主义国家为转型目标，因而不可避免地带有其自身无法克服的局限，不可能为广大发展中国家和地区顺利转型及乡—城劳动力转移提供科学的理论依据和有效的政策建议。

其二，马克思城乡就业一体化思想和刘易斯模型的比较研究表明：对于如何充分创造现代生产方式—就业机会问题，以刘易斯模型为代表的现代西方乡—城劳动力转移理论，未能完整地揭示出现代生产方式—就业机会的创造机制，因而难以解释和回答这些问题：撇开被城市现代工业部门吸纳的那部分农业剩余劳动力外，那些继续留在乡村农业部门的劳动力既然不能永恒地保留传统生产方式—就业机会，又是如何获得现代生产方式—就业机会的？对于如何实现现代生产方式—就业机会城乡分布合理化问题，刘易斯模型将现代生产方式—就业机会城乡分布变化的核心机制归结为农村剩余劳动力转移，进而将农村剩余劳动力转移到城市现代工业部门就业，看作是符合转移劳动力基于自身收益最大化目标的理性选择，必然由此改善其福利状况，而极力掩盖资本主导下的现代化转型及乡—城劳动力转移过程，及给劳动者带来的血泪与苦难的历史事实。这说明以刘易斯模型为代表的现代西方乡—城劳动力转移理论，是与坚持以人民为中心的发展思想相悖逆的，不是正确的发展观、现代化观，更是根本不可能将我国现代化引入增进人民福祉、促进人的全面发展、朝着共同富裕方向稳步前进的轨道。

其三，在现代生产方式—就业机会概念框架下，推进城乡就业一体化面临两个相互紧密关联、需要统筹解决的难题：一是如何充分创造现代生产方式—就业机会，二是如何实现现代生产方式—就业机会城乡动态分布合理化。对于第一个难题，马克思的观点是：存在两种不同性质的现代生产方式—就业机会及其实现道路：一种是资本主义性质的现代生产方式—就业机会及其实现道路。现代生产方式—就业机会的创造，在欧美发达资本主义国家生产方式现代化转型历史上，表现为城市工业部门和乡村农业部门通过生产方式现代化转型，成为现代生产方式—就业机会创造的源泉。但是，现代生产方式—就业机会并不必然采取雇佣劳动就业方式。另一种就是社会主义性质的现代生产方式—就业机会及其实现道路，即合作劳动。马克思和恩格斯设想，通过组织农业工人合作社将农业部门改造成为社会主义性质的现代生产方式—就业机会的部门。对于第二个难题，马克思强调现代生产方式—就业机会城乡动态分布合理化的实现，在欧美发达国家的历史上主要体现为资本主义生产方式从城市工业部门产生、向城乡各个产业部门发展并最终实现现代劳动就业方式城乡一体化的历史过程。现代生产方式—就业机会城乡动态分布合理化，体现的就是资本主义生产方式从城市工业部门向城乡各个产业部门扩张，并最终实现现代劳动就业方式城乡一体化的历史过程。在这个历史过程中，农业剩余劳动力转移和资本对农业的占领与改造，或者说工业化基础上的城市化和商业化基础上的农业现代化，犹如车之双轮、鸟之双翼，缺少任何一个都无法实现现代劳动就业方式城乡一体化的协调推进。这一观点显然较现代西方乡城劳动力转移理论，更为完整和准确地说明现代生产方式—就业机会城乡动态分布合理化机制，客观上也回应了刘易斯难以自圆其说的难题，为克服主流经济理论即现代西方乡—城劳动力转移理论的偏颇、逐步消除其在实践中造成的严重危害、为现阶段创新我国统筹城乡就业机制提供了科学的理论依据。

第三章　马克思对农民就业现代化过程的批判与超越

为了贯彻落实党的十九届五中全会精神，中共中央、国务院于2021年1月出台了《关于全面推进乡村振兴　加快推进农业农村现代化的意见》，强调要坚持把解决好“三农”问题作为全党工作的重中之重，把全面推进乡村振兴作为实现中华民族伟大复兴的一项重大任务，举全党全社会之力加快农业农村现代化，让广大农民过上更加美好的生活。[①] 按照马克思主义观点，现代化的本质和核心是人的现代化。当前和今后一个时期，我国所加快推进的农业农村现代化自然是以人的现代化为核心的农业农村现代化。然而，我国在改革开放以后的相当长的时期内，现代西方乡—城劳动力转移理论范式成为主流理论范式，客观上片面强调非农产业和城镇发展对农业剩余劳动力的吸纳作用，却长期忽视农业通过自身的现代化创造现代生产方式—就业机会、促进农民就业现代化。因而，尽管经过长期持续、大规模的农村剩余劳动力非农化和转移，我国从2004年开始已进入刘易斯拐点，从沿海到内地普遍出现了“民工荒”，广州等地甚至出现大量来自东南亚、非洲等地的境外黑工，但留在农村继续经营农业的农民，其就业现代化水平却仍没有显著提高。

① 《中共中央国务院关于全面推进乡村振兴　加快推进农业农村现代化的意见》，人民出版社2021年版，第3页。

其一，从农业从业人口的数量看，自 2009 年开始，我国农业增加值在 GDP 中的比重降低到 10% 以下，2020 年已降低到 7.7%，但农业劳动力的总量仍多达 28793 万人，在全国就业人员中的比重近 23.6%。[①] 根据第七次全国人口普查数据，截止到 2020 年 11 月 1 日零时，我国居住在乡村的人口为 50979 万人，占全国人口的比重高达 36.11%。[②] 显然，我国距离完成现代化国家农业劳动力与人口的比重通常不超过 10% 的标准，仍存在相当大的差距。

其二，从农业劳动力的素质看，拥有较高人力资本的中青年劳动力长期大量外流，导致当前许多地方经营农业的人口以老人为主力，人力资本含量低下。中国农业大学课题组的一项调查结果显示，农业从业人员的平均年龄高达 67 岁，50 岁以下的农业劳动力不足 10%，更有 84 岁的老人在田间务农。农业部百乡万户调查赴山西调查组 2015 年走访永济市、襄垣县 12 个乡镇 276 户调查的结果为：种地农民中 40 岁以下的占 6.6%，40—50 岁的占 18%，50—60 岁的占 42.7%，60—70 岁的占 24.6%，70 岁以上的占 8.2%，50 岁以上的农业劳动力合计占比高达 75.5%。[③] 第三次全国农业普查的数据表明，农村劳动力中初中以下文化程度的比重高达 91.8%，大专及以上文化程度的仅有 1.2%。[④]

其三，从就业质量来看，2020 年我国农村居民人均可支配收入为 17131 元，城镇居民人均可支配收入为 43834 元，农村居民人均可支配收入不到城镇居民人均可支配收入的 40%。[⑤] 其中，农业纯收入在农民人均纯收入中的

---

① 参见人力资源和社会保障部：《2020 年度人力资源和社会保障事业发展统计公报》，2021 年 6 月 3 日，见 http：//www.mohrss.gov.cn/SYrlzyhshbzb/zwgk/szrs/tjgb/202106/t20210604_415837.html。

② 国家统计局：《第七次全国人口普查公报（第七号）》，2021 年 5 月 11 日，见 http：//www.stats.gov.cn/tjsj/tjgb/rkpcgb/qgrkpcgb/202106/t20210628_1818826.html。

③ 《“老人农业”也能有所为》，《人民政协报》2015 年 8 月 24 日。

④ 国务院第三次全国农业普查领导小组办公室、中华人民共和国统计局：《第三次全国农业普查主要数据公报》，2017 年 12 月 16 日，见 http：//www.stats.gov.cn/tjsj/tjgb/nypcgb/qgnypcgb/201712/t20171215_1563599.html。

⑤ 国家统计局：《中华人民共和国 2020 年国民经济和社会发展统计公报》，2021 年 2 月 28 日，见 http：//www.ce.cn/xwzx/gnsz/gdxw/202102/28/t20210228_36344285.shtml。

比重连年单边走低、与其他三类收入相比增长最慢，社会保障的覆盖范围、保障项目和国家支持力度与城市居民相比落差仍相当大。

在当前的条件下，留在农村继续务农，就业不体面、没有前景、缺乏吸引力，使广大青壮年特别是有文化、有理想的年轻人远离农业，未来谁来种地？如何将中国人的饭碗牢牢端在自己手里？进入新时代，社会主要矛盾业已转化，作为人民日益增长的美好生活需要的重要内容，充分满足人民对营养、安全、时尚的优质食品和农产品的需求，对绿水青山的生态化绿色化的需求，对体验农业观光休闲服务的需求，面临谁有足够的能力种好地，如何实现以人民为中心的农业现代化等重大发展难题。自 2011 年我国城镇化率超过 50% 以来，尽管城镇化依然保持较快发展势头，但推进速度已逐步放缓，城镇对转移农业劳动力的拉力作用正趋于减弱。我国外出农民工数量年均增长的人数，从 2003—2012 年的 587 万人下降到 2013—2016 年的 150 万人①；2020 年全国农民工数量较上一年度反而减少了 517 万人，下降了 1.8%，② 农村劳动力转移的难度将越来越大。而且，根据有关部门预测，我国城镇化率的峰值为 70%，即使达到这一峰值，农村仍将有约 5 亿人，继续留在农村务农的农业劳动力如何实现就业现代化？绝对数量如此庞大的农村人口如何同全国人民同步建成社会主义现代化强国和实现中华民族伟大复兴？这些重大课题亟须通过深层次的理论思考和实践创新来有效破解。需要强调的是，作为西方发展经济学的重要组成部分，现代西方乡—城劳动力转移理论范式是从发达国家的利益和立场出发，根据西方发达国家的“部分”历史经验得出的理论结论。正如英国经济学家 V.N. 巴拉舒伯拉曼雅姆和桑加亚·拉尔所指出的，“它对发展中国家利益的伤害大于好处，所以

① 中国农村发展报告课题组：《全面深化农村改革的总体战略与路径选择——以全面深化改革激发农村发展新动能》，载魏后凯、闫坤主编：《中国农村发展报告——以全面深化改革激发农村发展新动能》，中国社会科学出版社 2017 年版，第 7—8 页。

② 人力资源和社会保障部：《2020 年度人力资源和社会保障事业发展统计公报》，2015 年 8 月 24 日，见 http：//www.mohrss.gov.cn/SYrlzyhshbzb/zwgk/szrs/tjgb/202106/t20210604_415837.html。

它的灭亡是受到欢迎的”①。因此，我们很有必要消除现代西方乡—城劳动力转移理论及其主导下的政策的偏颇及严重的负面影响，积极推动农业部门通过自身的现代化蝶变为现代生产方式—就业机会创造的源泉，促进留在农村继续务农的农民实现就业现代化。

对于西方发达国家现代化转型中留在农村的农民实现就业现代化过程及经验，马克思以英国为典型、基于资本主义生产方式起源与发展进行了系统的考察，对如何推动农业部门通过自身的现代化成为现代生产方式—就业机会创造的源泉、促进留在农村继续务农的农民实现就业现代化进行了系统、深入的思考。与坚持现代西方乡—城劳动力转移理论范式的经济学家不同，作为19世纪政治经济学批判最具影响力的经济学家，马克思重点不是描述这一历史过程及理论化其“经验”，而是着眼于对资本主义生产方式的批判与超越，在对资本主义生产方式产生、发展及消亡规律的揭示中，考察这一特定历史事件中的内在矛盾；对资本主义生产方式在农业领域的确立过程及留在农村的农民就业现代化的历史进步性与消极后果进行了深刻批判；并在此基础上，从人的自由全面发展出发，为克服其严重弊端与根本局限、为更高形态的未来社会理想探寻发展方向与路径。从这个意义上讲，马克思农民就业现代化思想似乎具有较为鲜明“后现代”理论特质。需要强调的是，我们不应将马克思农民就业现代化思想简单地归类为后现代理论，因为，它较后现代主义者高明和成功的地方在于，马克思“不是为批判而批判，而是为某种社会（基础、制度）的以及文化（观念）的变革开辟道路”。② 因而，研究马克思农民就业现代化思想，对于反思我国农业与农民就业现代化的理论、政策与实践、加快留在农村农业继续务农农民的就业现代化步伐、破解上述重大课题，具有重大的理论价值与现实意义。

---

① ［英］V. N. 巴拉舒伯拉曼雅姆、桑加亚·拉尔：《发展经济学前沿问题》，中国税务出版社、北京腾图电子出版社2000年版，第2页。

② 程广云：《后现代：走向“多元”的现代性》，《哲学研究》2005年第5期。

一、农民就业现代化过程的理论考察

对于发达国家发展初期生产方式现代化转型中的农民就业现代化过程，马克思基于资本主义生产方式的起源与发展、批判与超越进行了系统的理论考察。尽管学界对于马克思文本中的生产方式概念的具体含义长期以来存在不同的理解及争论①，但从文本的解构及对现实的解释力来看，生产方式可以分解为三个层次的内容：（1）劳动方式，是指劳动过程的技术条件和生产组织形式。（2）生产形式，即劳动的交换形式与资源配置方式。（3）社会形式，也就是劳动者实现与生产资料结合的方式。② 按照对生产方式含义的这一理解，马克思对欧美发达国家发展初期生产方式转型中农民就业现代化过程的考察，可以被解构为以下三个层次的内容：

（一）农业商业化和资源配置市场化

以英国为典型、基于资本主义生产方式起源与发展，马克思将西方发达国家发展初期农民就业现代化的核心内容归结为：传统小农分化基础上形成的、留在农村的农业直接生产者转化为现代农业雇佣工人的历史过程。劳动力商品化是资本主义生产方式形成的起点，也是农民就业现代化的前提。从社会生产形式变革的角度来看，农民就业现代化过程体现为以劳动力商品化为标志的农业商业化和资源配置市场化。

16 世纪以前，西欧的封建庄园具有典型的自然经济特征。当时的农业劳动力——农奴，依附于封建领主，几乎生产庄园所需要的一切，必须向领

---

① 参见马家驹、蔺子荣：《生产方式和政治经济学的研究对象》，《经济研究》1980 年第 6 期；吴易风：《论政治经济学或经济学的研究对象》，《中国社会科学》1997 年第 2 期；李炳炎：《马克思主义经济理论的若干解读及其对我国经济改革的现实意义》，《毛泽东邓小平理论研究》2005 年第 2 期；陈文通：《研究经济理论和破解经济难题必须从生产方式入手》，《中国延安干部学院学报》2012 年第 5 期。

② 于金富：《社会主义经济转轨的马克思主义分析方法》，《经济研究》2006 年第 12 期。

主交纳一部分产品和代役租。典型领主的消费几乎完全靠自己领地的产品和佃户、家庭仆人提供的劳务来满足。在欧洲大陆，领主通常拥有自己的磨坊、面包房、酿造厂；衣服、靴子也通常在自己家里由家里人和仆人完成；房屋建造的原材料主要来自于领主自己的森林、采石场和田地，非技术劳动由家仆提供，其他材料和服务则由佃户以义务服务的形式提供。领主对待财富和金钱的态度相当冷淡，不以利润为经济目标，而是把自己剩余的财富用于建造宫廷、装饰教堂。农奴通过艰苦劳作获得粗糙的食物，仰赖社区得到简陋的栖身之所，过着符合自己身份地位的生活，而不刻意去努力改善自己的收入。① 这种自然经济的瓦解或农业商业化，很大程度上是由货币成为普遍的交换手段所推动的。在中世纪，货币原本是没有什么地位的。然而，到了11世纪—12世纪，由于欧洲领主们显著提高了他们对舒适和奢侈的标准，为了购买只有外地生产的、价格更高的特殊产品特别是工业产品，他们转向了交换经济。于是，他们要求农民从缴纳实物地租转向了缴纳货币地租。农民为了获得缴纳地租的货币，被迫进入市场交易。而同一时期贵金属的产量和货币量大量增加，也使市场交易更加便利，从而使货币成为普遍的流通手段。② 正如恩格斯所说，“凡是在货币关系排挤了人身关系、货币贡赋排挤了实物贡赋的地方，封建关系就让位于资产阶级关系”。③ 也就是说，货币成为普遍的流通手段，推动着传统农业部门持续深入地转向资本主义生产方式经营的部门。

这个过程就是农业商业化和资源配置市场化过程，体现为以下三个方面：(1) 农产品的商品化。马克思说：“交换的深度、广度和方式都是由生产的发展和结构决定的。”④ 自然经济条件下的农民基本上自产自用，几乎不

① 参见［美］费雷德里克·L.努斯鲍姆：《现代欧洲经济制度史》，上海财经大学出版社2012年版，第18—22页。

② 参见［美］费雷德里克·L.努斯鲍姆：《现代欧洲经济制度史》，上海财经大学出版社2012年版，第23—25页。

③ 《马克思恩格斯文集》第4卷，人民出版社2009年版，第217页。

④ 《马克思恩格斯文集》第8卷，人民出版社2009年版，第23页。

进行农产品交易。小商品经济条件下的农民通常和消费者直接发生交易，农产品市场交易规模极为狭小，处于萌芽状态。以19世纪前期的法国为例，尽管其农产品市场有地方性小集市、地区性市场和最大的农产品中心市场三种形态，但仍具有明显的前工业时代特征，是一个个封闭的系统。各地区画地为牢，地区性市场之间没有形成贯穿全国的有机联系；最大的农产品中心市场也主要发挥地区性效应，缺少与国际市场的联系；而且，占据主导地位的是遍布全国农村的地方性小集市，通常定期每周一次在较大的村庄举行，生产者和消费者进行直接接触，没有商业资本介入其中，交换的目的也不是为了取得利润，而只是为了取得维持小生产所需要的生产资料和生活资料。① 然而，“由于社会分工，这些商品的市场会扩大；生产劳动的分工，使它们各自的产品互相变成商品，互相成为等价物，使它们互相成为市场”②。发展到资本主义商品经济条件下的农业生产者，生产农产品的直接目的就是售卖，就是为市场而生产，因而具有较高的农产品商品化率和发达的农产品购销体系。

（2）农业生产要素的商品化。“随着农业为市场而生产，生产商品，即生产为了售卖而不是为了自己直接消费的物品，农业就以相同的程度计算其费用，把费用的每一项都看做商品（不管农业是把它从第三者买入，还是从自己本身即从生产中买入），从而看做货币”。③ 也就是说，现代农业是“用商品生产商品”，需要大量使用商品性投入，因而具有较高的中间消耗率。无论是传统的生产要素，还是凝结着先进技术的现代农业生产要素，都要按照与农产品商品化相同的程度计算费用，而且，农业中间消耗率随着农业现代化提高的程度而不断提高。截止到21世纪初，欧美发达资本主义国家的农业中间消耗率已提高到50%以上。

（3）农业生产服务专业化和农业资源配置市场化。现代农业的发展“需

---

① 参见许平：《法国农村社会转型研究（19世纪—20世纪初）》，北京大学出版社2001年版，第28—31页。

② ［德］马克思：《资本论》第3卷，人民出版社2004年版，第718页。

③ 《马克思恩格斯文集》第8卷，人民出版社2009年版，第428—429页。

要机器，需要通过贸易得到化肥，需要来自远方国家的种子等等……机器制造厂、对外贸易、手工业等等就成了农业的需要”。① 农业再也不能局限在自己部门内部就能够自然而然地得到它所需要的生产条件，农业生产服务开始从农业内部转化为外在的独立生产部门。传统农业部门内部，不仅分化出专门为农业生产提供机械、化肥、农药及其他生产资料的产前部门，专门为农产品提供采购、加工、储藏、运输、销售服务的产后部门，以及专门从事种植、养殖活动的产中部门，而且农业产中部门所占的比重越来越小，农业产前部门和农业产后部门所占的比重越来越大。以美国为例，农业产前部门、产中部门、产后部门三个部门各自占产值的比重，分别从 1910 年的 11%、54%、35% 变化为 1980 年的 48%、10%、42%。②

总之，农业商业化过程，表现为传统农业部门中独立化出商业性的农业生产部门、为农业提供生产资料的部门、农业生产服务专业化部门等。随着农业部门交易规模的扩大、交易强度的增加、国内市场的统一及国际市场的一体化，市场在农业资源配置中的作用越来越具有决定性。在这个过程中，从棉纺织业起步的劳动力商品化，逐步向包括农业在内的其他产业扩展渗透，由单个劳动力市场汇集为包括农业在内的全社会规模的劳动力市场体系，标志着资本主义生产方式在农业领域得以确立。

（二）大土地所有者的产生与现代雇佣劳动制度的确立

在传统小农分化的基础上，留在农村、占主体的农业直接生产者无产阶级化为现代农业雇佣工人——拥有现代生产方式—就业机会，是欧美发达国家发展早期农民就业现代化过程的基本内容。对于劳动力商品化和直接生产者无产阶级化，马克思文本中显然并没有做出明确地区分，或者是将二者看作是同一过程的两个不同方面，并将它们的前提条件概括为“双重自由”，即直接生产者“是自由人，能够把自己的劳动力当作自己的商品来支配”和

---

① 《马克思恩格斯全集》第 46 卷，人民出版社 1980 年版，第 19 页。

② 参见丁泽霁：《国外农业经济》，中国人民大学出版社 1987 年版，第 779 页。

“没有别的商品可以出卖，自由得一无所有，没有任何实现自己的劳动力所必需的东西”。① 然而，当今中国的农民工现象表明，即便没有获得彻底的人身自由（如 20 世纪 80 年代初以来，尽管农民工被允许进城务工，但在很长时期内仍面临这样或那样的体制与政策的限制）；即便没有完全丧失生产资料（如家庭承包责任制的延续与巩固使农民工既以集体成员的身份分享其所在集体土地的所有权，又依据土地承包合同拥有所承包土地的承包权，也可以根据自身意愿选择继续保留其经营权），劳动力商品化仍然可以实现，但直接生产者却只达到半无产阶级化。从中不难看出，“双重自由”并非是劳动力商品化的前提条件，而应该是实现无产阶级化的前提条件。② 将劳动力商品化和直接生产者无产阶级化看作是同一过程或同一过程的两个不同方面，显然可能是一种简单化的理论处理。再者，“双重自由”要“以劳动者和劳动实现条件的所有权之间的分离为前提”。③ 因而，从生产的社会形式变革的角度看，以英国为典型，发达国家发展初期“双重自由”的实现，农民就业现代化过程体现为以下两个方面。

其一，对小农土地的暴力剥夺和大土地所有制的产生。从封建土地制度转化为资本主义大土地所有制，不是直接从封建农奴制瓦解，而是从对隐藏在封建招牌后面的小农的土地的暴力剥夺开始的。在被绝大多数经济史家称作“英国农民的黄金时期”的 15 世纪，小农可以在公有地上共同放牧和取得燃料，由自己及家人耕种自己的田地并满足于低水平的小康生活。然而，从 15 世纪末到 19 世纪，英国相继发生过四次大规模的圈地运动，用残暴和恐怖的手段将封建社会的小土地所有制转化为大土地所有制，为农业的资本主义生产夺得了地盘。后来，第一次被称为“羊吃人”的圈地运动发生。新航路的开辟引起呢绒业的迅猛发展，进而引起羊毛价格的上涨，新贵族就将农民从土地上赶走、大肆圈占公有地和农民的份地并改造为牧羊场。

---

① ［德］马克思：《资本论》第 1 卷，人民出版社 2004 年版，第 197 页。

② 孟捷、李怡乐：《改革以来劳动力商品化和雇佣关系的发展——波兰尼和马克思的视角》，《开放时代》2013 年第 5 期。

③ ［德］马克思：《资本论》第 1 卷，人民出版社 2004 年版，第 821 页。

第二次指的是16世纪的宗教改革，约占全国土地1/3的天主教寺院的全部土地被国王没收，原有的世袭佃户被赶走，其耕种的土地被合并在一起，大部分被送给国王的宠臣或被廉价地卖给农场主与市民。第三次从17世纪开始，特别是在18世纪，议会的《公有地圈围法》成了地主掠夺公有土地并被当作私有财产赠送给自己的法令与工具，导致国有和公有土地被盗窃殆尽。作为对农民土地的最后一次大规模剥夺和一切剥夺方式的顶点。第四次即“清扫领地”，指的是把人从领地上清扫掉，为此甚至不惜动用军队破坏和烧毁村庄与小屋。据相关历史文献，英国1714—1820年被圈占的土地就超过600万英亩。[①] 高度集中的土地所有权结构，使近代英国资本主义雇佣大农场得到很大的发展，远较其他欧洲国家发达。截止到18世纪，在诺丁汉、贝德福特、萨赛克斯等郡，占地不足100英亩的小农人数减少了一半，占地超过100英亩的大农场则大大增加了。[②] 在以谷物种植为主的诸郡中，300英亩以上的大农场的数目在1851—1871年上升了，而300英亩以下的中小农场的数目在同期却下降了。[③] 圈地的过程并非仅仅发生在英国，欧洲别的国家事实上也发生过，只不过远没有英国那么典型而已。上述过程既是生产资料和生活资料转化为资本的过程，也是传统农业直接生产者被剥夺走了一切生产资料和旧封建制度给予他们的一切生存保障，被当作不受法律保护的无产者抛向市场的过程。

其二，现代雇佣劳动制度的确立。对土地的暴力剥夺，仅仅是传统的农业直接生产者无产阶级化的一个方面。另一方面则表现为传统的农业直接生产者从农奴地位中被解放出来，不再束缚于土地和隶属于他人，在法律上成为“自由人”，并自觉接受现代雇佣劳动制度所必需的纪律。尽管相比工业部门，英国农业部门的雇佣劳动者占全部劳动者的比重提升的速度要缓慢

---

① ［美］斯塔夫里阿诺斯：《全球通史——从史前史到21世纪》（下），北京大学出版社2006年版，第490页。

② 王章辉：《圈地运动——工业革命劳动力的主要来源》，《世界历史》1984年第4期。

③ 文礼朋：《近现代英国农业资本主义的兴衰——农业与农民现代化的再探讨》，中央编译出版社2013年版，第166页。

得多，但雇佣工人的农场主所占的比重从1831年的52.6%明显提升到1851年的61.2%。① 截止到19世纪中叶，英国已经形成了世界少有的以雇佣劳动为基础，地主拥有土地的所有权、农业资本家雇佣农业工人和租种地主的土地的“地主—农业资本家—农业工人”三层式农业经营结构。事实上，不只是英国，西欧北美的许多国家在19世纪70年代以前都曾出现过雇佣型大农场排挤家庭小农场、扩大经营的趋势。当然，在资本原始积累过程中这些突然被抛出其惯常生活轨道的人，也不可能一下子就适应对他们来说是全新的、现代雇佣劳动制度所必需的纪律。国家就通过颁布惩治被剥夺者的血腥法律，通过鞭打、割耳、烙印等刑罚迫使他们习惯于现代雇佣劳动制度所必需的纪律；一直发展与工人为敌的雇佣劳动立法，并通过警察手段加强的劳动的剥削，强行将劳资斗争限制在对资产阶级有利的范围内；最终使他们在“经济关系的无声的强制”下，自愿出卖劳动力，承认并自觉接受资本主义生产方式自然规律的支配。

（三）农业科技的自觉应用和工厂制度占统治地位

对农民土地的剥夺产生的只是大土地所有者，而农业资本家或租地农场主才是资本占领和改造农业的真正组织者。他们推动农业劳动方式即技术条件和生产组织形式发生划时代的变革，为农民就业现代化确立起资本主义农业特有的物质技术基础与生产组织形式。

其一，农业科学技术的自觉应用。资本占领和改造农业，“使农业由社会最不发达部分的单凭经验的和刻板沿袭下来的经营方法，在私有制条件下一般能够做到的范围内，转化为农艺学的自觉的科学的应用”。② 从农业发展的历史来看，只有到了近代，它才真正开启科学的时代。近代农学体系形成于19世纪初，由“农学的鼻祖”、德国农学家阿尔布雷希特·泰厄（Albrecht Daniel Thaer）提出，几乎涵盖农业的所有领域，包括基础理论、

---

① 参见文礼朋：《近现代英国农业资本主义的兴衰——农业与农民现代化的再探讨》，中央编译出版社2013年版，第166页。

② ［德］马克思：《资本论》第3卷，人民出版社2004年版，第696—697页。

经营农法论、土壤论、施肥—耕作—土壤改良论、作物生产论、畜产理论六个部分。① 同工业相比，农业无疑是现代科学技术自觉应用的后进部门。因为早在18世纪，蒸汽动力的成果已首先应用于纺织工业，而直到19世纪40年代德国化学家尤斯图斯·冯·李比希（Justus von Liebich）才通过大量实验找到了化肥的制造方法，出现了农用化肥；制造农用拖拉机更是直到20世纪初才有的事情；即使当今的发达国家，也直到20世纪50年代乃至60年代才实现了农业机械化。即便如此，恩格斯对于科学技术在改造传统农业中的革命性作用和发展前景依然非常有信心，他坚信“科学终于也将大规模地、像在工业中一样彻底地应用于农业”②。马克思还认为，土地的自然肥力能够被利用到什么程度，一方面取决于农业中化学的发展；另一方面取决于农业中机械的发展。③ 从英国农业现代技术革新的情况看，耕犁机、条播机、收割机、脱粒机等农业机械越来越普遍地得到应用，化学肥料逐步得到推广，家畜优良原种得到科学选育与发展，使耕地面积迅速增加、土壤肥力得到改善、农业产量大为提高、农业生产费用与劳动力大大节约。事实证明，只有先进的现代农业机器设备，才能为资本主义农业提供特有的物质技术基础。

其二，工厂制度或大规模耕作的资本主义租佃农场占统治地位。由于“一切现代方法，如灌溉、排水、蒸汽犁、化学处理等等，应当在农业中广泛采用……如果不实行大规模的耕作，就不能有效地加以利用”④。因而，占领和改造农业的资本，不仅使大规模耕作的资本主义生产方式在实践中证明远比小块的分散的耕作优越从而在农业生产中占据主导地位，而且按照现代工厂经营模式建立农业生产组织。“发达的、同资本主义基础上的机器生产相适应的劳动制度，就是工厂制度，这种制度甚至在现代的大农业中——由

---

① 参见［日］祖田修：《近现代农业思想史——从工业革命到21世纪》，清华大学出版社2015年版，第198页。

② 《资本论书信集》，人民出版社1976年版，第192页。

③ ［德］马克思：《资本论》第3卷，人民出版社2004年版，第733页。

④ 《马克思恩格斯文集》第3卷，人民出版社2009年版，第231页。

于这一生产领域的特点而或多或少地发生一些变化——也占统治地位。”① 截止到 18 世纪末 19 世纪初，英国小自耕农和小佃农已基本消失，大规模耕作的资本主义租佃农场成为主要的农业生产组织。在 19 世纪，英国 85% 以上的土地所有权由大土地所有者占有，85% 以上的土地用于出租经营。② 孤立、分散的个人劳动被组织内部错综复杂的分工协作所代替，粗放式耕作被集约化规模经营所取代，投在土地及耕作上的资本空前积聚，农业生产效率得到了显著提高。17 世纪 50 年代初到 19 世纪 50 年代期间，英国每英亩小麦的产量从约 11 蒲式耳提高到 34.8 蒲式耳。1700 年到 1800 年期间，每英亩耕地可以养活的人数从 0.18 人提高到 0.25 人，每个农业工人可以养活的人数也从 1.07 人提高到 2.5 人。③

二、农民就业现代化过程的批判与超越

欧美发达国家发展初期的农民就业现代化，以农业生产方式从传统向现代的革命性变革为基础，体现为传统小农流动与分化基础上形成现代农业雇佣工人的过程，本质上就是现代雇佣劳动就业制度在农业部门得以确立的过程。在马克思看来，现代雇佣劳动关系是“全部现代社会体系所围绕旋转的轴心”④，以现代雇佣劳动就业制度在农业部门得以确立为本质内容的农民就业“现代化”就是农民就业“资本主义化”。对于这种性质的农民就业现代化，马克思重点不是描述这一历史过程及理论化其所谓的“经验”，而是着力于批判与超越。一方面，马克思对农民就业现代化的批判与超越，基于其特有的辩证方法——唯物辩证法。“因为辩证法在对现存事物的肯定的理解中同时包含对现存事物的否定的理解，即对现存事物的必然灭亡的理解；

① 《马克思恩格斯全集》第 47 卷，人民出版社 1979 年版，第 400 页。

② 参见文礼朋：《近现代英国农业资本主义的兴衰——农业与农民现代化的再探讨》，中央编译出版社 2013 年版，第 159 页。

③ 王章辉：《大农业不是英国农业和经济衰落的原因》，《史学月刊》2000 年第 1 期。

④ 《马克思恩格斯文集》第 3 卷，人民出版社 2009 年版，第 79 页。

辩证法对每一既成的形式都是从不断的运动中，因而也是从它的暂时性方面去理解；辩证法不崇拜任何东西，按其本质来说，它是批判的与革命的。”①正是运用这一科学方法论，马克思在充分论证了现代雇佣劳动就业制度较以往劳动就业制度的进步性的同时，以他的前辈和同时代的人所无法比拟的科学性与合理性，又深刻地揭示出现代雇佣劳动就业制度的历史性和暂时性；另一方面，马克思对农民就业现代化的批判与超越，是以人类自身的辩证发展为价值取向的。对于就业现代化后的现代农业雇佣工人的悲惨命运，马克思既不将其当作现存的经验事实、不言而喻的前提和自然而然的正常状态，也没有停留在道德意义的批判上，而是以人为主体和本位，以人的发展和解放为社会目标，通过对劳动者在雇佣劳动中的异化现象——这一最普遍、最严重的矛盾的深入分析，以“积极扬弃”雇佣劳动，并从人类自身辩证发展的视角，探索“超越”的方向和实现形式。从而实现了对农民就业现代化的批判与超越的合规律性与合目的性的统一。

（一）农民的市场就业形式批判

在马克思看来，就业的本质内容就是将劳动者与生产资料结合起来一同进入生产过程；就业形式则是指实行这种结合的特殊方式和方法。②在中世纪，欧洲国家普遍实行封建领主经济制度，修道士、教会显要、国王、亲王、武士以及官员属于有权有势的阶级，无论罗马奴隶、英国佃农、法国自耕农之间的社会地位存在怎样的差别，但作为农业生产者，他们及其家人都要依附于领主的土地，才能存活下去。典型的就业形式是小农“直接”与属于自己的小的、简陋的、有限的生产资料结合起来一同进入生产过程，各个家庭彼此之间相互隔离。资本主义社会，农民的典型就业形式则是自由的农业雇佣工人大规模地、集中地、“间接”地同农业资本家占有的生产资料结合起来，一同进入生产过程。它的前提是“劳动力的买和卖是在流通领域或

① ［德］马克思：《资本论》第 1 卷，人民出版社 2004 年版，第 22 页。

② ［德］马克思：《资本论》第 2 卷，人民出版社 2004 年版，第 44 页。

商品交换领域的界限以内进行的，这个领域确实是天赋人权的真正伊甸园。那里占统治地位的只是自由、平等、所有权和边沁”。[①] 这种市场就业形式前所未有地消除了一切政治等级、社会特权和生产孤立状态，并在法律上和形式上极大地促进和保障了劳动力市场上自由和平等的发展。

问题的另一面则是，由于从前的独立农民已沦落为农业资本的从属物，他们只有找到工作的时候才能生存，而市场就业形式使他们陷入因市场竞争的冲击之下而导致的就业没有保障和不稳定、绝对减少、严重失业及绝对贫困的境地。其一，农民就业是基于消费者对商品需求的“派生性需求”，必然会遇到社会对农产品作为使用价值的消费量和消费能力的限制，更会遇到作为交换价值的现有等价物的货币量的限制，社会化大生产内在地要求社会生产各部类、各分部类、各个资本，以及各个资本内部某个特定要素所必须保持的一定比例的限制。在马克思看来，社会劳动用在农业上的全部劳动，从使用价值的角度来看，就是必须足以为整个社会从而也为非农业劳动者生产出足够的食物；从价值的角度来看，它还要受到市场的制约。他强调，“社会劳动时间可分别用在各个特殊生产领域的份额的这个数量界限，不过是价值规律本身进一步展开的表现”[②]。如果用在农业上的全部劳动超过了根据社会需要应分配在农业生产领域的份额，那么，产品的一部分就没有了用处，其中的价值及其包含的剩余价值就不能得到实现。其二，资本增殖的需要对农民就业的决定具有支配作用。马克思认为，生产剩余价值或赚钱是资本主义生产方式的绝对规律。“提高劳动生产力和最大限度否定必要劳动，正如我们已经看到的，是资本的必然趋势。劳动资料转变为机器体系，就是这一趋势的实现。”[③] 然而，“机器在农业中的使用在造成工人‘过剩’方面却发生了更为强烈的作用，而且没有遇到什么抵抗”[④]。马克思引用大量调查资料和数据说明，与空前的资本积累、农产品前所未有的增长、地租大量增加、

---

① ［德］马克思：《资本论》第 1 卷，人民出版社 2004 年版，第 204 页。

② ［德］马克思：《资本论》第 3 卷，人民出版社 2004 年版，第 717 页。

③ 《马克思恩格斯全集》第 46 卷，人民出版社 1979 年版，第 209 页。

④ ［德］马克思：《资本论》第 1 卷，人民出版社 2004 年版，第 578 页。

农场主财富日益膨胀极不相称的是，农业工人人口不但相对减少了，而且绝对减少了。再加上，“资本主义生产方式由于它的本性，使农业人口同非农业人口比起来不断减少，因为……在农业中，经营一定土地所需的可变资本则绝对减少”。① 从1759年到1840年，英国农业劳动力占该国全部劳动力的比重从48%下降到15.3%。② 大量过剩的农业劳动力只能被迫流亡到城市，补充进工业后备军。那些留在农村、由传统小农转化而来的农业雇佣工人却遭受了沉重的苦难。对此，马克思借用罗杰斯教授的话感慨道：“今天的英格兰农业工人，不要说同他们14世纪下半叶和15世纪的先人相比，就是同他们1770年到1780年时期的先人相比，他们的状况也是极端恶化了，‘他们又成了农奴’，而且是食宿都很坏的农奴。”③

（二）对雇佣劳动的异化现象的剖析

马克思通过对农民就业现代化过程的分析说明，现代雇佣劳动制度在农业领域，不像在城市工业部门那样均衡地发展，而是伴随着农业商业化首先从畜牧业开始，缓慢地、非均衡地侵入，才逐步发展起来的。现代雇佣劳动制度在农业领域的典型形式是，作为农业资本家的租地农场主，才是农业工人的雇主、实际指挥官和直接剥削者。“他靠使用雇佣工人来增殖自己的资本，并把剩余产品的一部分以货币或实物的形式作为地租交给地主”，④ 同土地所有者之间存在的是直接的、“单纯的货币关系和契约关系”。⑤ 在马克思最初对资本主义经济制度和资产阶级政治经济学进行批判研究的重要文献——《1844年经济学哲学手稿》中，他将本来属于哲学范畴的“异化”概念运用到这一领域，以“异化劳动”范畴极为深刻地剖析了在雇佣劳动状态下现代农业工人的悲惨命运。

---

① ［德］马克思：《资本论》第3卷，人民出版社2004年版，第718页。

② 樊亢、宋则行：《外国经济史：近代现代》第一册，人民出版社1980年版，第94页。

③ ［德］马克思：《资本论》第1卷，人民出版社2004年版，第781页。

④ ［德］马克思：《资本论》第1卷，人民出版社2004年版，第852页。

⑤ ［德］马克思：《资本论》第3卷，人民出版社2004年版，第903页。

所谓异化，就是客体对主体的一种异己关系，或者指一个人不恰当地处于同他应该与之联合的某物/人相分离的状态。① 对于雇佣劳动中的“异化劳动”，马克思划分出四个方面的规定或情形：

（1）工人同自己生产的劳动产品相异化。按说，劳动产品原本是工人通过自己的劳动来占有外部世界和感性自然界的结果，是劳动的实现或劳动的对象化。然而，劳动产品在雇佣劳动状态下却采取了商品的形式，表现为工人同他自己生产的劳动产品相异化。也就是说，劳动产品非但不属于他的生产者即工人，反而成为奴役他的生产者即工人的力量，以致工人非现实化到饿死的地步。因而，工人越是通过劳动占有外部世界、感性自然界，就越是失去生活资料，成为自己劳动的对象的奴隶：“首先，他得到劳动的对象，也就是得到工作；其次，他得到生存资料”。② 这种异化表现为“工人生产得越多，他能够消费的越少；他创造的价值越多，他自己越没有价值、越低贱；工人的产品越完美，工人自己越畸形；工人创造的对象越文明，工人自己越野蛮；劳动越有力量，工人越无力；劳动越机巧，工人越愚笨，越成为自然界的奴隶”③。另一方面，工人同劳动产品相异化，必然导致劳动同自然界相异化，造成土地肥力破坏与荒芜、森林滥伐、空气污染、水源污染、气候变干旱等生态恶化。对此，恩格斯曾利用他占有的大量真实案例，不厌其烦地描述当时已经出现的、触目惊心的严重后果：“美索不达米亚、希腊、小亚细亚以及其他各地的居民，为了得到耕地，毁灭了森林，但是他们做梦也想不到，这些地方今天竟因此而成为不毛之地”。“阿尔皮斯山的意大利人，当他们在山南坡把那些在山北坡得到精心保护的枞树林砍光用尽时，没有预料到，这样一来，他们就把本地区的高山畜牧业的根基毁掉了；他们没有预料到，他们这样做，竟使山泉在一年中的大部分时间内枯竭了，同时在雨季又使更加凶猛的洪水倾泻到平原上。”④ “西班牙的种植场主曾在古巴

---

① ［美］理查德·德·乔治：《经济伦理学》，北京大学出版社 2002 年版，第 197 页。

② 《马克思恩格斯选集》第 1 卷，人民出版社 2012 年版，第 52 页。

③ 《马克思恩格斯选集》第 1 卷，人民出版社 2012 年版，第 52—53 页。

④ 《马克思恩格斯选集》第 3 卷，人民出版社 2012 年版，第 998 页。

焚烧山坡上的森林，以为木灰作为肥料足够最能赢利的咖啡树利用一个世代之久，至于后来热带的倾盆大雨竟冲毁毫无保护的沃土而只留下赤裸裸的岩石”①，等等。诸如此类的大量案例说明，按照现代工业方式经营的资本主义农业，更直接地滥用和破坏土地的自然力，破坏着人和自然之间纯粹自发形成的物质变换，从而破坏土地持久肥力的永恒自然条件。② 也就是说，资本主义农业的任何进步都是掠夺土地的技巧的进步，任何在一定时期内提高肥力的进步，同时也是破坏土地肥力持久源泉的进步。

（2）工人同自己的劳动活动相异化。它表现在：“劳动对工人来说是外在的东西，也就是说，不属于他的本质”；“他在自己的劳动中不是肯定自己，而是否定自己，不是感到幸福，而是感到不幸，不是自由地发挥自己的体力和智力，而是使自己的肉体受折磨、精神遭摧残”“他的劳动不是自愿的劳动，而是被迫的强制劳动。”③ 只要强制一停止，人们就会像躲避瘟疫那样躲避劳动。工人在劳动中不属于他自己，而是属于别人。他的活动也不是他的自主活动，而是他自身的丧失。

（3）工人同人的类本质相异化。自由的、有意识的活动是人的类特性。生产生活就是人的类生活。只有有意识创造对象世界的生产实践，才能够真正证明人是自己的类存在物。然而，雇佣工人的强制劳动却把自由的、有意识的活动贬低为一种手段，以致类生活对他来说竟成了手段。这就导致人的类本质变成了维持他个人生存的手段。

（4）人同人相异化。人同人相异化是指工人同自己的劳动产品、劳动活动、类本质相异化的直接结果。它指的是人对自己的任何关系，只有通过人对他人的关系才能得到实现和表现。显然，如果工人生产的劳动产品不属于他自己，就只能属于他人；如果工人的劳动活动带给他自己的是一种痛苦，就必然给他人带去享受和乐趣；如果工人将自己的生产劳动看作是不自由的活动，就只能将其看作是替他人服务的、受他人支配的、处于他人的强

---

① 《马克思恩格斯选集》第 3 卷，人民出版社 2012 年版，第 1001 页。

② ［德］马克思：《资本论》第 1 卷，人民出版社 2004 年版，第 579 页。

③ 《马克思恩格斯选集》第 1 卷，人民出版社 2012 年版，第 53—54 页。

迫和压制下的活动。

总之，在马克思看来，以现代雇佣劳动制度在农业领域的确立为基本内容的农民就业现代化，使农业雇佣工人从属于资本，在“异化劳动”中感到自己是被毁灭的、看到自己的无力和非人的生存状态。马克思早期的这一思想在他后来的《资本论》等经典著作中得以发挥与完善，进一步澄清了现代雇佣劳动制度的历史进步作用与反人性的消极作用。特别是他关于现代雇佣劳动制度所造成的社会两极分化、多数人不幸福不自由，以及必将为人的自由全面发展的共产主义社会所取代的思想，[①] 对于当下向以共同富裕为重要特征的中国式现代化道路转向过程中加快推进农业就业现代化，无疑具有重要的理论价值与指导意义。

（三）对雇佣劳动的积极扬弃和超越

对于劳动、资本、地产相互分离下的雇佣劳动，资产阶级“国民经济学”将其看作是不言而喻的前提、自然而然的常态和只能给予认可的“不变的规律”，采取的是无批判的态度。相反，在马克思看来，它是需要加以说明的现象、有待展开的起点、被发展着的历史本身产生出来而又需要加以扬弃的暂时现象。一方面，马克思努力证明雇佣劳动替代奴隶制和农奴制下孤立的个人劳动，“都更有利于生产力的发展，有利于社会关系的发展，有利于更高级的新形态的各种要素的创造”，[②] 因而具有巨大的历史进步性；另一方面，他着重批判雇佣劳动中的异化劳动的各种严重的社会弊端——“人和自然界之间、人和人之间的矛盾”，[③]，具有巨大而深远的反人性的消极作用，“并且从正在瓦解的经济运动形式内部发现未来的、能够消除这些弊病的、新的生产组织和交换组织的因素”，[④] 提出联合劳动将对雇佣劳动进行积极扬弃和超越的重大判断。

---

① 张雄：《马克思政治经济学批判思想缘起及其发展逻辑》，《哲学研究》2021 年第 6 期。

② 马克思：《资本论》第 3 卷，人民出版社 2004 年版，第 927—928 页。

③ 马克思：《1844 年经济学哲学手稿》，人民出版社 2000 年版，第 81 页。

④ 《马克思恩格斯选集》第 3 卷，人民出版社 2012 年版，第 528 页。

从生产方式变革的角度分析，联合劳动扬弃和超越雇佣劳动、实现“人类同自然的和解以及人类本身的和解”①，主要体现为以下几个方面：

其一，联合劳动是以生产资料公有制为基础的生产社会形式。马克思认为，无论对于小农业还是大农业来说，土地私有权都表现为对生产的限制，同合理农业之间存在着不可调和的矛盾。由于“劳动权就是支配资本的权力，支配资本的权力就是占有生产资料，使生产资料受联合起来的工人阶级支配，也就是消灭雇佣劳动、资本及其相互间的关系”，② 因而，联合劳动对雇佣劳动的积极扬弃和超越，必须在生产资料所有制方面以公有制取代私有制、消除劳动借以异化的手段和条件。“但是，这一要求并不是要重新建立原始的公有制，而是要建立高级得多、发达得多的共同占有形式。这种占有形式决不会成为生产的束缚，恰恰相反，它会使生产摆脱束缚，并且会使现代的化学发现和机械发明在生产中得到充分的利用。”③ 对于这种公有制，马克思曾使用过“社会所有制”“联合起来的社会个人所有制”“重新建立个人所有制”等表述，也有明确的提示，强调联合劳动的主体不是孤立、分散的个人（小私有制），也不是某个集体（传统公有制），而是以高度的“社会性”和“科学性”为基础的联合起来的个人，“一方面由社会直接占有，作为维持和扩大生产的资料，另一方面由个人直接占有，作为生活资料和享受资料”。④ 显然，从生产的社会形式方面看，联合劳动就是以社会化的人或联合起来的生产者占有整个社会的生产资料。但是，马克思恩格斯却拒绝为其设计详细的方案，明智地提醒——将来要由共产主义社会中的人们自己去决定。对于发达资本主义国家和经济文化落后国家各自应如何实现土地公有制，他们根据当时的革命形势与任务分别进行了考察，事实上提出了农业的社会主义公有制的两种形式——土地国有和集体所有。他们强调，土地国有化是发达资本主义国家实行社会主义改造的首要措施；同时也清醒地认识

① 《马克思恩格斯全集》第 1 卷，人民出版社 1956 年版，第 603 页。

② 《马克思恩格斯选集》第 1 卷，人民出版社 2012 年版，第 478 页。

③ 《马克思恩格斯文集》第 9 卷，人民出版社 2009 年版，第 145—146 页。

④ 《马克思恩格斯文集》第 9 卷，人民出版社 2009 年版，第 296 页。

到，只要政权掌握在有产阶级手中，那么，任何土地国有化方案都不是消灭剥削，而只是改变剥削的形式。[①] 因而，只有在无产阶级取得政权的前提下实现土地国有化，并将国有土地交给联合起来的农业劳动者，才能彻底改变资本对雇佣劳动的剥削关系，最终消灭农业的资本主义生产方式，包括农业在内的一切生产部门将得以用最合理的方式组织起来。[②] 对于经济文化落后的国家来说，农民作为私有者还大批存在，并成为实现土地国有化的最大障碍。因而，取得政权的无产阶级政府，不应直接推行土地国有化，而应从一开始就采取促进土地私有制向集体所有制过渡的措施，直接改善农民的状况，把他们吸引到革命队伍中来，由农民自己通过经济的道路实现社会主义。[③] 马克思在《给维·伊·查苏利奇的复信》中，还以俄国为例谈道，由于该国的农村公社土地公有制本身就构成了集体生产和集体占有的自然基础，而且广大农民习惯于劳动组合关系，显然有助于农民从小地块劳动向合作劳动过渡。因而，马克思和恩格斯建议俄国可以利用既有的农村公社直接过渡到社会主义。[④]

其二，联合劳动采取的是“最新的科学方法”和“合作社”的生产组织形式。在马克思看来，农业是一个特殊的产业，它的生产要素无论是生产的主观条件还是生产的客观条件，基本上都来自大自然，农业生产过程也总是同大自然的再生产过程相互交织在一起。然而，在资本主义条件下，为了提高劳动力和土力的利用效果，而将现代农业科学技术（如农药、化肥、机械等）大规模地、彻底地应用于农业，在农业生产力获得巨大增长的同时，也滥用和破坏了劳动力（即人类自然力）和土地肥力（土地的自然力），酿成严重的农业生态危机——无疑是人和自然界之间异化或对立的典型体现。为此，恩格斯反复告诫：“我们不要过分陶醉于我们人类对自然界的胜利。对于每一次这样的胜利，自然界都对我们进行报复。每一次胜

① 《马克思恩格斯全集》第38卷，人民出版社1972年版，第58页。

② 《马克思恩格斯文集》第3卷，人民出版社2009年版，第232—233页。

③ 《马克思恩格斯文集》第3卷，人民出版社2009年版，第404页。

④ 《马克思恩格斯文集》第3卷，人民出版社2009年版，第570—590页。

利，起初确实取得了我们预期的结果，但是往后和再往后却发生完全不同的、出乎预料的影响，常常把最初的结果又消除了。……因此我们每走一步都要记住：我们决不像征服者统治异族人那样支配自然界，决不像站在自然界之外的人似的去支配自然界……我们比其他一切生物强，能够认识和正确运用自然规律。"[①] 在马克思恩格斯看来，因对应用现代农业科学技术所可能产生的后果无知而滥用，充其量是酿成严重的农业生态危机的直接原因，而根本原因则是农业所采用的资本主义生产方式，特别是公司化大农场的资本主义生产组织形式。因为，早在英国发生产业革命，现代农业科学技术大规模、彻底地应用到农业以前，农业的资本主义生产组织形式就已经开始对农业生态造成严重的破坏。因而，解决农业生态危机，不能仅仅停留在从认识层面上去学会更正确地理解农业生产的自然规律、学会认识人类对农业生产中的自然界习常过程的干预所造成的较近或较远的后果，[②] 而是要从根本上祛除造成农业生态危机的制度根源。即要由真正摆脱资本狭隘私利的联合劳动者，根据人类和自然界的一体性，合理地调节二者之间的物质、能量和信息的变换，并将其置于联合劳动者的共同控制之下，"用最新的科学方法大规模地经营农业，以利于全社会"。[③] 按照马克思的设想，由于共产主义高级阶段从事农业和工业的将是同一些人，由社会全体成员组成的共同联合体就是最适合于人类本性的农业生产组织形式。关于共产主义低级阶段或社会主义社会农业生产组织形式的设想，则主要归功于恩格斯。19 世纪 40 年代，他先后谈及无产阶级取得国家政权后让工人在"国营农场"或"国家的田庄"中工作，事实上提出了国家经营农场的主张。此后，恩格斯在理论上吸取了空想社会主义者的合作思想，在实践中吸取了 19 世纪欧洲农业生产合作运动的经验，认识到合作社是农业生产者实现自由平等、联合劳动的较为理想的形式，是向完全的共产主义经济过渡的中间环节，转而主张将合作社作为社会主义农业生产组织形

① 《马克思恩格斯选集》第 3 卷，人民出版社 2012 年版，第 998 页。
② 《马克思恩格斯选集》第 3 卷，人民出版社 2012 年版，第 998 页。
③ 《马克思恩格斯全集》第 5 卷，人民出版社 1958 年版，第 3 页。

式。在《法德农民问题》一文中，他较为系统地阐述了这一主张：无产阶级掌握国家政权后，对于农业工人，应在国有化的大地产上组织农业工人合作社；对于小农，则应“把他们的私人生产和私人占有变为合作社的生产和占有，不是采用暴力，而是通过示范和为此提供社会帮助”；[①] 对于中农和大农，“建议把各个农户联合为合作社，以便在这种合作社内越来越多地消除对雇佣劳动的剥削，并把这些合作社逐渐变成一个全国大生产合作社的拥有同等权利和义务的组成部分。”[②] 总之，积极扬弃和超越雇佣劳动、根本解决农业生态危机的出路，在于采取“最新的科学方法”和“合作社”组织形式。

其三，联合劳动将实行劳动者与生产资料的“直接”结合和一切生产部门“由整个社会来管理”的社会生产形式。恩格斯指出：“社会一旦占有生产资料并且以直接社会化的形式把它们应用于生产，每一个人的劳动，无论其特殊的有用性质是如何的不同，从一开始就直接成为社会劳动。”[③] 劳动者与生产资料的“直接”结合，从就业形式的角度来看，正是“实行这种结合的特殊方式和方法”——联合劳动。它的特殊性在于劳动表现为直接的社会劳动而不再表现为价值，劳动产品相应地表现为直接的社会产品而不再表现为商品，劳动交换形式将不再是商品生产而是产品生产。与此相应，“社会生产内部的无政府状态将为有计划的自觉的组织所代替”，[④] 劳动分配形式将实行由整个社会为了公共的利益、按照总的计划对一切生产部门进行统一的管理。劳动者与生产资料“直接”结合和一切生产部门“由整个社会来管理”，社会的生产形式上述两个方面的重大变革，使联合劳动者能够通过自由的联合完全占有自己创造的物质生活条件，从而全面占有自己的本质，在以下几个方面积极扬弃和超越雇佣劳动：首先，联合劳动是“自由”的劳动。劳动者与生产资料“直接”结合和一切生产部门“由整个社会来管

---

① 《马克思恩格斯选集》第 4 卷，人民出版社 2012 年版，第 370 页。

② 《马克思恩格斯选集》第 4 卷，人民出版社 2012 年版，第 374 页。

③ 《马克思恩格斯选集》第 3 卷，人民出版社 2012 年版，第 696—697 页。

④ 《马克思恩格斯选集》第 3 卷，人民出版社 2012 年版，第 815 页。

理”，使特殊利益和共同利益之间的关系从分裂走向统一，从而迫使人们长期固定在特殊活动范围的自然分工转变为自愿分工，劳动真正成为“自由”的劳动。此前，劳动者都有自己特定的活动范围，被限制在特定的部门、行业、职业内发展，这个范围是强加给他的，而他却不能超出这个范围。未来理想社会，“任何人都没有特殊的活动范围，而是都可以在任何部门内发展，社会调节着整个生产”。① 其次，联合劳动是“自愿”的劳动。未来理想社会将给每个人提供全面发展和表现自己全部能力的机会，从而，生产劳动就不再是奴役人的手段，而是解放人的手段。因此，对于联合劳动者来说，劳动就从一种负担变成一种快乐。② 最后，联合劳动是“平等合作、民主管理”的劳动。未来理想社会的各个生产部门都是由整个社会“为了共同的利益、按照共同的计划、在社会全体成员的参加下来经营”③。农业和工业在对立发展的形态的基础上结合起来，人口和产业在城乡之间尽可能平均分布，城乡差别逐渐消失，从事农业和工业的将是同一些人；另一方面，“任何个人都不能把自己在生产劳动这个人类生存的必要条件中所应承担的部分推给别人”④，联合劳动采取的是也只能是“平等合作、民主管理”的管理制度。

综上所述，雇佣劳动是资本主义性质的农民就业现代化的本质内容。雇佣劳动者在异化劳动中所导致的“人和自然界之间、人和人之间的矛盾”说明：它并非是农民就业现代化自然而然的常态和“不变的规律”，而只具有历史暂时性。联合劳动将积极扬弃和超越雇佣劳动，实现“两个和解”，它也不再是奴役人的手段而成为解放人的手段，因而是社会主义性质农民就业现代化的本质内容。以往的历史已反复证明：“要处在较低的经济发展阶段的社会来解决只是处在高得多的发展阶段的社会才产生了的和才能产生的问题和冲突，这在历史上是不可能的。”“每一种特定的经济形态都应当解

① 《马克思恩格斯选集》第1卷，人民出版社2012年版，第165页。

② 《马克思恩格斯全集》第20卷，人民出版社1971年版，第318页。

③ 《马克思恩格斯选集》第1卷，人民出版社2012年版，第302页。

④ 《马克思恩格斯选集》第3卷，人民出版社2012年版，第681页。

决它自己的、从它本身产生的任务。”[①] 当前，中国特色社会主义进入了新时代，着眼于开启全面建设社会主义现代化国家新征程、向第二个百年奋斗目标进军、实施乡村振兴战略的目标任务与“三步走”时间表，推动农业全面升级、农村全面进步、农民全面发展，必须立足实际，瞄准农业、农村、农民发展短板问题导向，积极扬弃和超越雇佣劳动的农业生产组织形式，努力探索出具有中国特色的农民就业现代化道路。

三、几种代表性理论观点与政策主张评析

经过长达四十余年大规模的、持续的农村剩余劳动力转移，我国城乡经济社会发展取得了举世瞩目的成就。另一方面，我国自 2004 年以来也陷入了“民工荒”和务农农民老龄化、农村劳动力“结构性过剩”并存的困境。据谢玲红、吕开宇估算，我国目前仍有超过 8487.7 万农业剩余劳动力，假定农业剩余劳动力仍按照目前的速度转移，2035 年之后才会逐渐消失，如考虑进农业生产率提高因素，农业剩余劳动力转移时间还将进一步延长，预计到 2025 年我国纯农民规模仍多达 3500 万人—6800 万人。[②] 如何加快推动农业生产方式现代化转型，将“结构性过剩”农村劳动力彻底释放出来，同时又加快继续留在农业领域的农民就业现代化步伐、将农业部门也真正打造成为现代生产方式—就业机会创造的源泉，既是建立健全城乡融合发展体制机制和政策体系、加快实施乡村振兴战略和推进农业农村现代化面临的重大课题，也是新时代实现推动高质量发展、建设现代化经济体系重大历史任务中的重要内容。以上困境与难题之所以久拖不决，关键症结在于 20 世纪 80 年代我国农村改革过程中所形成的农业部门经营主体为千百万承包经营的农户家庭，其行为方式同传统小农并无根本不

① 《马克思恩格斯全集》第 22 卷，人民出版社 1965 年版，第 502 页。

② 谢玲红、吕开宇：《“十四五”时期农村劳动力转移就业的五大问题》，《经济学家》2020 年第 10 期。

同，[①] 而且经营规模极为狭小、土地严重细碎化、孤立分散，增长潜力早已释放殆尽，却至今仍未能创新出适应我国国情的现代农业生产经营组织形式、闯出农业生产方式现代化改造的康庄大道。对于当前我国农业生产经营组织形式改革与发展的方向，我国学界与政策研究部门客观上提出以下几种代表性理论观点与政策主张：

其一，维持小规模经营的小农。以贺雪峰教授为代表，在学界属于少数。坚持这种观点的学者认为，在当前和未来相当长的时期（约 30 年）内，小农经济仍将存在并有活力，具有重要的稳定器和蓄水池功能，因而，小规模经营的小农模式仍应继续维持，当前应重点加强农村基层组织建设，以提高乡镇事业单位为小农服务的能力。[②] 显然，小规模经营的小农模式下的农民就业属于传统小农就业模式。

其二，鼓励发展规模经营的农业企业。厉以宁认为，留在农村的老弱病残种地，产量低、收入少，土地利用率和土地收益率都太低，最好是让他们把土地流转出去，而他们则通过社会救济由社会养起来。今后种地的主要力量包括种植能手与种植大户、农民专业合作社和农业企业三种人。他特别

---

① 当前我国农业部门经营主体类似于传统小农。这种情况是在 20 世纪 80 年代我国农村改革过程中逐步形成的。改革以前，我国农村实行的是政社合一、“三级所有、队为基础”的人民公社体制，生产资料集体所有，统一经营、集体劳动、统一分配。改革后形成的农村经营体制，被党的文件（1983 年中央 1 号文件）在法律形式上正式表述为家庭承包经营为基础、统分结合的双层经营体制，通常被解读为以土地集体所有制为基础，以土地使用权从所有权中分离出来为前提，以集体统一经营为主导层次和家庭分散经营为基础层次的双层经营结构为基本特点。不过，为了应对改革中存在的严重分歧，这一由理论家所折中提出来的谨慎的、规范的语言文字表述，显然未必完全是富有智慧的理论家的本意。据当事人回忆，当时刚刚走出校门、后来成长为我国农业经济领域权威专家和官员的陈锡文认为，农民这层是经营，但村集体那层好像不是经营，于是就提出疑问：“大包干就大包干，包产到户就包产到户，何必说的那么复杂，又是又统又分，双层经营，又是家庭联产，承包责任制”。被尊称为“农村改革之父”的杜润生当时的回答是：“小青年啊，不知道厉害，不说双层经营这句话，是要掉脑袋的”（钱昊平等：《杜润生：不仅是农民的朋友》，《南方周末》2015 年 10 月 15 日）。

② 参见贺雪峰：《中国农业的发展道路和政策重点》，《南京农业大学学报》2010 年第 4 期；贺雪峰：《当前三农领域的两种主张》，《经济导刊》2014 年第 8 期。

强调资本下乡建立农业企业的重要性，要求鼓励更多的企业对农业进行投资。由于他强调不出去打工的农民就留在当地，到种植能手、种植大户、农业企业那里当工人。① 因而，农民就业显然属于雇佣劳动就业模式。

其三，发展农民合作组织。黄祖辉认为，虽然小规模农户经营的格局在相当长的时期内不会根本改变，但我国农业又不能一直停留在传统农业阶段，而是必须向现代农业发展。他提出农民合作组织是发展现代农业的必然和正确的选择。② 因为，农民合作组织在形成机理上不同于改革以前“一大二公”、效率低下的集体经济，不同于公司化企业、农业龙头企业基础上发展起来的、以企业控制为主的农业专业合作社，与欧美国家的新型农民合作组织也有所不同。它坚持合作制的基本原则和社员是相对独立的经营主体的本质属性，采用的是“农户＋农民合作组织＋龙头企业＋行业协会”的产业组织体系，合作社同社员的关系介乎市场交易关系与科层治理关系之间，农民就业由此兼具个人劳动与合作劳动的属性。

以上这些理论观点、政策主张及其相互之间的激烈争论，有利于打破当前农民就业现代化停滞不前的困局，推动其积极与健康发展。因此，有必要基于马克思生产方式现代化转型的理论视角，着眼于农民就业现代化目标实现，对其进行深入的理论分析。

（一）超小规模经营的小农究竟应否长期继续维持？

当今，我国占绝大多数的超小规模经营的小农户究竟应否继续维持？这是当下争论与政策分歧的主要焦点之一。笔者认为，超小规模经营的小农模式难以实现农民就业现代化，不应长期继续维持。

首先，马克思“小农经济衰亡论”依然是科学的预测与判断。尽管自19世纪末以来，学界对马克思“小农经济衰亡论”的质疑与争论始终存在。20世纪90年代以来特别是进入21世纪以来，国内学界在对家庭联产承包

---

① 厉以宁：《双向城乡一体化显露生机》，《北京日报》2012年11月12日。

② 黄祖辉：《中国农民合作组织发展的若干理论与实践问题》，《中国农村经济》2008年第11期。

责任制遭遇挑战后的前景与命运的理论探讨中，基于农业生产的特殊性、小农制依然具有强大生命力的观点也颇有市场。然而，马克思“小农经济衰亡论”并不过时，依然是科学的预测与判断。因为，传统的农业生产方式必然被现代的农业生产方式所替代，是马克思依据客观的人类社会发展规律与趋势所提出的科学论断。而且，迄今为止世界各国的历史事实与最新材料，都没有证伪马克思关于传统小农及其土地制度的根本局限的论断——“排斥社会生产力的发展、劳动的社会形式、资本的社会积聚、大规模的畜牧和科学的不断扩大的应用”。小农经济仍是“最没有保障、最原始、最不发达、提供商品最少的经济”。① 当今我国占绝大多数的超小规模经营的小农模式，仍属于传统的生产方式，同样要被现代生产方式所替代。否认现代农业是当前我国农业发展的方向，企图在未来一个相当长的时期内继续维持超小规模经营的小农模式是没有前途的。事实上，以往对于农业现代化的发展方向也鲜有争论。即便坚持“当前中国农业发展的主导方向不是现代农业”的贺雪峰教授等极少数学者，也不得不承认“并非中国不需要现代农业”。②

其次，发达国家的家庭农场的增长并不意味着传统的超小规模经营的小农模式仍具有强大的生命力。近年来，国外文献关于农场规模与效率之间存在反向关系、家庭农场比大农场富有效率和全世界农业市场最大的份额是由家庭农场承担的等观点，③ 被人误读或曲解为小农甚至是传统超小规模经营的小农不是在衰落而是在增长，仍具有强大的生命力。事实上，发达国家的家庭农场往往具备了相当大的规模，而且近年来经营规模还有不断扩大的趋势。例如，美国平均每个家庭农场的面积多达 169.16 公顷，而且小农场有所减少、中型农场有所增加、大农场基本稳定和农场数量在迅速减少，平均每个家庭农场的面积在不断扩大。再以人均耕地面积仅有 0.03 公顷、约为我国人均耕地面积三分之一、家庭农场以小型为主的日本为例。从 20 世纪 60 年代初开始，该国鼓励扩大农业生产，通过修改《农业基本法》，允许

① 《斯大林选集》第 2 卷，人民出版社 1979 年版，第 16 页。

② 参见贺雪峰：《中国农业的发展道路与政策重点》，《南京农业大学学报》2010 年第 4 期。

③ 韩朝华：《个体农户和农业规模化经营：家庭农场理论评述》，《经济研究》2017 年第 7 期。

农民拥有土地的规模，在只使用本家庭劳动力的条件下，超过1952年《农业法》规定的3公顷限制。近年来，日本政府积极推动规模经营。2009年，日本通过修改《农地法》放宽农地租赁规定，成立中介组织为农地流转提供服务，为扩大经营提供诸如无息贷款、延长贷款偿还时间、发放补贴等资金方面的援助，为新增不满45岁的务农人员提供最低工资，使家庭农场经营面积扩大蔚然成风，仅2011年就扩大了10公顷以上。① 此外，家庭农场普遍采用现代生产技术，以家庭农场为基础发展出公司+农户、农场主协会或各种合作社等生产组织体系，持续深化农业生产的专业化和区域化分工与合作，从单一产业向第一、第二、第三产业融合形态转化，面向国内外市场组织生产，业已融入现代社会化大生产，事实上早已不属于传统的小规模经营的农户，而成为资本主义现代大农业的一部分。然而，与发达国家的家庭农场在规模上存在天壤之别的是，我国改革开放以来推行的是家庭联产承包制及按人口或劳动力平均分配土地，全国约2.45亿个农户，户均耕地面积仅7.4亩，再加上分配土地时往往采取肥瘦搭配、远近搭配办法，导致一户的耕地分散为四五块、导致户均实际耕地面积远远低于人均耕地面积约为我国的三分之一的日本，客观上形成了世界上经营规模最小的小农户。长达四十多年维持如此超小经营规模的小农模式，使一家一户长期孤立分散，生产自给自足，农户本身也没有进行大规模技术改造的经济实力与动力，从外部引入资金、技术、知识、管理等现代生产要素又困难重重，劳动生产率极为低下，整体上并没有根本解决传统农业生产方式问题。况且，现实中的小农户正日益遭受到资本从流通领域到生产领域的双重挤压，小农经济似乎正不可避免地从根本上遭到瓦解。再加上，现实中我国官方财政补贴与支持政策，针对的是规模经营的新型农业经营主体而不是针对超小规模经营的小农，客观上也在推动着传统的超小规模经营的小农模式加速被新型农业经营主体所取代。因而，简单地从发达国家存在大量家庭农场现象出发，就想当然地得

① 李国荣、郭爽、蓝建中：《国外家庭农场：小农场，大农业》，《国际先驱导报》2013年9月27日。

出传统的超小规模经营的小农模式具有强大生命力、可以长期继续维持下去的结论，是经不起推敲的。

最后，我国超小规模经营的小农模式业已走到了穷途末路。尽管改革开放 40 余年来我国农业部门基本保证了城乡农产品供应，还为工业化和城镇化源源不断地提供了大量廉价的劳动力、土地和资本等生产要素，为创造中国经济奇迹做出了重要贡献。但是，人们也越来越认识到，如此超小规模经营的小农模式仅仅能够解决农民的温饱问题，根本不可能实现农业生产方式与农民就业的现代化。以因发起包产到户被称为“中国改革第一村”的安徽省凤阳县小岗村为例。截至 2003 年，该村人均收入只有 2000 元，低于凤阳县平均水平，村集体还欠债 3 万元，人心涣散。① 超小规模经营的小农，为了维持较为体面的农村生活，不得不通过外出打工赚取收入，以弥补务农收入的不足，从而形成并长期维系以青壮年外出务工和老年人务农的代际分工为基础、半工半耕农民工体制。这不仅难以推进农业生产方式与农民就业的现代化，而且导致了如下严重的后果。其一，由于留在农村务农的老人整体上文化水平低下，普遍存在过量使用或滥用化肥、农药和除草剂现象，导致农业现已超越工业成为最大面源污染产业，农村环境污染与生态破坏较为严重。其二，由于儿女远在外地打工，有的留守老人不堪生产和家务的重负，甚至因生存困难与疾病痛苦而选择自杀，处境凄凉。② 其三，占据农民工主体的新生代，即使城市就业形势不好也不可能返乡务农。一项调查显示，新生代农民工中 85.4% 没有务农经历，99% 不愿意返乡务农。③ 国家人口计生委基于流动人口动态监测调查数据发布的一项报告也指出，占据农民工主体的新生代农民工大多数从小在城市长大，没有任何农业生产经验，即使城市就业形势再恶化，也根本不可能像父辈那样返乡务农。④ 显然，老人

① 参见新华社：《请让我们为他立座雕像——小岗村村民追忆村党委书记沈浩》，《文汇报》2009 年 11 月 9 日。

② 参见宣金学：《农村老人自杀得平静与惨烈》，《中国青年报》2014 年 7 月 30 日。

③ 参见《深圳新生代农民工调查：超八成无务农经历》，《南方都市报》2015 年 7 月 6 日。

④ 欧阳开宇：《报告称新生代农民工已不大可能返乡务农》，2012 年 8 月 7 日，见 http：//politics.people.com.cn/BIG5/n/2012/0807/c70731-18683304.html。

务农并非像贺雪峰所描述的那样，“可以精耕细作”，“花费劳动不多，农业收入不少”，“正是老人种粮才可以保证粮食安全”；另一方面，“新生代农民工已不大可能返乡务农”的调查结论也意味着，如此超小规模经营的小农模式即使想继续维持，恐怕也无法继续维持下去了。因而，农民就业现代化的实现，必须尽快找到其有效的生产组织形式。

（二）现代雇佣劳动是不是农民就业现代化的唯一模式

近年来，秉承西方新古典经济学和制度经济学的一些学者，主张农村土地私有化，通过土地自由买卖、流转和集中实现农业规模经营，多余的农民自然会被城市化吸纳的舆论甚嚣尘上。① 还有人极力鼓吹工商资本下乡，提出只有资本组织才能发展现代农业，农民现代化必然是由资本下乡组织起来的。② 与此相呼应，我国的一些地方政府为了政绩，借口现代农业要规模化、产业化，要高起点、大投入，一家一户干不了，积极沿用招商引资办工业的办法热情欢迎工商资本下乡，甚至不惜动用行政手段强推土地向一些大公司流转。③ 根据农业部的数据，截至 2014 年 6 月，流转到工商企业的土地达 3864.7 万亩，占全国土地流转总面积的 1/10。④ 在一些城市的近郊，流入企业的土地承包面积甚至占到了当地土地流转总面积的 70% 到 90%。绝大多数原本与农业完全不相关的各路工商企业积极下乡大规模租赁承包地，如湖北省福娃集团流转土地多达 6 万亩，春晖集团流转的土地短短三年时间已扩大到 12 万亩。这些大公司往往定位于有机农业、生态农业、观光旅游等高端领域，用工形式采取的是现代雇佣劳动。如前所述，在马克思看来，以现代雇佣劳动为特征的资本主义大农场取代传统小农，是以英国为代表的

---

① 温铁军：《我国为什么不能实现农村土地私有化》，《红旗文稿》2009 年第 2 期；简新华、杨冕：《“中国农地制度与农业经营方式创新高峰论坛”综述》，《经济研究》2015 年第 2 期。

② 贺雪峰：《中国农业的发展道路与政策重点》，《南京农业大学学报》2010 年第 4 期。

③ 平子：《地方强推土地流转：政府不能搞大跃进》，《人民日报》2014 年 1 月 30 日。

④ 王德福：《资本下乡，规范的时候到了》，《中国妇女报》2014 年 3 月 23 日。

欧美资本主义国家农民就业现代化所走过的道路，其实质就是农业生产方式“资本主义化”及其基础上的农民就业现代雇佣劳动化。问题在于，现代雇佣劳动制是不是农民就业现代化的唯一模式？我国究竟是不是只有复制这一模式才能实现农民就业现代化？笔者认为，答案显然是否定的。

首先，农民就业现代化，以生产方式现代化为基础，以绝大多数传统农民向非农产业转移为前提，以留在农业领域的农民的专业化分工不断深化、劳动就业方式现代化为基本内容，是整个社会劳动者就业现代化的根基与基本维系。它是一个国家经济社会全面实现现代化的标志和重要组成部分，反映了人类从农业社会到工业社会转型的一般规律。然而，这一规律因各个国家资源禀赋状况、生产力发展水平、政治法律制度、历史文化背景等的不同，而采取了各有特色的实现形式。譬如，英国通过“羊吃人”的圈地运动排挤传统农业生产方式并迫使小农与土地相分离，彻底消灭了小农土地所有制；法国允许农民在集体购买拍卖的土地后再行分割，却强化了小农土地所有制。与英法通过资产阶级革命确立资本主义土地制度不同，德国则是通过资产阶级改革确立起资本主义土地制度的。因而，尽管农民就业现代化是现代化的重要内容和组成部分，具有自身的一般规律，但是，任何国家推进和实现农民就业现代化，都必须各自探索和选择能够较好地契合本国国情的实现形式。

其次，对于以英国为代表的欧美国家农民就业现代化所走过的这条资本主义道路，马克思不仅充分肯定了现代雇佣劳动就业制度较以往劳动就业制度的进步性，而且结合历史事实深刻地批判了这一进程的恐怖，基于“异化劳动”概念范畴深刻分析了它所带来的灾难性后果——人与自然关系的严重对立和人与人关系的激烈冲突及所显示的历史性和暂时性。潘璐、周雪对四川省眉山市绵竹县临江镇葛村丰业农场的实地研究也证实了这一点。作为规模较大、长年雇佣雇工的资本农场，丰业农场以盈利为目的，采用类工厂管理模式，对农民雇工的劳动与社会再生产的控制与剥夺，使农民雇工丧失生产与生活中的自主性，日益深入地被锁入雇佣劳动对资本的附属关系中，被异化为企业生产律条下的附属品：农民雇工丧失了劳动产品上的自主性；

农业耕作过程中生产环节的拆分，使农民雇工同农业基本生产资料土地的关系僵硬；频繁更换工作任务和没有稳定的管理对象，使农民雇工工作责任感弱化、耕种的责任感降低、对技术操作充满疑惑；完整连续的生物过程通过生产环节拆分下的细致分工和频繁更换工作任务，也破坏了劳动者完整人性的实现。① 正如马克思所强调的，合理的农业与资本主义生产方式是天然不相容的。这条道路绝不是所有国家实现农民就业现代化的唯一道路，不值得向往和复制，而是应极力避免，努力在契合本国国情的基础上，探索出“超越”资本主义道路的、合规律性和合目的性相统一的道路。

最后，国际资本巨头和各路国内工商资本纷纷下乡建立公司化农业企业所带来的负面影响现已初露端倪。一是逐利和过度投机色彩浓厚。许多下乡跑马圈地的工商企业，根本不了解农业生产经营规律，往往追求时尚、炒作概念、投资盲目冲动和缺乏规划，项目盲目上马后形成大量烂尾工程，它们的目的甚至仅仅是利用国家对农业项目的重视来套取对项目的补贴。二是流转耕地非粮化现象非常普遍。根据国家发改委 2012 年的一项调研结果，西部某些省份工商企业流转土地的非粮化程度已达到 90%，② 严重威胁我国 18 亿亩耕地红线和粮食安全。三是严重侵犯农民利益。在流转农村土地时，工商企业不是直接与农民而是与集体组织签订合同，在为争取政绩的地方政府相助下强行占有农田，剥夺农民知情权和话语权。实行规模化生产、机械化作业和产业化经营的大公司，必然排挤出大量农民，使他们失去了原有的就业机会和收入来源，在外出打工缺乏就业岗位和农村社会保障体系不健全的情况下，往往会酿成严重的社会问题。公司化经营的农业企业凭借自身优势有意无意地打压周边小农，往往会绝对地或相对地恶化周边农民的生产生活状况。此外，即便是那些被公司化经营的农业企业雇佣的少部分农民，从独立的小业主沦落为替别人打工的雇佣工人，对其心理和社会地位也造成了严重的冲击。事实上，对于资本下乡、大规模流转土地和公司化经营的农业

① 参见潘璐、周雪：《资本农场中的农业雇工：剥夺与异化——对四川葛村资本农场的实地研究》，《中国农业大学学报》（社会科学版）2016 年第 2 期。

② 向俊、陈晓：《城市工商资本下乡问题研究》，《中国工商管理研究》2013 年第 10 期。

企业，即使像美国、日本这样的资本主义国家也并非放任自流，而是通过立法等手段严令禁止的。四是近年来国际资本巨头通过以低价农产品直接抢占市场份额、以打击我国本土种植业，通过与金融资本相配合、全面渗透农产品流通领域，通过以转基因种子为武器、逐步控制我国农产品市场，[①]通过重金构筑从信息收集、种子研发、良种推广、订单种植、贸易和售后服务诸环节在内的完整产业链，[②]加紧完成对我国农业的渗透与控制，对我国食物安全、粮食安全和农业安全越来越构成潜在的严重威胁。因此，我国应尽快制定和出台规范工商企业进入农业部门，根本遏制和扭转当前业已迅速蔓延、贻害无穷的各路工商资本下乡建立公司化农业企业的趋势。即便在公司化农业企业具有明显比较优势的领域，如标准化产品、规模化生产、全产业链发展模式等，也应在充分限制其负面影响的前提下，在既定允许的有限范围内进行实践探索。

（三）农民合作社能否成为农民就业现代化的主要载体

农业工人合作社是马克思恩格斯在批判与超越现代雇佣劳动制度基础上，设想的实现广泛与和谐的自由联合劳动即社会主义农民就业现代化的载体。恩格斯在《法德农民问题》一文中提出，社会主义国家应在国有化的大地产上组织农业工人合作社，将小农的“私人生产和私人占有变为合作社的生产和占有”，[③]通过合作社来消除对雇佣劳动的剥削。[④]新中国成立以来，我国在致力于马克思主义农民合作制理论中国化过程中，对发展农民合作社进行过两次重要的探索：

第一次探索，农业合作化—人民公社化。新中国成立伊始，我国在将封建地主土地所有制改造为“耕者有其田”的农民个体所有制后不久，就

---

① 波涛：《我国经济安全面临六大挑战》，《中国证券报》2011 年 4 月 8 日。

② 参见吴旭贤、彭新育：《国际资本对我国农业基础产业的渗透与控制分析》，《安徽农业科学》2011 年第 12 期。

③ 《马克思恩格斯选集》第 4 卷，人民出版社 2012 年版，第 370 页。

④ 《马克思恩格斯选集》第 4 卷，人民出版社 2012 年版，第 374 页。

在党的过渡时期总路线的指引下，按照毛泽东提出的从农业生产互助组到初级农业生产合作社再到高级农业生产合作社，由低级到高级逐步前进的方法，对农业进行了社会主义改造。截止到1957年底，加入高级农业生产合作社的农户占全国农户比重超过96%，表明我国完成了农业合作化。从1958年下半年开始的两个多月时间里，所有高级农业生产合作社迅速被改组升级为“一大二公”的人民公社。此后，经过调整确立起在我国农村实行长达近二十年的人民公社制度。这一时期，从对高度分散的小农进行社会主义改造入手，沿着农业合作化的方向发展。农民在人民公社制度下的就业具有以下特点：（1）人民公社实行的是“三级所有，队为基础”的经营管理体制，生产资料归全公社或全大队的社员集体所有、统一经营与统负盈亏，不允许私有经济成分的存在。因而，劳动力归人民公社统一调配，所有达到一定年龄的社员都能够自然实现就业，由生产队来统一安排参加集体生产劳动，不存在失业现象。（2）人民公社或生产队按照工分对社员实行统一的、低水平的消费资料分配。社员中缺乏劳动能力或完全没有劳动能力、生活上无依无靠的则由生产大队或生产队负责安排照顾生活。（3）作为集体经济组织成员，农民不是独立的经济主体，没有选择加入或退出公社的自由，也严格限制向城市和农村其他地区流动。家庭承包制推行和人民公社解体以后，绝大多数集体经济组织退化为单纯的集体土地的发包方。需要说明的是，现实中仍有像江苏省江阴市华西村、河南省临颍县南街村、新乡市刘庄村等极少数村庄，没有将土地承包给农户，而是通过大力发展乡镇企业继续坚持并壮大集体经济，这些村的村民就业仍或多或少具有上述特点。

第二次探索，新型农民合作组织的发育与发展。自20世纪80年代以来，我国农村在商品经济发展和市场化改革过程中开始涌现出农民合作经济组织。从个别农民组织到地方实践再到中央倡导，从自发行为到立法推动发展，农民合作经济组织近年来获得了较快发展，但总体上仍处于初始阶段。截至2021年11月底，我国依法登记的农民合作社已多达221.9万家，其中县级以上示范社 16.8 万家。[①] 这些新型农民合作经济组织，以农民专业合作社为主流，合作基础局限于某特定产品或产业，范围局限在周边少数专业农户，规模较小，资金实力薄弱，功能以中介为主，服务项目单一。我国新型农民合作经济组织的培育与发展，基本反映了家庭承包制的推行和人民公社的解体后，作为农业生产主体的超小规模、分散经营的千百万小农户的利益要求和现实需要，在逻辑上与同时期欧美国家的新型合作制非常类似。需要说明的是，这些新型农民合作经济组织，对资本主义雇佣劳动制度的阴暗面的抑制或替代方面并不突出，其突出的成就主要在于为小农通过合作解决“小生产和大市场之间的矛盾”。而且，悄然渗入我国农业的国际资本、下乡的国内工商资本和资本化的政府各家涉农部门，出于自身利益驱动而深度介入与引入股权因素，导致新型农民合作经济组织普遍不以农民合作为主导，而是受资本（股份）控制。参与以农民专业合作社为主流的新型农民合作经济组织的农民的就业具有以下特点：(1）社员一般为专业劳动力，对某特定产品或产业具有较高的专业技能。譬如，浙江省箬横西瓜合作社吸纳社员，要求掌握“玉麟”牌西瓜的生产技术、三年以上的种瓜经验及组织农民生产的能力。[②] (2）资本化的政府各家涉农部门，出于自身利益最大化目标倾向于扶持大农并与其共谋，在经营决策与利润分配中明显处于支配地位，专业合作社与小农的关系接近于资本对劳动的雇佣关系。

纵观新中国成立以来农民合作社的这两次重要的实践探索过程，不难发现我国农民合作经济组织并没有像马克思恩格斯所设想的那样，成为社会主义农民就业现代化的有效载体。究其原因在于：首先，农民合作社的发育与发展，本来应源于农业生产方式现代化过程中农民自身产生的互助合作的需要，然而，新中国成立以来我国农民合作社发展的两次重要的探索，由于种种原因，都在一定程度上偏离了这一轨道。新中国成立初期的农业合作化

① 农业农村部新闻办公室：《国家农民合作社示范社发展指数（2020）研究报告在京发布　国家示范社 2020 年经营收入均值 1514 万元》，2022 年 1 月 22 日，见 http：//www.moa.gov.cn/xw/zwdt/202201/t20220122_6387449.htm。

② 参见黄祖辉等：《小农户参与大市场的集体行动》，《农业经济问题》2007 年第 9 期。

最终发展为人民公社化的内在逻辑，是要通过人民公社制度实现国家对农业生产、农产品消费和分配的控制，以适应重工业优先发展战略的推行对低价增加农产品收购数量的需要。[①] 家庭联产承包制实行后，受资本（股份）控制的农民专业合作社之所以成为新型农民合作经济组织的主流，则是因为在长期缺乏农民合作组织法律制度框架下，农民合作组织普遍需要依托或挂靠企业或资本化的政府各家涉农部门，使农民合作组织本身缺乏独立性，导致所依托或挂靠的企业或资本化的政府各家涉农部门普遍居于支配地位。

其次，自愿互利、民主管理原则是马克思主义合作制理论的基本要点，也是历经一百多年的实践证明、国际上得到公认的合作社健康发展必须遵循的基本价值与原则，但在我国农民合作社发展的这两次重要探索中却都没有得到始终如一的遵循。在农业合作化—人民公社化时期，向高级农业生产合作社升级和人民公社化运动，普遍采用的是行政手段推进；政社合一的管理体制更是使行政权力在管理中处于支配地位，存在生产上的瞎指挥和强迫命令现象。家庭联产承包制实行后农民专业合作社的恢复与发展过程，也存在因招商引资或由基层政府领导担任合作社负责人，而强制要求农民将承包地加入合作社等违背“自愿互利”原则的现象。对于挂靠企业、资本化的政府各家涉农部门的农民专业合作社来说，农民在经营决策与利润分配中明显处于从属地位，享有的民主管理权力往往非常有限。

最后，合作社作为一种舶来品，对于具有几千年农民个体经济传统的我国来说，缺乏深厚的文化传统与群众基础，自上而下推动的农民合作化，往往因其强制动员能力强、工作力度大、行动迅速，从而进一步放大国家或政府目标函数的负面效应。譬如，我国原本计划用 18 年完成农业合作化，事实上不到 7 年就完成了任务。轰轰烈烈的人民公社化运动更是不可思议地仅仅用了两个月时间。再加上人民公社是理论上构造、又偏离合作社发展轨道的集体经济组织。它怎么能不脱离农业生产力发展水平和该阶段农民自身

---

① 林毅夫、蔡昉、李周：《中国的奇迹：发展战略与经济改革（修订版）》，上海三联书店、上海人民出版社 1999 年版，第 28—62 页。

的利益要求？近年来，农民专业合作社发展过程中之所以出现政府行政干预大、工商资本下乡大规模圈地、企业和资本化的相关涉农部门在合作社治理机构中处于主导地位，与地方政府部门沿用长期以来形成的招大商、引大资办工业的工作思路与方法不无关系。因而，推动农民合作社的健康发展，必须立足于现阶段我国农业生产力的发展水平和农业生产方式现代化过程中农民自身产生的互助合作的需要，符合马克思主义合作制理论的基本要点和国际通行的合作经济的基本价值与原则，在充分保证农民自我组织、自我管理、自我服务、自我发展的前提下，国家除了通过立法和政策支持提供稳定的社会法律环境外，还要按照国家帮助农民原则提供必要的物质条件和便利，积极培育和引导农民合作社因地制宜地、多种形式、健康发展，逐步使农民合作社成为社会主义农民就业现代化的主要载体。

四、研究结论和政策建议

在家庭联产承包责任制的基础上、沿着生产方式现代化转型方向发生农业生产组织形式变革，是留在农村继续务农的农民实现就业现代化、使农业成为现代生产方式—就业机会创造源泉的切入点和突破口。当前，我国实践中涌现出了家庭农场、种田大户、公司化农业企业、农民专业合作社等多种新型农业生产组织，也引起了对未来我国农业生产组织形式变革方向的极大关注与热烈讨论，学界与政策研究部门提出了诸多不同的理论观点与政策主张，亟须从理论上正本清源、引导我国农业生产组织形式变革与农民就业现代化沿着健康的方向发展。

根据以上对马克思农民就业现代化思想的思考，我们认为：首先，要在现有家庭承包经营的基础上，将培育和壮大能够引入现代生产要素、引领健康方向发展的新型农业经营主体，作为实现农民就业现代化的主要载体与目标模式。当前农业生产方式转型停滞、城市“民工荒”和农村劳动力“结构性过剩”并存僵局难以打破，留在农业领域的农民就业现代化徘徊不前，根本原因是缺乏现代生产要素的引入、新型农业生产组织形式的构建。当前，应以创新与构建新型农业生产组织形式为切入点和突破口，通过在现有家庭承包经营的基础上再造现代农业微观经济组织和提高农民组织化程度，培育和壮大能够引入现代生产要素、引领健康方向发展的新型农业经营主体。

对于新型农业经营主体培育与发展的目标模式，我们的研究结论是：（1）超小规模经营的小农模式仍属于传统生产方式，不属于新型农业经营主体，不能继续长期维持下去，而且调查结论也表明，即使想继续维持恐怕也很难继续维持下去了。因为，这是经济社会发展规律、不可阻挡的历史潮流与趋势。尽管如此，对待小农户，我们还是绝不应该任由或助力小农沦落为资本主义农业大生产的牺牲品，而是应该按照前述马克思提出的原则，有足够的历史耐心，竭力使小农的命运有保障一些，甚至为了农民的利益而必须牺牲一些社会资金，通过示范和帮助的办法让农民走合作社的生产和占有，引领他们在社会现代化转型过程中实现社会主义性质的农民就业现代化。(2)农业的资本主义化，从理论上讲，无疑会使农业社会化和合理化，使封闭的、分散的传统小规模农业生产转变为集中的、大规模的社会化大生产，提高了农业劳动生产率，造成了社会财富的巨大增长和文明的进步，具有巨大的历史进步作用。从现阶段我国“大国小农”的实际与发展要求来看，局限于农业农村内部，几乎形成不了现代农业生产要素，很难推动农业生产方式现代化转型与乡村全面振兴；从外部引入社会资本，却可以给农业农村带来农业生产方式现代化转型与乡村全面振兴所不可或缺的先进的技术、人才、信息、品牌、市场等现代生产要素，由资本主导来整合这些现代生产要素，通常能够推动农产品价值提升、农业产业升级、农民就业机会与福祉增加。因而，现阶段农业资本主义化的驱动力非常强劲，一定时间内、一定程度上、一定范围内也有其存在的必要性与合理性，应该引导更多的社会资本投入农业农村，助力农业生产方式现代化转型与乡村全面振兴。另一方面，正如马克思所指出的，“在农业中，像在工场手工业中一样，生产过程的资本主义转化同时表现为生产者的殉难史，劳动资料同时表现为奴役工人的手段、剥削工人的手段和使工人贫穷的手段，劳动过程的社会结合同时表现为对工人个人的活力、自由和独立的有组织的压制”，[①] 资本主导控制的农业现代化具有根本的局限和消极作用。因而，不宜将公司化农业企业作为新型农业经营主体培育的目标模式，现代雇佣劳动就业制度也不应成为农民就业现代化的目标。

(3) 农业合作社是马克思恩格斯在批判与超越现代雇佣劳动制度的基础上，构想的实现广泛与和谐的自由联合劳动即社会主义农民就业现代化的载体。尽管从世界各国的实践经验来看，一些发达国家有合作社成功的经验，但汪洋大海般的小农户却很难自发形成真正意义上的合作社。因而，那些无视社会制度、农业现代化性质与农民就业现代化目标的根本差异，试图从模仿发达国家包括同属东亚文化、人口多耕地少的日本、韩国，以及中国台湾省的所谓“成功经验”，实现农业现代化的努力，无异于缘木求鱼，是不可能取得成功的。值得欣慰的是，从贵州省安顺市塘约村成功探索出党支部领办合作社的“塘约道路”，到山东省烟台市、贵州省毕节市在市一级全面铺开，由点到面，真正意义上的合作社显示出强大的生命力。这些经验表明，中国共产党的领导是中国特色社会主义最本质的特征，是中国特色社会主义制度的最大优势；中国共产党始终坚持全心全意为人民服务的宗旨，具有卓有成效的领导力、组织力和执行力；党支部领办合作社是中国共产党领导下、广大人民群众实践中涌现出的伟大创新，具有光明的发展前景。农业合作社理应成为现阶段以公有制经济改造小农经济、培育现代农业生产组织、实现农民就业现代化实践探索的目标模式。

其次，要建设高标准市场体系，推动生产资料和劳动力在城乡之间合理流动、组合和配置，促进现代生产要素进入农业农村，为培育和壮大新型农业经营主体和实现农民就业现代化提供新的强大动力源泉。从 2021 年开始，我国进入新发展阶段。在新发展阶段构建新发展格局，无论是畅通国民经济循环，还是促进国内国际双循环的良性互动，都迫切要求必须尽快建设高标准市场体系，解决生产资料和劳动力在城乡之间合理流动、组合和配

---

① ［德］马克思：《资本论》第 1 卷，人民出版社 2004 年版，第 579 页。

置，建设联系更加紧密、布局更为合理、分工更为明晰的城乡共同体的突出问题。在新发展阶段，推动农业全面升级、农村全面进步、农民全面发展，都迫切需要尽快建设高标准市场体系，为优先满足“三农”发展要素配置、农业农村优先发展奠定良好的市场基础。所以，从流通环节着手，通过全面深化农村经济市场化改革，建设高标准市场体系，充分发挥市场对资源配置的决定性作用，对于打破我国一家一户的小农生产方式长期占主导、现代生产要素难以引入、新型农业经营主体培育和壮大困难、农业竞争力提升缓慢的僵局，培育和壮大新型农业经营主体和实现农民就业现代化，无疑具有不可估量的巨大作用。

从当前我国农村市场体系存在的突出矛盾与问题来看，建设高标准市场体系的着力点在于：（1）建设高标准农产品市场体系。通过四十余年来的改革，我国农村商品市场已全部放开，产品价格决定基本实现完全市场化。然而，由于农村相对于城市来说自然经济文化远为传统深厚，各地农产品生产相对独立和讲究小而全，不同程度存在市场分割、封锁、垄断和地方保护，市场交易主体组织化程度不高，市场设施和软环境传统、低效与不完善，导致区域特色产业难以形成规模、新型农业经营主体难以培育和壮大、农业竞争力难以提高。马克思主义政治经济学在肯定生产决定交换，“交换的深度、广度和方式都是由生产的发展和结构决定的”[①]的同时，也强调交换对生产的反作用，强调交换或市场范围的扩大会促进生产规模的扩大、分工的细化与合作的深化。当前，建设高标准农村产品市场体系，一是要进一步着力消除各地、各类市场的分割、封锁、垄断和地方保护，打破各地各自为圈、各类相对独立的“小循环”“微循环”的限制，努力形成统一的大市场和“大循环”。二是要高标准规划与建设农产品加工、存储、销售设施，以数字化为引擎、建设智慧化农产品市场体系，加强市场监管，着力提升农产品市场交易规则、交易方式、交易手段现代化水平。

（2）建设高标准农村要素市场体系。一是要通过完善农村产权制度和

① 《马克思恩格斯文集》第8卷，人民出版社2009年版，第23页。

完善城乡一体的产权交易市场机制，激活闲置浪费、无效利用和低效利用的农村土地等现有资源资产，推动资源资产化资本化，积极探索离农农民的宅基地、承包地和其他资源资产的市场化退出机制，引导土地集中利用和实现多种形式的规模化经营，提高资源配置效率；二是要着力提升农村金融市场化水平，加大农村政策性金融支农力度，大力发展普惠金融，完善政策性金融、商业金融、合作金融、民间金融之间的竞争与合作机制，积极推动农村金融创新，实现农村金融应覆盖尽覆盖，为优先保障“三农”资金投入、壮大新型农业经营主体、基本实现农村现代化提供可靠保障。三是要进一步打破城乡之间的劳动力分割，完善城乡一体化劳动力市场机制，促进农业农村富余劳动力向非农产业与城镇转移，着力推进农业转移劳动力及其家属落户及市民化；完善外出能人返乡创业激励机制与乡村创新创业支持服务体系，引导高校毕业生、返乡农民工、退伍军人、城市各类人才扎根乡村创新创业，加大乡村人才培育、培训、职称评定、社会保障等方面配套制度建设力度，为乡村振兴提供可靠的人才保障。四是培育数据要素市场，突出数字赋能，推动数字技术与农村产业的深度融合，推动农村产业转型升级。

最后，充分发挥党总揽全局、协调各方作用，加大投入力度，健全支持、扶持与保护政策制度体系，为基本实现农业农村现代化和农民就业现代化提供可靠保障。由于农民生产分散、相互隔离、传统保守，对必将退出历史舞台的小生产方式的命运尚缺乏清醒的认识，往往立足于自身狭隘的私人利益行事，较为缺乏首创精神和作为一个独立的群体保护自己群体利益的能力，面对农业农村现代化和农民就业现代化的前景却茫然不知所措。我国幅员辽阔，各地的资源禀赋、生产力水平、市场机制完善程度、风土人情、群众基础差别显著，各地、各阶层农民的物质利益、认识水平和接受能力也存在很大的差异，几乎不可能自发形成符合集体理性的行为选择。再加上农业本身特性决定的弱质性，农村相对于城镇长期以来的边缘化、农民群体积贫积弱的弱势地位，决定了现阶段如果只能单靠市场的力量来实现农业农村现代化和农民就业现代化，是根本不可能实现的妄想。从实践来看，发达国家一个共同的经验，就是都在工业化达到一定水平后，政府对农业实施了反哺政策，才使农业迅速发展起来，从而实现农业现代化。[①] 马克思主义者应有的态度和主张也非常明确：要坚决地站在农民方面，决不能违反他们的意志、强行干预他们的财产关系，而是慷慨地对待农民。另外，进入本世纪以来，我国总体上就已经到了以工促农、以城带乡的发展阶段，早已具备推动农业农村优先发展的能力与条件。因而，我们应充分发挥中国共产党领导的最大制度优势，充分发挥党总揽全局、协调各方作用，立足新发展阶段实际，加大投入，健全与完善支持、扶持与保护政策制度体系，有力促进农业农村现代化和农民、特别是留在农业领域的农民就业现代化。

① 李贵春、李虎、宋彦峰：《农业产业化标准化现代化知识读本》，西南师范大学出版社、人民出版社 2009 年版，第 267 页。

第四章　我国统筹城乡就业的路径转换与机制创新及历史经验

本章将进一步总结马克思城乡就业一体化理论分析框架。并在三次发展模式转换的理论背景下，站在从传统社会主义模式和中国特色的自主型发展模式转换而形成的现代化的断裂点上，在马克思统筹城乡就业的理论分析框架下，考察改革开放以来我国城乡就业一体化路径转换与发展的历史过程，进而着眼于科学应对未来的挑战、创新统筹城乡就业机制、实现城乡就业一体化与全面建成社会主义现代化强国的伟大目标，总结我国统筹城乡就业的历史经验，弄明白过去我们为什么能够成功、在新的征程中怎样才能确保继续成功。

一、统筹城乡就业的马克思主义理论分析框架

与现代西方乡—城劳动力流动模式不同，马克思和恩格斯不是把城乡就业一体化看作是伴随工业化、城市化、市场化才发生的某个特定社会发展阶段的现象，而是把它看作是整个人类社会的辨证发展过程。在他们看来，这个辨证发展过程包括城乡就业浑然一体、城乡就业分离与对立、城乡就业最终在新的更高的基础上实现一体化三个阶段；其间的资本主义阶段和人类社会发展的高级阶段，分别发生了时间上前后衔接、内容上各有侧重的雇佣劳动就业方式城乡一体化和就业内容城乡一体化。就业内容的城乡一体化，

指的是在彻底消除旧的分工基础上，实现全体劳动者自主与社会范围内的生产资料直接结合，农业和工业在对立发展的基础上结合起来，城市和乡村相互融合，社会全体成员都得到自由全面发展。当然，就业内容城乡一体化的实现取决于许多物质条件，是人类社会发展到高级阶段的必然结果。

基于他们的上述思想内容，城乡就业一体化的辨证发展过程可以用下图进行概括性说明：

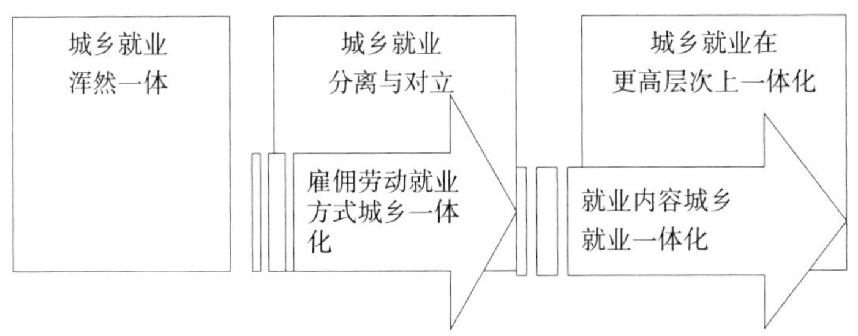

图 4–1　城乡就业一体化的辨证发展过程

在马克思和恩格斯看来，社会生产方式变革从根本上和总体上决定着社会经济结构变革的方向和进程。因此，他们不仅以生产方式的变革（分工的演进）为基础，揭示出整个城乡就业一体化辨证发展过程，而且从理论上提炼出现代雇佣劳动就业方式城乡一体化的机制原理（见图 4–2）。

在马克思和恩格斯看来，现代雇佣劳动就业方式城乡一体化是伴随资本主义生产方式替代前资本主义的小生产方式并最终占据绝对统治地位发生的规律性现象。而为资本主义生产方式确立起物质技术基础的产业革命，绝非是一个加减的量化过程，而是一个真正的质变过程，是一场影响极其深远的、根本性的经济社会变革，开创了人类历史新纪元。基于马克思生产方式内部结构视角，前资本主义的小生产方式被资本主义生产方式替代的历史过程，可以被分解为以下三个方面：

（1）劳动方式，是指劳动过程的技术条件和生产组织形式。产业革命首先是生产技术的革命。不断涌现的科学技术发明、19 世纪 40 年代业已发展起来的机器制造业提供的技术装备、机械化生产方式在绝大多数工业行业的普及，使工业部门的劳动生产率较前资本主义的小生产有了空前的提高。

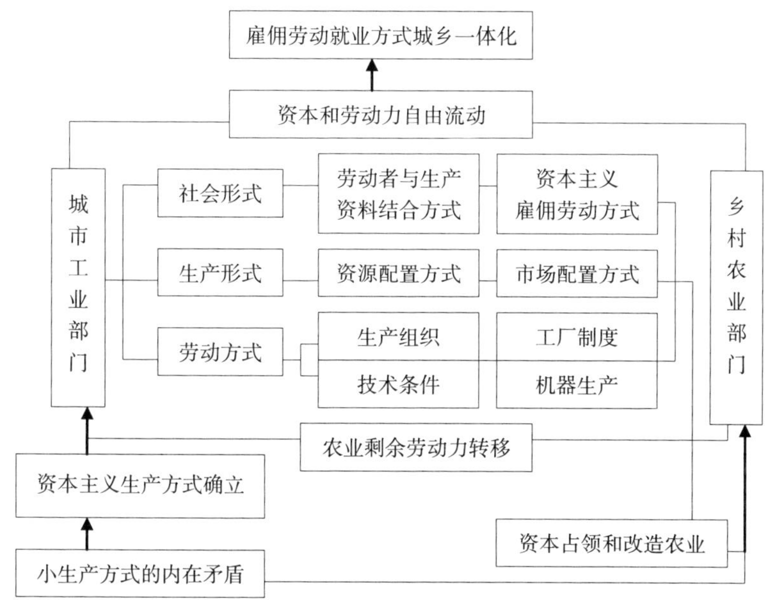

图 4–2　现代雇佣劳动就业方式城乡一体化的机制

从 1770 年到 1840 年，英国工人的人均劳动生产率提高了 40 倍。[①] 劳动过程的技术条件所发生的革命性变化，必然引起生产组织形式发生相应的变革，催生出工厂制度——这一现代生产组织形式。同工场手工业相比，工厂的特点非常鲜明：前者是工人利用工具，后者是工人服侍机器；前者是劳动资料的运动从工人出发，后者是工人跟随劳动资料运动；前者是工人作为独立存在的、活的个体存在，后者则是工人被当作附属物、沦落为机器体系的一个部分。正如马克思所说，“就像用针发枪装备的军队在对付弓箭手的军队一定取得成功一样”[②]，借助于机器生产所带来的异常高的利润，工厂摧枯拉朽般地取代了简单协作、以分工协作为基础的手工工场，从而跳跃式地发展成为占绝对统治地位的生产组织形式。

（2）生产形式，即劳动的交换形式与资源配置方式。一定范围的商品生产和商品流通是资本主义生产方式的起点。资本主义生产方式和前资本主

① 谭崇台：《发达国家发展初期与当今发展中国家经济发展比较研究》，武汉大学出版社 2008 年版，第 44 页。

② ［德］马克思：《资本论》第 1 卷，人民出版社 2004 年版，第 518 页。

义小生产方式的区别不在于生产还是不生产商品，而在于商品经济从根本上取代了自然经济，成为占统治地位的社会经济形式。只有在资本主义生产的基础上，商品才成为财富的一般形式，商品生产才成为生产的普遍形式，一切生产才转化为资本主义的商品生产。资本主义生产的目的，不是为了满足生产者及其家庭或本单位自身的需要，而是为了交换并赚取利润，而且是不低于其他行业平均利润的利润。与此相适应，资源配置方式从自然配置方式过渡到市场配置方式。在资本主义生产中，交换价值支配着整个社会的全部生产，用最小限度的预付资本生产最大限度的剩余价值成为始终不变的目的。

（3）社会形式，也就是劳动者与生产资料实现结合的方式。作为劳动的资本主义社会形式，雇佣劳动的本质规定完全是由资本的本质所规定。资本和雇佣劳动是互为前提、相互制约的。资本只有同劳动相交换，才能引起雇佣劳动的产生，才能增加起来。雇佣劳动只有在它增加资本、使奴役它的那种权力加强时，才能够和资本相交换。① 作为劳动者与生产资料结合的特殊方式，现代雇佣劳动就业方式就是指工人只有将自己的劳动力卖出去才能被资本家雇佣从而实现就业，而决定工人能否被雇佣的关键因素，则是他遭受剥削的程度是否达到或超过资本增殖的需要。

作为资本主义特有的物质技术基础，机器大生产首先发端于棉纺织工业部门，然后连续无情地破坏了其他传统手工业部门，并催生出一大批新的现代工业部门，从而引起所有工业部门都受机器大生产和工厂制度的支配。以英国为例。英国工业资产阶级在通过机器大生产确立起“世界工厂”地位的同时，还通过不竭余力地推行“自由放任”政策，使市场经济体制得以成熟和定型，完成从自然资源配置方式到市场资源配置方式的过渡，使现代雇佣劳动就业方式在城市工业领域取得了统治地位。城市工业部门的大规模扩张，引起了农业过剩人口大量涌入城市。事实上，从圈地运动开始，英国就产生了被迫离开家园的失地农民，出现了农业剩余劳动力转移问题。尽管当

① 《马克思恩格斯全集》第 6 卷，人民出版社 1961 年版，第 490 页。

时的英国政府采取了一系列措施推动农业剩余劳动力转移，但由于英国还没有发展到机器大工业阶段，城市工业部门还不能创造出对农业剩余劳动力的大量需求。因而，大规模向海外殖民地移民成为英国政府缓解失地农民压力、扩大农业剩余劳动力转移规模的主要举措。当时的移民大多数是罪犯、娼妓、穷光蛋和破产者，属于国内多余而有害的人。譬如，1630—1680年，英国向北美的切萨皮克地区移民75000人；1680—1699年，又移民3000人。[①] 产业革命的发生才使英国开始了真正现代意义上的农业剩余劳动力转移。而且，产业革命发展到中后期，转移的规模大增、速度也大为加快，农村人口大量涌入城市。以英格兰和威尔士为例。1750年，英格兰和威尔士的城市人口占总人口的比重为25%；1801年提高到33.8%，1851年又提高到50.2%。[②] 然而，资本主义生产方式并没有就此停止侵入其他产业部门的步伐，机器还为资本占领和改造农业提供了锐利的武器，大规模地使用机器甚至成为唯一可行的农业生产方式。

资本对农业的占领和改造使传统农民发生了分化：一方面，大批传统农民由乡村农业领域被排挤到城镇非农领域，发生了地域分化和职业分化，留在农业中的农民也因农业部门内部分工的细化和物质技术基础的变化而发生技术分化；另一方面，农民中的上层转化为资本家阶层和企业家阶层，而绝大多数传统农民最终被暴力剥夺了土地，并在古怪和恐怖的法律与酷刑下被迫转化为城乡各行业的雇佣工人。正如马克思所说，“毫无疑问，典型形式的雇佣劳动，即作为扩展到整个社会范围并取代土地成为社会立足基地的雇佣劳动，起初是由现代土地所有权创造出来的，就是说，是由作为资本本身创造出来的价值而存在的土地所有权创造出来的。因此，土地所有权反过来导致雇佣劳动。从一方面来看，这不外是雇佣劳动从城市转到农村，即雇佣劳动扩展到社会的整个范围”。[③] 也就是说，只有将雇佣劳动的范围扩展到将农业生产劳动也包括在内时，资本主义生产的性质才能充分表现出来。从

---

① 李世安：《英国农村剩余劳动力转移问题的历史考察》，《世界历史》2005年第2期。

② 王章辉、黄柯可：《欧美农村劳动力的转移与城市化》，社会科学文献出版社1999年版。

③ 《马克思恩格斯全集》第46卷，人民出版社1979年版，第234页。

此，资本主义生产方式及其基础上的现代雇佣劳动就业方式覆盖了包括乡村农业在内的各个领域。不过，作为现代雇佣劳动就业方式城乡一体化的重要标志，各个行业工人的工资水平接近一致、社会保障不存在城乡差别，则是在市场经济体制发展到定型与成熟阶段、工业化和城市化发展到中期阶段以后才得以出现的。因为，只有市场经济体制发展到定型与成熟阶段，利润率平均化规律才能充分发挥调节作用，资本和劳动力才得以在城乡各个产业部门自由流动。在此前提下，城市非农业产业因工业化和城市化发展到较高水平而导致利润水平逐步降低，资本将在利润率平均化规律作用下由城市非农产业向乡村农业流动，进而通过农业资本化大幅度提高农业生产效率，最终形成城乡各个产业部门的利润水平和工资水平接近一致的趋势。当然，这一趋势的形成却并不完全是市场机制作用的结果。发达资本主义国家的经验表明，政府也发挥了不可替代的重要作用。譬如，法国、美国、日本和韩国等国先后通过制定农业大法和相关法律法规为加大农业投入、对农业实行优惠和补贴政策提供法律保障；美国、日本、韩国等国的政府支持本国农民建立农业协会、农协或综合农协，为反哺农业提供组织保障；世界主要发达国家普遍推动建设有完善的农业科研教育、农业科技培训和技术推广体系，等等。不可否认的是，这一趋势的形成需要经过一个比较漫长的努力过程。即便是当今因经济和人文发展指数稳居世界各国前列而备受关注的挪威，也只是到了 20 世纪末才实现了城乡居民的收入和社会福利水平基本一致。

从摆脱现代西方乡—城劳动力流动理论范式的窠臼、探索有中国特色的城乡就业一体化道路的角度看，马克思雇佣劳动就业方式城乡一体化机制原理提供的以下几个主要观点值得重视。

第一，现代劳动就业方式城乡一体化，必须以生产方式城乡一体化和劳动力市场城乡一体化为基础。因为，现代劳动就业方式城乡一体化终究是生产力发展和生产方式现代化转型的结果。如果城乡各个产业部门的现代化水平整体低下或各个产业部门之间的现代化水平相差悬殊，现代劳动就业方式城乡一体化就不可能有坚实的产业基础。再者，劳动力市场城乡一体化，是劳动力跨城乡、产业和行业自由流动的制度基础。没有市场经济体制发展到定型与成熟及劳动力市场城乡一体化，资本和劳动力就不能通过利润率平均化机制实现自由转移，城乡各个产业部门的利润、工资和福利水平接近一致的格局也就无法形成。

第二，只有深入推进农业现代化，才能为农业剩余劳动力的持续转移提供必要条件和充足的推动力。按照马克思的观点，在资本主义农业现代化过程中，农业的资本化经营是持续推进农业市场化、机械化、规模化和提高劳动生产率的基本途径。农业现代化的范围不断扩大、程度不断加深和持续向纵深推进，贯穿于生产方式现代化转型和雇佣劳动就业方式城乡一体化的始终。唯有如此，农业剩余劳动力转移才能够获得持续不断的推动力。不仅如此，马克思和恩格斯还通过批判以英国为代表的欧美发达国家现代劳动就业方式城乡一体化的历史过程，提出工业化基础上的城市化和商业化基础上的农业现代化，犹如驱动现代生产方式—就业机会创造和城乡分布合理化的“双轮”或“两翼”，两者缺一不可。这一思想对于我国打破长期存在的城乡就业僵局不无指导意义。我国乡村农业劳动力所占比重接近20%的结构性过剩和城市严重的“民工荒”长期并存，城乡就业僵局久打难破，根子就在于我国农业现代化长期滞后。因此，打破当前我国城乡就业僵局，必须尽快扭转农业现代化滞缓局面，从而将农业剩余劳动力不断释放和转移出来。

第三，城乡就业一体化并非完全是市场自发形成的产物，国家应积极创造条件。与意大利经济史学家卡洛·M.奇拉波颇具迷惑性的“最早的工业革命几乎完全是自由市场的产物”[①]论断相反，英国在资本主义发展早期所奉行的是重商主义政策，国家有明确意识地在经济社会发展中发挥着至关重要的作用。对此，马克思有着深刻而独到的分析与判断。他强调，在资本主义生产方式的产生和发展过程中，政府是作为“历史上解体过程的条件而出现的，是作为资本存在条件的创造者而出现的”。[②]政府在现代雇佣劳动就业方式城乡一体化过程中，同样为资本主义雇佣劳动就业方式主导地位的

---

① 卡洛·M.奇拉波：《欧洲经济史》第三卷，商务印书馆1988年版，第305页。

② 《马克思恩格斯全集》第46卷，人民出版社1979年版，第510页。

确立积极创造条件，发挥了不可替代的重要作用。无论是确立现代土地私有权、推动土地自由流通与集中、促进传统农民分化以及农民、农奴、徭役农民、世袭承租者、茅舍贫农等转化为短工和雇佣劳动者，还是将行会手工业者从隶属地位和行会束缚下解放出来、转化为现代雇佣工人、建立覆盖全国、城乡一体的社会保障制度，政府都通过运用国家权力大大促进了这些进程。

第四，推进城乡就业一体化要注重保障劳动者权益，更要创新统筹城乡就业机制。在马克思看来，城乡就业一体化即现代劳动就业方式城乡一体化，并非仅有欧美资本主义发达国家早期形成的现代雇佣劳动就业方式城乡一体化这一种形式，英国、法国、德国、美国等国形成的现代雇佣劳动就业方式城乡一体化的具体实现形式就有很大的不同，可以说是多种多样的。无论各自的具体实现形式是如何的不同，但由于这些国家的现代雇佣劳动就业方式城乡一体化普遍是在资本的主导下野蛮推进的，给遭到剥夺的独立生产者带来了无限的血泪与痛苦，而且由此形成的雇佣劳动所遭受到剥削程度、所引起的经济社会后果，也要远远超过前资本主义的奴隶劳动、农奴劳动等劳动就业形式。因此，马克思和恩格斯告诫，在推进生产方式现代化转型过程中，马克思主义者一定要站在农民一边，注重保障劳动者权益。同时，他们也深刻地认识到，雇佣劳动中的异化劳动必然导致“人和自然界之间、人和人之间的矛盾”尖锐化甚至走向极端，雇佣劳动制度只具有历史暂时性。因而，无论是在他们对资本与雇佣劳动的批判中，还是在他们对未来理想社会自主联合劳动的设想中，都蕴含着他们对城乡就业一体化新的理想的实现形式的思考，即积极扬弃和超越雇佣劳动的“自主联合劳动”城乡就业一体化。需要强调的是，早在1949年新中国成立之初，在中国共产党的领导下，我国就仿效苏联式的社会主义现代化模式和同西方式的资本主义现代化模式脱钩，试图走出积极扬弃和超越雇佣劳动的“自主联合劳动”的城乡就业一体化的新路。从20世纪50年代中后期到到90年代初的几十年间，我国形成、发展出一套由统一的劳动力招收和调配制度、统一的工资分配制度、统一的社会保险和社会福利制度、统一的户籍管理和人民公社制度为主要制度支撑的、传统计划经济体制下的社会主义劳动就业制度。① 尽管我国自 1993 年开始从制度上明确将就业同建立劳动力市场联系起来，转向市场就业现代化，提出建立同社会主义市场经济体制相适应的新型劳动体制，② 但探索符合市场经济要求的社会主义性质的现代劳动就业方式无疑仍然是建立与完善社会主义市场经济体制的重要内容。因此，立足当前我国实际，从实践中探索积极扬弃和超越雇佣劳动的现代劳动就业方式，理应成为创新统筹城乡就业机制的重要努力方向。

二、我国城乡就业一体化的现代化模式转换

在主流观点看来，城乡就业一体化，是建立在理性选择基础之上的劳动力自由流动机制，目的在于构建全国一体化的劳动力市场，城乡劳动者在劳动争议上具有平等的机会和权利则是其本质要求。③ 从提出的问题导向来看，它所要破除的是传统计划经济体制下劳动力从制度上被分割为城市劳动力和农村劳动力、本地劳动力和外地劳动力，并实行不同的就业政策和社会保障政策的制度安排。④ 然而，问题的逻辑却远不是如此简单。从大的历史背景来看，城乡就业一体化的提出，就是我国城乡就业理论与实践从传统社会主义计划经济向社会主义市场经济的大转向，背后的逻辑则是我国现代化模式的大转换。被誉为“中国现代化理论之父”的罗荣渠先生认为，中国的

---

① 杨宜勇：《中国转轨时期的就业问题》，中国劳动社会保障出版社 2002 年版，第 9—11 页。

② 1993 年 11 月，党的十四届三中全会通过的《中共中央关于建立社会主义市场经济体制若干问题的决定》第一次在党的文件中使用了“劳动力市场”概念（此前使用的概念是“劳务市场”），明确提出“改革劳动制度，逐步形成劳动力市场”思路。同年 12 月，《劳动部关于建立社会主义市场经济体制时期劳动体制改革总体设想》，提出建立同社会主义市场经济体制相适应的新型劳动体制，其内容包括“市场机制在劳动力资源开发利用和配置中起基础性作用，通过市场实现充分就业和劳动力合理流动”“劳动关系的建立以劳动合同为基本方式，通过劳动关系双方的自我调节和政府的适当干预，保持劳动关系的协调和相对稳定”和“工资由市场机制决定，企业自主分配，政府实行监督和调控”等。

③ 杨宜勇：《劳动就业体制改革攻坚》，中国水利水电出版社 2005 年版，第 43 页。

④ 张建武：《城乡统筹就业问题研究》，《中国农村经济》2001 年第 8 期。

现代化启动于19世纪60年代的洋务运动，历程之漫长而崎岖是举世罕见的，属于独特多变的发展类型，迄今经历了从西方式资本主义模式到传统社会主义模式、再到中国特色的自主型发展模式三次大的发展模式转换，出现了三次现代化的局部断裂。[①] 毋庸置疑，西方式资本主义模式、传统社会主义模式和中国特色的自主型发展模式，各自对于现代化进程中的城乡就业一体化，有着不同的理论逻辑和制度安排。三次现代化的局部断裂，使得我们无法沿着某一特定现代化理论模式，揭示出自19世纪60年代启动现代化以来中国现代化历程中的城乡就业一体化的经验规律。我们只能退而求其次，在三次大的发展模式转换的理论背景下，站在因第三次发展模式转换即从传统社会主义模式和中国特色的自主型发展模式转换而形成的现代化的断裂点上，坚持运用马克思城乡就业一体化理论逻辑，努力揭示出打破传统社会主义城乡就业体制、建立符合社会主义市场经济要求的城乡就业体制的制度创新、推进城乡就业一体化的历史逻辑与发展趋势。

我国传统的社会主义城乡就业体制是传统计划经济体制重要的有机组成部分。传统计划经济体制的形成，既是对马克思主义社会主义经济理论特别是传统社会主义经济理论的运用，也是新中国借鉴苏联经验、实行重工业优先发展战略的必然选择，更是“以苏联为鉴戒”、对我国高度集中的经济运行机制调整与完善的结果。之所以新中国没有沿袭西方式资本主义现代化模式，而是借鉴苏联经验、选择传统计划经济体制或传统社会主义现代化模式，是因为：首先，中国不能走西方式资本主义现代化道路，根本原因在于旧中国资本主义经济先天不足与后天软弱。[②]

其次，新中国成立后走向社会主义，是由旧中国殖民地、半殖民地、半封建的社会性质，中国革命分为民主主义和社会主义两个步骤，即第一阶段因第一次世界大战和俄国十月革命胜利而成为无产阶级社会主义的世界革

① 罗荣渠：《现代化新论——中国的现代化之路》，华东师范大学出版社2013年版，第375—394页。

② 罗荣渠：《现代化新论——中国的现代化之路》，华东师范大学出版社2013年版，第391页。

命的一部分和第二阶段建立社会主义社会这样的历史特点决定的，[①] 具有客观的历史必然性。同时，这也是以毛泽东为代表的中国共产党第一代领导人早在民主革命时期就确定下来的既定方针。

再次，实行重工业优先发展战略，既是当时广大发展中国家走向现代化的普遍选择，也是我国对苏联成功经验的有益借鉴，是一种实事求是的做法。从当时人们的认识水平来看，现代化以工业化为核心内容，现代化很大程度上指的就是工业化。而且，在苏联最高领导人斯大林看来，由于同重工业相比，轻工业投资少、资本周转快、获得利润较为容易，因而，资本主义国家的工业化通常都是从轻工业开始，经过一个数十年之久的长期积累过程，才轮到发展重工业。然而，共产党却决不能走资本主义“通常”的发展道路，因为“党知道战争日益逼近，没有重工业就无法保卫国家，所以必须赶快着手发展重工业，如果这件事做迟了，那就要失败”[②]。事实上，苏联在斯大林的领导下，重点发展重工业、推行重工业优先发展的社会主义工业化也的确取得了巨大的成功。从 1928 年到 1940 年的短短 12 年间，苏联的重工业增长了 9 倍，整个工业增长了 35.5 倍，工业产值占工农业产值的比重迅速提高到 70% 以上，[③] 完成了资本主义国家通常需要近百年时间才能完成的工业化，跃居为世界上仅次于美国的第二大工业强国。苏联实施重工业优先发展战略获得的巨大成功，同当时陷入大萧条中的西方资本主义经济形成了鲜明的对比，对广大发展中国家产生了强烈的示范效应和巨大的吸引力。第二次世界大战后，亚洲、非洲、拉丁美洲的许多新独立的国家，都纷纷效仿，普遍选择了推行重工业优先发展战略。再加上，新中国成立伊始，在抗美援朝战争中，中国同美国在重工业、军工生产能力和武器装备等方面的悬殊差距，也使中国国家领导人受到极大震动，充分认识到发展国防工业、重工业的重要性，行动上自然选择依据苏联经验积极推行重工业优先发展战略。

---

① 参见《毛泽东选集》第二卷，人民出版社 1991 年版，第 666—672 页。

② 《斯大林选集》下卷，人民出版社 1979 年版，第 496 页。

③ 金挥等：《苏联经济概论》，中国财政经济出版社 1985 年版，第 128 页。

最后，包括传统社会主义城乡就业体制在内、高度集中的计划经济体制，是同重工业优先发展战略相适应的，也确实为完成社会主义资本积累任务提供了强有力的保障。尽管“社会主义社会的计划生产”[①] 是马克思主义经典作家对未来社会的科学构想中提出的一项重要原则，为社会主义计划经济体制建立提供了重要的理论依据，但是，“马克思主义者必须考虑生动的实际生活，必须考虑现实的确切事实，而不应当抱住昨天的理论不放，因为这种理论和任何理论一样，至多只能指出基本的、一般的东西，只能大体上概括实际生活中的复杂情况”[②]。对于经济文化落后的社会主义国家来说，不走资本主义“通常”的工业化道路，没有轻工业积累的利润，重工业优先发展所必需的、类似于资本主义原始积累的“社会主义原始积累”从哪里来？斯大林在逐一分析了历史上的三种典型的资本主义工业化方法的基础上，提出了“第四条工业化道路”思想。他认为，英国的工业化是靠将从殖民地掠夺来的资本投入本国的工业来实现的；德国的工业化是靠将从战败国法国索取的巨额战争赔款投入到本国工业来实现的；旧的俄国是通过在受奴役的条件下竭力出让经营权获得借款，才逐步爬上工业化的道路的。[③] 历史上曾经有过的这些工业化方法和资本积累来源，是同社会主义国家的政权性质不相容的，是行不通的。社会主义国家要走靠本国节约来发展工业的道路，即社会主义道路。[④] 然而，由于重工业具有一次性投入非常大、建设周期相当长、关键技术与设备必须从国外进口三大特性，显然同作为落后的农业国所具有的剩余少、可供出口的产品少从而外汇少、资金分散难以集中这三大特性之间存在着难以破解的矛盾。[⑤] 通过市场交换的办法或在市场经济条件下将本国节约迅速转化为社会主义积累是根本做不到的，只能依靠国家政权的力量、使用强制的办法来集中国内资源。因而，斯大林将占统治地位的国家所

① 《马克思恩格斯文集》第3卷，人民出版社2009年版，第558页。

② 《列宁专题文集》（论马克思主义），人民出版社2009年版，第169页。

③ 参见《斯大林选集》上卷，人民出版社1979年版，第464页。

④ 《斯大林选集》上卷，人民出版社1979年版，第464页。

⑤ 林毅夫：《中国经济专题》，北京大学出版社2008年版，第75—76页。

有制和由国家机关组织实施的计划经济看作是社会主义经济的基本特征，积极推行计划经济，确立起高度集中的传统社会主义计划经济体制。

对于中国来说，诚如毛泽东早在新中国成立前夕就已指出的，“我们在国际上是属于以苏联为首的反帝国主义战线一方面的，真正的友谊的援助只能向这一方面去找”。苏联共产党“不但会革命，也会建设。他们已经建立起来了一个伟大的光辉灿烂的社会主义国家。苏联共产党就是我们的最好的先生，我们必须向他们学习”①。因而，从1953年起，我国正式提出和实施过渡时期的总路线，按照优先发展重工业的指导方针，以苏联援助的156个项目为重点，开始实施第一个五年计划，建立起计划经济体制，并通过此后对照搬的苏联做法和计划工作方法上导致的失误的反思进一步完善了这一体制。实践证明，计划经济体制在新中国前三十年，的确较好地发挥了能够集中力量大力推进办大事、能够统筹规划国民经济、能够统筹全社会人力资源配置、严格调控基本生活必需品的配置四个方面的优势。而且，由于劳动人民在历史上第一次摆脱奴役成为社会主人，个人利益、单位利益、国家利益高度一致；再加上，由于当时的生产结构异常简单、任务非常明确、导向特别直接，消费者需求非常低级单一，生产和消费之间和各自内部机构之间的信息不对称问题尚不很突出，能够较好地回避制约该体制优势发挥的两个缺陷即激励问题和信息问题。因而，正如权威统计部门的大量数据所表明的，新中国当时的确取得了一系列重大突破和伟大建设成就，创造了人类发展史上亘古未有的奇迹。② 特别是在将本国剩余转化为积累、实现重工业优先发展、提高工业化水平等方面，传统计划经济体制非常有效率，显示出了强大的体制优势：我国在“一五”“二五”“三五”“四五”时期，资本积累率分别达到24.2%、30.8%、26.3%、33.27%，远高于发展经济学先驱、经济史学家罗斯托提出的一国要实现经济起飞须具备的10%以上的资本积累率的必要条件；重工业投资的比例分别达到36.2%、54.0%、51.1%、49.6%，占

① 《毛泽东选集》第四卷，人民出版社1979年版，第1475—1481页。

② 于鸿君：《两种体制、两个奇迹与“两个时期互不否定”》，《北京大学学报》（哲学社会科学版）2021年第1期。

整个国民经济投资的比重接近 50%；工业特别是重工业发展很快，工业部门占国民收入的比重 1978 年时已提高到 49.4%，至少从产业结构来看，已达到相当于高发达国家水平，[①] 我国从旧中国遗留下的传统经济转向传统农业与现代工业并存的二元经济。然而，随着经济社会发展进入工业化的中后期，全面满足和提高人民群众的物资文化需要成为经济社会发展的中心任务，信息不充分不完善问题凸显，主人翁激励机制边际效果衰减，计划经济体制的弱点逐步显现。[②] 邓小平在分析当时我国经济比较严重的困难状况后强调，“为了有效地实现四个现代化，必须认真解决各种经济体制问题”，[③] 并创造性正式提出“也要适合中国情况，走出一条中国式的现代化道路”。[④] 我国现代化模式再度面临从传统社会主义模式向中国特色的自主型发展模式的转换。

单从我国传统社会主义城乡就业体制来看，它的形成是从新中国第一个五年计划实施开始的。随着“一五”计划的实施和“大跃进”运动的发动，对劳动力的巨大需求在短时间内迅速提了出来，急需从农村招收来大批劳动力，甚至一时出现劳动力短缺。随后，由此造成国民经济比例严重失调、自然资源与生态环境的严重破坏、人民生活出现严重困难，政府又对国民经济进行大幅度调整，导致农业劳动力和人口转移规模出现大起大落，[⑤] 甚至导致国家一度强制部分劳动力由城镇向农村回流。从此，城镇就业困难和农业劳动力转移之间的矛盾在一个相当长的时期内都非常突出，至今仍严重困扰着我国现代化进程。客观地说，除了人口增长迅猛、耕地自 1957 年

---

① 林毅夫：《中国经济专题》，北京大学出版社 2008 年版，第 99—104 页。

② 于鸿君：《两种体制、两个奇迹与“两个时期互不否定”》，《北京大学学报》（哲学社会科学版）2021 年第 1 期。

③ 《邓小平文选》第二卷，人民出版社 1994 年版，第 161 页。

④ 《邓小平文选》第二卷，人民出版社 1994 年版，第 163 页。

⑤ 由于“大跃进”运动迅猛发展，我国经济出现过热现象，1958 年增速高达 21.3%，该年年末全民所有制单位职工人数较上年末增长了 84.95%，多达 4532.3 万人。然而，从 1959 年开始，经济出现了严重衰退，全民所有制单位大幅度精简职工，1961 年和 1962 年分别精简了 837 万人和 862 万人。（参见杨宜勇：《中国转轨时期的就业问题》，中国劳动社会保障出版社 2005 年版，第 2—8 页）

达到高峰后即开始猛降、为实现“赶超”战略目标而实施优先发展重工业（资本有机构成高及创造就业机会有限）等因素外，传统的城乡二元就业制度阻断了工业化、市场化与城市化之间的有机联系，则是导致这一就业困局的根本原因。

具体说来，我国传统社会主义城乡就业体制由三大具体制度安排构成：(1)“统包统配”的城市就业制度。国家对城市居民就业采取“包”下来的办法，由政府统一计划、统一招收和统一调配，保证劳动适龄人口“全面”就业，国家企事业单位对职工采取就业、福利和保障三位一体的“固定工”制度。各单位没有自行招工的权利，也没有辞退职工的权利，还要承担负责退休职工生活的义务。城镇居民享有终身就业权利和平等就业权利，但缺乏自主择业和就业的权利。(2) 农村集体就业制度。“一大二公”“政社合一”的人民公社制度及其实行的集体所有、集体统一经营的土地制度，从根本上决定了农村劳动力就业具有与集体经济组织的生产资料直接结合的性质，即集体经济组织统一安排所属劳动适龄人口参加集体生产活动，并对其实行统一的、水平远较城市居民低得多的收入分配和集体保障制度。(3) 严格限制农民流动进城就业的制度。一是由集体经济组织按照国家指令严格限制农村劳动力向城市或其他地区流动，从农村内部严格控制农村劳动力进城就业的人民公社制度；二是以户籍制度为核心、包括城乡二元的社会管理体制、福利制度和公共服务投入制度等一揽子制度安排，堵死农村劳动力自由流动和迁入城市的渠道；三是对城市企业、事业单位从社会上招收和调配新职工进行严格限制和计划控制，特别是严格限制从农村招工，要求一律不得搞计划外用工。

应该说，我国传统社会主义城乡就业体制，从理论上讲，属于传统社会主义劳动制度范畴。它的建立体现的是从西方式资本主义模式到社会主义模式的发展模式转换的逻辑，是由无产阶级政党按照革命理论所组织和领导的一场广泛而深刻的社会革命的结果，也是对旧中国半封建、半殖民地社会性质的雇佣劳动就业制度的根本否定。基于马克思生产方式内部结构视角，传统社会主义城乡就业体制，在劳动方式方面，工业从几乎是空白转向一大批新兴行业迅速成长并形成独立的比较完整的现代工业体系、大多数工业行业具备自主研发能力和较为完善的技术应用体系，农业从传统的精耕细作和以一家一户为单位的、分散的个体生产转为农业机械化水平有很大提高与现代要素投入对总产出的贡献份额超过七成、[①] 农民组织起来构成以生产队为基础、三级所有的集体经济组织；在社会形式方面，通过计划和行政手段配置劳动力资源，保障我国在旧中国"一穷二白"的基础上实现重工业优先发展，建立独立的、比较完整的工业体系和国民经济体系过程中发挥了不容低估的巨大作用；在生产形式方面，消灭了旧中国半封建、半殖民地社会性质的、具有残酷剥削性质的雇佣劳动就业和分散落后的个体劳动就业，建立起"统包统配"的城市就业制度和农村集体就业制度，在形式上消灭了失业、实现了全体劳动者全面就业、确立了劳动者的主人翁地位，极大地鼓舞了劳动人民群众忘我地为实现社会主义工业化而奋斗的劳动热情，在当时的条件下展现出巨大的历史进步作用。

另一方面，传统社会主义城乡就业体制客观存在的缺陷和弊端也日益暴露出来，导致有效率的劳动力需求严重萎缩，劳动力就业的所有制分布结构、产业分布结构和城乡分布结构均严重扭曲，劳动力资源配置严重浪费和低效率，城乡、城镇内部国营单位和非国营单位、同一国营单位内部"干部"与"工人"身份的劳动者之间客观上存在社会地位的等级化。马克思和恩格斯所揭示的工业化、市场化与城市化的有机联系与良性互动机制难以形成，也严重偏离了他们所强调的推进城乡就业一体化必须尊重劳动者的意志、保障劳动者权益的价值取向。长期存在的严重隐性失业、人民生活穷困和城乡居民福利与权利的不平等，最终酿成了 20 世纪 70 年代末的严重经济社会危机，迫使必须对传统社会主义城乡就业体制或传统城乡二元就业制度进行改革与转轨，从传统社会主义模式向中国特色的自主型发展模式的路径转换。而中国特色的自主型发展模式，就是从封闭式的现代化路线向开放式

① 参见上海财经大学课题组：《中国经济发展史（1949—2005)》，上海财经大学出版社 2007 年版，第 211—212 页。

的现代化路线的重大转变，主要是从计划经济转向市场经济，从进口替代转为出口导向，从单一经济成分转为多种经济成分。[①] 下面，我们就来考察从传统社会主义模式向中国特色的自主型发展模式转换以来的城乡就业一体化的路径转换与机制创新及历史经验。

三、改革开放以来我国城乡就业一体化的路径转换与机制创新

（一）1978—1990 年：传统城乡二元就业制度的初步改革

20 世纪 70 年代末，我国颇为尖锐的城乡就业矛盾表现为两大严重的经济社会危机。第一次大的经济社会危机，是农村劳动力大量隐性过剩和人民生活困苦。原中共中央农村政策研究室主任兼原国务院农村发展研究中心主任杜润生估计，当时大约有 1/3 的农村劳动力处于潜在剩余状态。[②]1978 年，全国大约有 2.5 亿人口还没有解决温饱问题。全国各地农村零星出现了私下包产到户、包干到户的做法。农村的严峻形势特别是粮食的严重短缺，迫使一些地方政府不得不默许这些违背传统意识形态、突破传统农村集体经营制度的做法。结果是，采取这些做法的许多生产队和农户实现了“一季翻身”“一年翻身”，成效非常明显，极大缓解了其粮食严重短缺状况，因而吸引了越来越多的地方仿效，也促使中央自 1980 年秋季起开始在全国普遍推行这些后来被概括为家庭联产承包责任制的做法。1983 年 10 月，全国根据中共中央、国务院的通知，开始废除人民公社和实行政社分开与建立乡政府。由此，传统社会主义的农村生产方式和集体就业制度遭到严重冲击：

其一，以家庭承包经营为基础、统分结合的双层经营体制的普遍推

① 参见罗荣渠：《现代化新论——中国的现代化之路》，华东师范大学出版社 2013 年版，第 385 页。

② 杜润生：《杜润生自述：中国农村体制变革重大决策纪实》，人民出版社 2005 年版，第 133 页。

行，[①] 导致农村生产组织形式发生重大变化，由农民家庭取代传统集体经济组织，成为独立的生产经营单位和生活单位，独立地根据家庭经营目标最大化来配置本家庭劳动力资源，使低效率劳动力资源配置格局被打破，原本因传统集体经济组织经营而被掩盖起来的大量隐性农村剩余劳动力显性化。其二，人民公社政社合一体制被废除，[②] 使广大农村劳动力摆脱了严格限制和束缚，一定程度上获得了自由支配劳动力的自主权，使原来农村劳动力只能与所归属的集体经济组织的生产资料直接结合、全面就业的格局被打破，农村家庭必然要为其剩余劳动力寻找新的就业出路，推动着劳动力商品化和劳动就业方式市场化转型。其三，农业的劳动生产率和土地生产率因改革而获得很大提高，全国粮食总产量大幅度增长，农业剩余劳动力向非农产业和城镇转移就业由此得以摆脱了长期存在的口粮限制。[③] 因此，为农业剩余劳动力寻找出路既是非常必要与迫切的，也越来越具有现实可能性。但问题在于，农村长期隐性存在、短短时间内迅速显性化的可谓海量规模的剩余劳动力的就业出路究竟在哪里？这迅速成为传统农村集体就业制度被动瓦解所面临的首要重大课题。

从直觉上看，农业剩余劳动力的出路无非有三个：其一，农业内部开

---

① 1982 年中央 1 号文件《全国农村工作会议纪要》以中央的名义第一次肯定了家庭联产承包责任制，家庭联产承包责任制从此得到自上而下的迅速推广。截止到 1983 年底，全国农村已基本实行以家庭承包经营为基础、统分结合的双层经营体制。

② 1983 年 10 月 12 日，中共中央、国务院颁布《中共中央、国务院关于实行政社分开建立乡政府的通知》，将实行政社分开、建立乡人民政府确定为当时农村的首要任务，并要求大体上要在 1984 年底前完成。此后，这项工作在全国陆续展开。据新华社 1985 年 6 月 4 日的报道，全国农村人民公社政社分开，建立乡政府的工作已经全部结束。

③ 国家统计局《中国统计年鉴》提供的数据表明，家庭联产承包责任制的推广对农业生产产生了积极的影响，包括粮食在内的农产品的产量大幅度提高：从 1978 年到 1984 年，全国谷物、农作物、农业的平均增长率分别达到了 4.8%、5.9%、7.7%，较 1952 年到 1978 年期间的平均增长率至少提高了两倍。粮食连年增产导致政府的粮食储备越来越多，甚至变成了很大的负担，许多地方的农村出现了卖粮难问题。新中国成立后一直困扰我国工业化和城镇化的粮食短缺和吃饭问题（根据党的十一届四中全会通过的《中共中央关于加快农业发展若干问题的决定》，1978 年我国平均每人占有的粮食大体上仅相当于 1957 年时的水平）从此也就不是问题了。

发。主要是通过加大劳动投入，进一步提高“精耕细作”程度；由土地密集型的粮食生产更多地转向劳动力吸纳能力要强得多的经济作物生产、庭院经济、家庭副业，等等。不过，相对于严重过剩的农村劳动力的海量规模，通过农业内部开发所能吸纳的农村劳动力数量不过是杯水车薪。其二，向乡村工业或乡镇企业转移。1979 年 9 月召开的党的十一届四中全会，通过《中共中央关于加快农业发展若干问题的决定》，明确提出“社队企业要有个大发展”及相应的政策措施。社队企业即农村人民公社和生产大队办的集体所有制企业，在 1978 年至 1983 年期间获得了较快发展，总产值共增长 106%，年递增速度达 15.6%；吸收农村劳动力的数量五年间增长了 14.4%。[①] 1984 年的中央四号文件将社队企业改称为乡镇企业，并被赋予新的性质和内容，加上乡镇企业独立核算、自负盈亏、经营机制灵活而适应了新的形势，展现出强大的市场竞争力和生命力。乡镇企业异军突起。从 1985 年到 1988 年，乡镇企业年均创造的就业机会多达 1000 万个。到 1988 年，乡镇企业的从业人员的数量已增长到 9545 万人，接近全国国有企业职工的总量。[②] 在农民进城就业仍受到严格限制的条件下，乡镇企业无疑成为农业剩余劳动力就地向非农产业转移的主要途径。其三，转移到城镇就业。这需要城镇为吸纳农业剩余劳动力创造出足够的就业机会，还需要拆除传统体制下严格限制农民进城就业的制度樊篱，甚至要求意识形态和社会观念发生与其相应的变化。在 20 世纪 80 年代中期，国务院陆续下发了《关于农民进入集镇落户问题的通知》《国营企业招用工人暂行规定》等文件，开始打破传统户籍制度、口粮制度和用工制度对农民转移到城镇就业、自带口粮到城镇务工经商、落户集镇等方面的严格限制，推动着农村劳动力向城镇转移的政策发生由限制流动向允许流动转变和劳动力市场形成。

第二个大的经济社会危机，指的是城市严重就业危机的表面化与集中

---

① 萧国亮、隋福民：《中华人民共和国经济史（1949—2010）》，北京大学出版社 2011 年版，第 194 页。

② 上海财经大学课题组：《中国经济发展史（1949—2005）》，上海财经大学出版社 2007 年版，第 222 页。

暴发。到20世纪70年代末，我国“统包统配”的传统城市就业制度已精疲力竭、难以为继，多年停止招工，没有能力安置城镇新生劳动力就业，导致城镇待业人员规模累积得越来越大。1978年12月，中共中央批准了《全国知识青年上山下乡工作会议纪要》，决定调整知识青年上山下乡政策，统筹解决好知识青年的问题。于是大规模的上山下乡知识青年蜂拥返城，犹如压垮骆驼的最后一根稻草，迅速使原本就长期潜伏的严重城镇就业危机表面化与集中爆发。据程连升估算，当时全国城镇需要政府安排就业的劳动力在1500万人以上，实际待业率高达13.6%。① 当时，全国有21个省、自治区、直辖市相继发生了回城知识青年、待业青年集会、游行、请愿和围攻政府机关的事件。1979年6月召开的全国五届人大二次会议通过的政府工作报告坦承：“劳动就业问题是当前的一个突出问题”。在如此严峻的形势下，中共中央于1980年8月召开全国劳动就业工作会议，明确提出在国家统筹规划和指导下，实行劳动部门介绍就业、自愿组织起来就业和自谋职业相结合的“三结合”就业方针；中共中央、国务院于1981年10月作出《关于广开门路，搞活经济，解决城镇就业问题的若干决定》，提出“努力办好城镇集体所有制经济，大力提倡和指导待业青年组织起来，在集体经济单位就业”，“按照国民经济的需要适当发展个体所有制经济，增加自谋职业的渠道”，“逐步形成一套有利于发展国民经济和改善人民生活的劳动就业制度”；② 着重强调开辟集体所有制经济、个体所有制经济的就业渠道，推动城镇劳动力从主要通过全民所有制单位单一渠道转向通过全民所有制经济、集体所有制经济、个体所有制经济等多种渠道实现就业。从此，对“统包统配”的传统城市就业制度的改革，开始从体制外和体制内两个方面展开：

其一，从体制外将调整所有制结构的政策措施同发展轻工业和第三产业的产业结构调整结合起来，有力地促进集体经济和个体经济的发展，逐步

① 程连升：《中国反失业政策研究（1950—2000）》，社会科学文献出版社2002年版，第120页。

② 中共中央文献研究室：《三中全会以来重要文献选编》，人民出版社1982年版，第981—993页。

转变看重全民、轻视集体、鄙视个体经济的就业意识，开辟出城镇集体单位和个体经济就业新渠道，也推动着劳动力市场从无到有、孕育生成。从1980年到1985年，我国城镇集体所有制工业企业职工从2425万人增加到3324万人，个体劳动者从81万人增加到450万人。① 作为非公有制经济的个体经济，开始成为城镇待业青年就业的重要渠道，意味着从体制外开始动摇"统包统配"和保障固定工终身就业的传统城市就业制度。其二，通过扩大国有企业自主权改革、推行承包责任制和对新招收的工人实行劳动合同制，初步恢复了国有企业的用人主体地位和工人的就业主体地位，从体制内部趋于瓦解"统包统配"的传统城市就业制度。1982年，以放权让利为基本内容的国有企业改革，首当其冲地将改革矛头指向了以"铁饭碗"为典型特征的固定工制度。改革伊始，主要是将招工的具体实施权下放给企业和对新招收的工人实行劳动合同制。1986年，国务院发布《国营企业实行劳动合同制暂行规定》，将改革重点转向了搞活固定工制度，对新招收的工人实行劳动合同制。在原有职工依然保留固定工制度的条件下，这势必导致用工制度的双轨制的形成。从1987年开始，通过全面推行企业承包经营责任制和实行厂长（经理）负责制，国有企业的用人主体地位得以初步恢复；另外，通过优化劳动组合和对新招收的工人实行劳动合同制，工人的就业主体地位的地位也得以初步恢复，从而初步形成了市场化和契约化的劳动关系，进一步从体制内部趋于瓦解"统包统配"的传统城市就业制度。

上述对传统城乡二元就业制度的改革，客观上从劳动方式、生产形式、社会形式诸方面，为生产方式现代化转型从对传统社会主义模式撕开了裂口到向中国特色的自主型发展模式转换开辟了道路，推动了劳动力商品化和城乡劳动力自发流动就业。以"星期天"工程师为代表、城镇各类单位的一些工程师、技师、技术工人和其他各类专门人才，摆脱固定工制度的束缚，应邀或自发流动到乡镇企业兼职或就业。另外，大批农业剩余劳动力开始自发转移到广东、福建等东部沿海地区城市就业，形成了备受关注的"民工潮"。

① 刘嘉林、毛凤华等：《中国劳动制度改革》，经济科学出版社1988年版，第75页。

城乡劳动力的自发流动就业，无疑在一定程度上缓解了以经济社会危机形式存在的城乡就业矛盾，但又对新形势下如何统筹城乡就业提出了新的挑战。

（二）1991—2002年：统筹城乡劳动就业管理

如果说从1978年至1990年代初，是着重打破传统社会主义模式中的城乡二元就业制度，那么，构建中国特色的自主型发展模式、创造社会主义城乡劳动就业制度新形态，就成为此后改革与创新的核心内容与主题。众所周知，在1989年至1991年，我国在连续三年治理整顿中经济增速陡然放缓，达到改革开放以来的最低点，城市开始出现较为严重的下岗失业现象，同时又面临来自乡村的“民工潮”，进一步加剧了城市的就业压力。当时的城乡就业矛盾集中表现为由这两股力量共同促成的城市失业危机。1991年1月，为了缓解这次严峻的城市失业危机，我国政府以实现农村劳动力外出就业有序化为目标，首次提出统筹城乡就业管理思路，① 在实践中主要采取两个方面的政策措施：

其一，为了缓解国有企业职工下岗失业造成的社会压力、保障城市下岗失业人员就业与再就业，政府要求国有企业对本单位下岗失业人员进行“内部消化”，同时严加排斥和限制农村劳动力流动进城就业。20世纪80年代末90年代初，西方国家对我国实行经济制裁和我国政府连续三年实施治理整顿，使我国经济增速大大放缓，1989年的经济增速下降到4.10%，1990年的经济增速进一步下降到3.84%，为改革开放以来的最低增速，国有企业经济效益普遍下滑，集体企业、乡镇企业、个体私营企业大面积倒闭歇业，各个就业渠道全面萎缩，整个社会陷入了严重的失业危机。据估算，我国1990年的实际失业率已高达6%。② 在这一背景下，国有企业职工下岗现象开始在国有企业实施优化劳动组合过程中出现，并很快引起社会的广泛

---

① 1991年1月，劳动部、农业部、国务院发展研究中心发布《关于建立并实施中国农村劳动力开发就业试点项目的通知》，提出按照统筹城乡劳动就业的要求，制定农村劳动力开发就业的规划，并使其列入本地经济社会发展规划。

② 参见宋其超：《失业及其治理》，中国财政经济出版社2004年版，第123—126页。

关注和政府的高度重视。20 世纪 90 年代后期，亚洲金融危机冲击、我国经济结构调整和以“下岗分流，减员增效”为内容的国有企业改革，使全国下岗职工人数急剧增加，城镇居民中直接和间接受到影响的比例接近 30%。为了应对严重的失业危机，特别是减轻国有企业职工下岗失业所造成的社会压力，中央政府制定和采取了积极的应对政策。但从政策思路和应对措施看，政府仍沿用传统计划经济惯性思维、依赖行政手段。一是要求国有企业建立“再就业中心”，将本单位下岗失业人员“包下来”、进行“内部消化”并“负责到底”；对于企业确实安排不了的下岗失业人员，国有企业的主管部门要进行“归口管理与安置”，不许推向社会；除了采取积极措施促进下岗职工就业和再就业，政府还将保障下岗职工的基本生活作为首要任务，迅速建立下岗职工基本生活保障、失业保险、城镇居民最低生活保障“三条保障线”，专门为其提供优惠政策。① 二是采用“逆城市化”和“歧视性就业政策”，要求流出地政府从严或暂停办理农民工进城就业手续、动员农民工返乡务农；要求流入地政府对招用农民工严格限制、加强监督检查、抓紧进行清理清退，动用各种手段排斥农民进城就业，引导用人单位以本地下岗失业人员替代农民工。② 除了中央政府及相关部委外，当时地处沿海发达地区、作为农村劳动力转移就业主要目的地的城市政府，也出台了排斥和限制农村劳动力流动进城就业政策措施，而且达到了前所未有的严格程度。以北京市为例。1996 年以后，该市对于所谓的私招乱雇外地工的用人单位，要求依法严厉处罚；对外来劳动力和人口的证件管理也极为严格；要求将证件不全的外地人员一律清退。③

其二，为了充分发展非公有制经济，吸纳和重新配置下岗失业人员，

① 参见中共中央、国务院于 1998 年 3 月发布的《中共中央、国务院关于切实做好国有企业下岗职工基本生活保障和再就业工作的通知》。

② 当时国务院及相关部委出台的限制农民工转移就业的政策文件主要有：原劳动部于 1994 年 11 月发布的《农村劳动力跨省流动就业管理暂行规定》、国务院办公厅于 1998 年 10 月发布的《关于做好灾区农村劳动力就地安置和组织民工有序流动工作的意见》等。

③ 张曙光：《中国制度变迁的案例研究》第 4 卷，中国财政经济出版社 2005 年版，第 285—314 页。

国家加大对劳动就业制度的改革力度，初步构建起市场化就业新机制。发展非公有制经济，是体制内下岗失业人员实现就业与再就业的重要渠道。然而，由于非公有制经济发展不充分和劳动力市场化配置功能不健全，非公有制经济吸纳和重新配置下岗失业人员的能力相对较为弱小。因此，从 20 世纪 90 年代初开始，国家加大了对传统劳动就业制度改革的力度。1993 年 11 月，培育和发展劳动力市场被确立为劳动体制改革的中心任务。次月，明确将建设起现代劳动力市场体系雏形确定为 20 世纪末劳动体制改革的目标。1994 年 7 月，全国八届人大八次会议正式通过《中华人民共和国劳动法》，为构建市场化就业新机制提供了法律框架。从传统社会主义模式向中国特色的自主型发展模式转换的角度来看，如果说从 1978 年至 1990 年代初是着重打破传统社会主义模式中的传统城乡二元就业制度，那么，以 1992 年召开的党的十四大明确提出社会主义市场经济体制改革目标、1993 年党的十四届三中全会通过《中共中央关于建立社会主义市场经济体制若干问题的决定》为标志和开端，按照构建中国特色的自主型发展模式的方向创造社会主义城乡劳动就业制度新形态则成为此后改革的核心内容与主题。伴随劳动体制改革的不断深入，我国劳动力市场发育水平不断提高。从 1996 年开始，国有单位全面实行全员劳动合同制，体制内的存量劳动力开始同体制外的劳动力、体制内新增的劳动力一样，都要同用人单位缔结契约化和市场化的雇佣劳动关系，推动此前改革中事实上形成的用工制度双轨制趋于消解。1999 年 6 月，“劳动者自主就业、市场调节就业、政府促进就业”就业方针确立。从此，我国公有制经济就业人数迅速减少、占城镇就业人口的比重迅速降低、非正规雇佣劳动力大量增加，以非正规就业为主的非公有制经济快速发展。截至 21 世纪初，市场化就业机制在我国基本形成，但缺乏社会保护则成为这一时期市场化就业机制较为明显的倾向或特征。

上述两个方面的措施说明，我国这一时期统筹城乡劳动就业管理的初衷，是为了缓解国有企业职工下岗失业所造成的社会危机，但结果却是导致原来体制内外的就业人口都出现明显的雇佣化和非正规化特点，形成了一个缺乏社会保护倾向明显的市场化就业机制。

（三）2002—2012 年：促进城乡劳动者平等就业

从 2002 年党的十六大召开到党的十八大召开这一段时期，党中央深刻把握我国发展的阶段性特征与面临的新矛盾新问题，根据全面开创中国特色社会主义事业发展新局面的要求，制定了全面建设小康社会的宏伟纲领，提出并在实践中确立了科学发展观的指导地位，提出构建社会主义和谐社会战略目标，对城乡协调发展、城乡一体化和加快推进就业等重点领域社会建设做出新的决策部署。包括城乡就业一体化在内的中国式现代化或中国特色的自主型发展获得了长足进步。

其一，就业数量增长迅猛，城乡就业矛盾大大缓解。这一时期，通过改善微观激励机制、矫正市场信号、发育产品市场、拆除生产要素流动的体制障碍以及引进资金、技术与管理经验，为我国经济快速发展提供了强大的动力。特别是我国于 2001 年正式成为世界贸易组织（WTO）成员国以后的一个时期，更是进入改革开放以来经济增速最快的时期。然而，经济增长是就业数量增长的必要条件，并非充分条件。在这一时期，我国就业数量之所以增长迅猛，除了经济快速增长外，还得益于充分遵循与发挥了比较优势原则，实施了劳动密集型为主的产业发展战略，就业弹性保持在一个较高水平。从 2003 年到 2007 年，我国城镇新增就业人口五年间累积超过 5100 万，城镇登记失业率从 4.3% 下降到 4.0%。截止到 2005 年底，国有企业改革过程中集中下岗失业人员绝大部分实现了再就业，存量从最高峰的 650 多万人下降到 61 万人，国有企业职工集中下岗对城镇就业造成的冲击基本得以消除。① 不仅如此，城镇就业机会的迅猛增加，还为由农村大规模转移到城镇的劳动力创造了就业机会。再加上农村非农就业机会同期连年增加，我国农业从业人员占全社会从业人员总数比重由 2003 年的 49.1% 下降到 2007 年的 40.8%，② 使城镇和乡村的就业问题都得以大大缓解。然而，2008 年由

---

① 国家统计局人口和就业司：《就业总量持续增长　就业结构调整优化》，2018 年 9 月 12 日，见 http：//www.stats.gov.cn/ztjc/ztfx/ggkf40n/201809/t20180912_1622409.html。

② 国家统计局：《中国统计摘要 2008》，中国统计出版社 2008 年版，第 44—45 页。

美国发生的国际金融危机迅速转化为国际经济危机，导致我国特别是东部沿海地区外向型企业大批半停产、停产、倒闭，就业压力迅速增大。党中央、国务院将保就业作为重中之重，出台了一系列科学应对的政策措施。到 2011 年末，我国城乡就业人数达到 7.6 亿人，城乡就业形势实现了总体稳定。①

其二，加强劳动保护，逐步提高就业质量。从国际经验看，所谓现代市场经济是在原有自在市场经济的基础上增加了法制、社会保障、监管、宏观调控这四种制度安排。劳动的社会保护和社会保障是现代生产方式—就业机会的重要特征。早在 1993 年 11 月，党的十四届三中全会通过的《中共中央关于建立社会主义市场经济体制若干问题的决定》就已明确将社会保障制度确定为构成社会主义市场经济体制基本框架的五大支柱之一。然而，在此后一段时间内，与传统计划就业体制相适应的国家—单位保障制度被迅速改掉的同时，与市场化就业体制相适应的社会保障制度建设却进展缓慢。1997 年亚洲金融危机对我国的就业冲击，充分暴露当时我国社会保障建设严重滞后，对劳动者提供的社会保护严重不充分、不均衡，劳动争议事件大量集中爆发，劳动关系趋于恶化；收入差距扩大，贫富分化加剧，困难群体不断增加，对社会稳定构成潜在的严重威胁。2003 年 2 月中旬，突如其来的非典疫情的发生和迅速蔓延，进一步引发党中央对城乡经济社会发展不平衡、社会保障建设滞后等突出矛盾和问题的思考和科学决策。2003 年 10 月召开的党的十六届三中全会通过的《中共中央关于完善社会主义市场经济体制若干问题的决定》，提出“五个统筹”的发展战略要求，并将“统筹城乡发展”列为“五个统筹”之首。从 2004 年开始，从我国东部沿海地区发端并迅速蔓延中西部地区，劳动力短缺开始成为我国劳动力市场的阶段性特征。党中央执政理念和政策思路的重大转变，特别是劳动力供求态势发生的重要变化，促使我国统筹城乡就业政策发生重大调整，从过去片面强调扩大就业数量、忽视劳动保护，向在扩大就业数量的同时重视和提高就业质

① 本书编写组：《中国共产党简史》，人民出版社、中共党史出版社 2021 年版，第 362 页。

量、重视劳动保护并重转变，城乡就业制度改革进入一个新的阶段。其主要内容为：(1) 我国先后颁布、修改与完善《最低工资规定》《集体合同规定》《工伤保险条例》《女职工劳动保护规定》《劳动保障监察条例》《中华人民共和国劳动合同法》《中华人民共和国就业促进法》《中华人民共和国劳动争议调解仲裁法》等法律法规，进一步完善了劳动保护法律制度。(2) 我国这一时期社会保障建设的一个突出特点是，改变前一个时期将社会保障作为国有企业改革的配套政策、覆盖面局限于正规就业的劳动者而排斥非正规就业的劳动者、重视城市劳动者而忽视农村劳动者的做法，向建设一个覆盖城乡劳动者的社会保障体系的方向转变。以养老保险为例。自 2005 年国务院颁布《关于完善企业职工基本养老保险制度的决定》，养老保险的覆盖范围由职工拓展到城镇灵活就业人员，部分地区还将其覆盖范围延伸到农民工。2006 年中央一号文件《中共中央关于推进社会主义新农村建设的若干意见》提出“逐步建立农村社会保障制度”以后，农村养老保险制度的步伐大大加快。2009 年，国务院开始在全国推行新型农村养老保险试点工作。同年 12 月，国务院出台的《城镇企业职工基本养老保险关系转移接续暂行办法》，在各省级单位已全部出台养老保险省级统筹办法、城镇职工和农民工实现在本省内城市间流动就业的基础上，着力解决我国养老保险关系的异地转移与接续问题，对于建立健全全国统一的社会保障制度具有重要的现实意义。2010 年 10 月，全国人大常委会通过的《社会保险法》，进一步将实现养老保险全国统筹确定为今后五年的目标。我国养老保险制度在这一时期改革的显著成效，充分反映了我国社会保障制度建设所取得的显著进展。(3) 在经历了 1993—1999 年由于公有制企业改组改制导致工会组织与工会会员人数逐年下降，1999—2002 年由于事实上按照“先搭台，后完善”思路自上而下大组建工会导致工会组织与工会会员人数快速增长也产生严重消极问题之后，2003 年召开的工会十四大继续将工会组织与工会会员发展作为中心任务，将工会组织建设推进到巩固发展阶段，随后在包括在华外企建立工会组织、组织农民工加入工会等重点难点问题上实现了重大突破。截止到 2009 年底，全国工会基层组织数由 1998 年的 50.35 万个增长到 184.5 万个，工会会员人数由 1998 年的 8913 万人增长到 2.26 亿人。[①] 通过深化工会改革、强化职代会功能、建立政府、工会、企业三方协调劳动关系机制，不断改善劳资关系。（4）通过全面推行集体劳动合同、增加劳动者就业的稳定性、调整与提高最低工资水平和劳动报酬，推动就业质量的提高。

其三，消除针对农民工的歧视，促进城乡劳动者平等就业。专门限制农村劳动力进城就业的歧视性规定，最初是新中国成立初期实施重工业优先发展战略的派生物，20 世纪 90 年代后期因保障城镇下岗职工就业与再就业而对农民工进城就业采取严厉排斥政策导致再度强化。针对农民工的歧视，体现在就业的行业、岗位、工资及所能够享受到的诸如社会保障、住房待遇、子女教育等方方面面。王美艳计量分析的结果表明，2001 年我国外来劳动力和城市劳动力工资差异中的 56% 可以由针对外来劳动力的歧视来解释。[②] 城市劳动力市场上出现的劳动力短缺，特别是 2004 年尤为严重，极大改变了政府对农民工进城就业的态度。2003 年和 2004 年，国务院办公厅连续下发通知，要求各地消除针对农民工进城就业的行政审批、证卡管理及各种不合理限制，改善农民进城就业环境。2003 年 10 月，十六届三中全会要求逐步实现城乡劳动力市场一体化，促进城乡劳动者平等就业制度的形成。2007 年 6 月通过的《劳动合同法》，规定劳动合同订立要遵循公平、平等自愿等原则。2007 年通过的《中华人民共和国就业促进法》，明确规定劳动者依法享有自主择业和平等就业的权利，要求职业中介机构、用人单位不得实施就业歧视，赋予各级政府消除就业歧视、创造公平就业环境的职责。2012 年 2 月，国务院首次印发并批转促进就业专项规划，提出“十二五”期间统一规范灵活的劳动力市场、统一的市场管理制度、覆盖城乡的公共就业服务体系、全国互联互通的公共就业服务信息网路，加强对拒不支付劳动报酬的

---

① 参见常凯：《中国劳动关系报告——当代中国劳动关系报告》，中国劳动社会保障出版社 2009 年版，第 194—195 页；赖德胜：《2011 中国劳动力市场报告》，北京师范大学出版集团、北京师范大学出版社 2011 年版，第 317 页。

② 王美艳：《城市劳动力市场对外来劳动力歧视的变化》，《中国劳动经济学》2007 年第 4 期。

行政司法打击机制及工资支付保障制度建设。

其四，有组织开展农村劳动力转移培训，增强农民转岗就业的能力。农村劳动力已成为我国城市劳动力供给的主要来源，对我国特别是东部沿海地区经济所做出的贡献越来越得到认可，特别是2004年出现的劳动力市场紧张状况所产生的压力，促使国家层面和各级地方政府对农村劳动力转移就业的政策由消极地“控制”“限制”和“默许”转向积极地“鼓励”，政府有组织地开展农村劳动力转移培训、提高拟转移农村劳动力的就业能力开始成为统筹城乡就业工作的重要内容。2003年9月，国务院提出分两个阶段（2003—2005年和2005—2010年），突出重点、逐步培训，支持农村富余劳动力较多的地区，贫困地区重点是农民工输出地区对拟向非农产业和城镇地区转移就业的劳动力开展各项培训。从2004年起，政府农业部门按照规划开始组织实施这项农村劳动力转移培训“阳光工程”。此后，国务院又多次下发文件，要求扩大农村劳动力转移培训“阳光工程”的实施规模，加大劳动力转移培训支持力度，增强农民转岗就业的能力。除了农业部门实施的“阳光工程”外，扶贫、劳动保障、商务等部门还实施有“雨露工程”“春风行动”“乡村流通人才”等培训工程，示范和带动各省也组织类似的培训项目，推动农村劳动力转移培训全面展开。2006年，我国组织开展统筹城乡就业试点工作，明确将“建立覆盖城乡的职业培训体系，为城乡劳动者提升职业技能提供有效服务”确定为主要任务之一。确定的试点地区纷纷结合当地实际制定培训规划，以“培训券”为依托对参与培训农民进行补贴，对农村未升学的初高中毕业生实施带有一定强制性的职业培训，还将培训基地直接引入农村，组织开展农村劳务输出开发。2008年12月，国务院针对国际金融危机冲击导致的农民工外出就业困难加剧和失业返乡问题，专门发布了《关于切实做好当前农民工工作的通知》，其中一项重要的政策就是加强农民工技能培训和职业教育。《通知》要求各有关部门和教育培训机构要继续做好农村劳动力技能就业计划、阳光工程、农村劳动力转移培训计划、星火科技培训、雨露计划等培训项目的实施工作，要求围绕市场需求开展订单培训和定向培训、围绕产业结构调整和企业技术改造新开工项目开展职业技能培训、围绕回乡创业组织开展创业培训、围绕农业现代化产业化开展农村实用技术培训，以进一步突出培训的针对性和实用性。

其五，打破传统户籍管理制度，推进公共服务均等化。乡—城劳动力流动与永久性乡—城迁移长期脱节，使以户籍人口定义的城镇化率远低于以常住人口定义的城镇化率，更严重滞后于工业化水平，导致我国面临人口结构与经济结构严重失衡的困境与挑战。随着新生代农民工成为农民工的主体，他们权利意识的觉醒和对融入所在城市的强烈愿望，使符合条件的农业转移人口在城镇落户、享有与城镇居民同等权益、实现农民工市民化，成为统筹城乡就业的应有之义和重要任务。一是要打破传统户籍管理制度，实行城乡户口登记一体化为核心内容的户籍制度。从2002年起，全国以“打破城乡界限、实行城乡户口登记一体化”为核心内容的户籍制度改革步伐开始加快。浙江省、重庆市和成都市等地都对本地城乡人口实行统一的居民户口，放宽了农民工进城落户的条件。即便像上海这样的超大城市，也在浦东启动将居住证转办为户籍，开始打破传统户籍管理制度。2010年，党中央和国务院联合发文，进一步要求通过深化改革，促进符合条件的农业转移人口在城镇落户，并享有与城镇居民同等的权益。从城乡就业一体化角度来看，以社会保险为核心内容、普惠型（城乡一体）的社会保障制度，是完成现代化后发达国家普遍采用的社会保障制度，当然也应成为我国改革的一个重要目标。尽管早在21世纪初就有学者提出了构建城乡一体化社会保障体系的改革目标，① 但我国业已建立的普遍养老金制度却并不具备全国范围的互助共济功能，② 医疗保险的城乡分割格局也依然没有根本打破，③ 失业保险、工伤保险尚不具备基本的积极预防功能。另外，早

① 李迎生：《社会保障与社会结构转型——二元社会保障体系研究》，中国人民大学出版社2001年版，第15页。

② 2014年7月1日起，《城乡养老保险制度衔接暂行办法》开始实施，为跨省区流动农民工累积性养老保险权益免收损害提供了法律保障。

③ 根据十八大和十八届三中全会明确提出的整合城乡居民基本医疗保险制度的要求，现在已有8个省级区域、其他省的35个地级区域和部分县正在进行这项探索。

在2003年1月，国务院就曾专门下发通知明确要求切实保障农民工子女接受教育的权利。2010年的中央一号文件，进一步明确要求落实以公办学校为主、以输入地为主解决农民工子女入学问题。然而，许多城市特别是北京、上海、广州等地农民工随迁子女，仍面临义务教育阶段入学难、异地高考门槛高等难题。纵观全国及各地推进的进程，尽管在消除城乡二元公共服务体制、推进公共服务均等化方面取得了明显的进展，但经济社会发展所处的阶段和改革本身的难度，决定着实现这一改革目标绝不是一蹴而就的。

（四）2012年至今：推动实现更高质量的就业

党的十八大以来，以习近平同志为核心的党中央，科学分析与把握我国社会主义现代化建设新阶段的就业形势与特点，坚持以人民为中心的发展思想，坚持新发展理念，坚持“城乡发展一体化”新方略、就业优先战略和积极的就业政策，大力推动创新创业，全面深化就业创业体制机制改革，推动实现更高质量的就业，中国式现代化或中国特色的自主型发展和城乡就业一体化取得了巨大的历史性成就。

其一，科学研判和依据我国经济发展进入新常态，对就业战略、就业目标和就业方针做出重大调整。2014年，习近平总书记通过科学分析国际国内经济形势和未来经济走势，做出了我国经济发展进入新常态的研判，提出认识新常态、适应新常态、引领新常态是当前和今后一个时期我国经济发展的大逻辑。我国经济发展进入新常态，经济增长速度从高速增长转向中高速增长、经济发展方式从规模速度型粗放增长转向质量效率型集约增长、经济结构从增量扩能为主向调整存量与做优增量并举，深度调整、经济发展动力从传统增长点转向新增长点，对就业工作提出了新的巨大挑战。就业是民生之本。以习近平同志为核心的党中央，坚持以人民为中心的发展思想，反复强调“人民对美好生活的向往，就是我们的奋斗目标”，将就业排在六大民生短板的首位，与时俱进地对我国的就业战略、就业目标、就业方针做出重大调整。（1）坚持就业优先战略并拓展其内涵。党中央将坚持就业优先战略[1]写进党的十八大报告、十九大报告，成为党指导新时代就业工作的基本理念，奠定了就业在经济社会发展全局中的优先目标和战略地位。（2）就业目标突出更高质量的就业。我国就业目标以前主要强调的是充分就业。党的十八大报告提出“实现更高质量的就业”，党的十九大报告提出“实现更高质量和更充分的就业”，就业目标更为强调实现更高质量的就业。相对于充分就业目标来说，更高质量的就业目标是一个由更加充分的就业机会、更加公平的就业环境、更加良好的就业能力、更加合理的就业结构、更加和谐的劳动关系所构成的、多维的、更高水平的目标，[2]这是对就业工作提出的总要求，也是较之以往新的更高的要求。（3）将鼓励创业纳入就业方针。我国的就业方针以前是“劳动者自主择业、市场调节就业、政府促进就业”，[3]党的十八大报告做了进一步充实与完善，将其调整为“劳动者自主就业、市场调节就业、政府促进就业和鼓励创业”，首次将鼓励创业纳入就业方针。这充分体现了新时代创业作为就业之源的极端重要地位，创业带动就业的极端重要作用，弘扬创业精神、营造创业环境和激发创业热情的极端迫切性和重要性。

其二，实施就业优先战略和更加积极的就业政策，扩大与稳定城乡就业规模。党的十八大以来，以习近平同志为核心的党中央，因应国际经济形势错综复杂变化和我国新发展阶段的特点及其相互作用，特别是国际金融危机的深层次影响、中美贸易摩擦、肺炎疫情、俄乌冲突的剧烈冲击，等等。提出和坚定不移地贯彻“创新、协调、绿色、开放、共享”的新发展理念，着力推动供给侧结构性改革，加快构建以国内循环为主体、国内国际双循环

---

① “就业优先战略”最早出现在第十一届全国人民代表大会四次会议2011年3月通过的《中华人民共和国国民经济和社会发展第十二个五年规划纲要》。此前，虽然党中央高度重视就业工作，强调“把就业摆在经济社会发展更加突出位置”“将促进就业放在经济社会发展优先位置”，却没有将就业优先置于战略地位。

② 《如何推动实现更高质量的就业目标》，《新长征》2013年第1期。

③ 《中华人民共和国就业促进法》（2007年8月30日十届全国人大常委会第二十九次会议通过、2008年1月1日期施行）的总则第二条表述我国的就业方针为：“劳动者自主择业、市场调节就业、政府促进就业”。

相互促进的新发展格局，使我国经济发展取得重大成就，由高速增长阶段转入高质量发展阶段，为保持就业稳定提供了可靠的基础。在经济因外部冲击陡然下行的严峻形势下，以习近平同志为核心的党中央于2018年7月首次提出“六稳”方针[①]，并将“稳就业”这一项放在首位；2020年4月，在新冠疫情持续向好的态势下，首次提出“六保”任务[②]，并把保居民就业放在首位，标志着我国积极的就业政策进一步升级；将就业作为经济社会发展中的重中之重和必须兜住的底线，凸显了其执政为民的理念。这一时期实施就业优先战略和更加积极的就业政策，推出的具体措施，主要围绕以下几个方面展开：

（1）增强经济增长对就业的拉动作用。经济发展进入新常态，传统经济增长模式难以持续，经济下行压力不断加大，特别是新一轮科技革命和产业变革将进入拓展期，都要求我国必须加快转变经济发展方式，转换经济增长动力，优化经济结构，进而提高就业弹性，增强经济增长对就业的拉动作用。“十三五”时期，我国就业弹性持续提高，GDP每增长一个百分点能够拉动190万人就业，较“十二五”时期多拉动30万人就业。[③]

（2）大力推动“大众创业、万众创新”。在我国经济发展新旧动力转换的关键期，推动大众创业、万众创新是激发亿万群众智慧和创造力、实施创新驱动战略、培植新的经济增长点和稳增长保就业的重大举措。近年来，我国重点支持战略新兴产业的发展，深化“放管服”改革，优化营商环境，掀起一轮创业创新浪潮，新技术、新产品、新业态、新模式发展迅猛，创新动能不断壮大，市场主体蓬勃发展，新就业岗位被大量创造出来。据国家统计局网站信息，如以2014年为100，2015年、2016年、2017年和2018

① “六稳”方针指的是稳就业、稳金融、稳外贸、稳外资、稳投资、稳预期，是2018年7月召开的中央经济工作会议首次提出的。

② “六保”任务指的是保居民就业、保基本民生、保市场主体、保粮食能源安全、保产业链供应链稳定、保基层运转，是2020年4月17日召开的中央政治局会议首次提出的。

③ 参见张菀航：《就业优先政策再强化，力促更充分更高质量就业》，《中国发展观察》2021年第6期。

年、2019年我国经济发展新动能指数分别为124.8、159.1、204.1、269.0和332.0，分别比上年增长24.8%、27.5%、28.3%、31.8%和23.4%。[①] 2016年、2017年、2018年、2019年我国新登记市场主体分别为1651.3万户、1924.9万户、2149.6万户、2377.4万户。2020年我国新登记市场主体更是多达2502万户，日均新登记2.2万户，年末市场主体总数达1.4亿户。[②] 新登记市场主体快速增加，日益成为就业增长的重要源泉。以2016年为例，如果按照2014年和2015年新设企业吸纳就业水平计算，该年新登记市场主体中的553万户属于新登记企业，其所创造就业超过千万人。[③]

（3）实施扩大内需战略同深化供给侧结构性改革相结合。国际金融危机、中美贸易摩擦，特别是新冠疫情等重大外部冲击，都大大提升将经济增长率拉低到潜在增长率之下的风险，导致周期性失业的增加，客观上要求实施扩大内需战略。另外，实施扩大需求战略，要求全面促进消费、拓展消费空间，要求产业基础高级化、产业链现代化，提高经济质量效益和核心竞争力，瞄准新内需新外需，推动供给侧结构性改革。因而，将二者有机结合起来，是实现总供给和总需求在更高水平上实现动态平衡的可靠路径。从运用宏观经济政策手段促进消费来看，党中央既出台了适度刺激消费的政策，也采取了一些有利于提高居民收入水平的政策，既重视促进传统消费也注重积极培育新型消费，既瞄准新内需也瞄准新外需。在拓展投资空间时，党中央注重补短板强弱项和打造中国经济发展新引擎，特别重视提升产业链供应链的现代化水平，保障产业链供应链安全稳定，重视加大对“两新一重”即新基础设施建设、新型城镇化建设、重大交通水利工程建设的投资。

---

① 国家统计局：《2019年我国经济发展新动能指数比上年增长23.4%》，2020年7月13日，见http：//www.stats.gov.cn/tjsj/zxfb/202007/t20200713_1775420.html。

② 国家统计局：《2020年我国经济发展新动能指数持续快速增长——国家统计局统计科学研究所所长闾海琪解读我国经济发展新动能指数》，2021年7月26日，见http：//www.stats.gov.cn/tjsj/sjjd/202107/t20210726_1819836.html。

③ 郭同欣：《改革创新促进了我国就业持续扩大》，2017年3月29日，见http：//www.stats.gov.cn/tjsj/sjjd/201703/t20170329_1478855.html。

（4）对受冲击较大的行业、市场主体和群体进行灵活帮扶。受新冠肺炎疫情冲击严重的行业主要包括第一产业中的畜牧业，第二产业中的制造业、建筑业，第三产业中的批发和零售业、交通运输、仓储和邮政业、住宿和餐饮业；受疫情冲击严重的市场主体主要是民营企业、中小微企业；受疫情冲击严重的群体主要是农民工群体。对于受冲击较大的行业、市场主体特别是中小微企业，党中央、国务院出台了多项强化就业优先、纾困惠企政策措施，加大减税降费力度，减轻企业经营负担；加大金融支持力度，解决企业资金困难；加大精准施策力度，帮助企业复工复产。对于农民工群体，政府采取回归农业稳定一批、工程项目吸纳一批、创新业态培育一批、扶持创业带动一批、公益岗位安置一批政策，取得了明显成效。“十三五”时期，我国城镇新增就业累计超过 6000 万人。即使在经济遭到新冠疫情的严重冲击的 2020 年，全国城镇新增就业仍超额完成了年初预期目标，达到 1186 万人，年末城镇登记失业率和全国城镇调查失业率分别为4.2% 和5.2%，[①] 均低于预期目标。

（5）大规模开展就业精准扶贫。党的十八以来，以习近平同志为核心的党中央将脱贫攻坚摆在了治国理政的突出位置，提出了精准脱贫思想，将精准扶贫、精准脱贫的基本方略确定为“六个精准”“五个一批”[②]，组织实施了人类历史上规模最大、力度最强的脱贫攻坚战。其中，帮助有就业能力和就业愿望的贫困人口实现就业、并由此带动贫困家庭脱贫的就业扶贫，不仅能够直接解决贫困家庭的收入贫困，而且也是解决贫困人口社会融入的根本途径。[③] 这一时期大规模开展就业精准扶贫、扩大贫困劳动力就业规模的

① 国家统计局：《中华人民共和国 2020 年国民经济和社会发展统计公报》，2021 年 2 月 27 日，见 http：//www.stats.gov.cn/tjsj/zxfb/202102/t20210227_1814154.html。

② “六个精准”“五个一批”是 2015 年 12 月中共中央、国务院发布的《关于打赢脱贫攻坚战的决定》确定的精准扶贫、精准脱贫的基本方略。“六个精准”是指扶贫对象精准、项目安排精准、资金使用精准、措施到户精准、因村派人精准、脱贫成效精准；“五个一批”是指发展生产脱贫一批、易地扶贫搬迁脱贫一批、生态补偿脱贫一批、发展教育脱贫一批、社会保障兜底一批。

③ 张丽宾：《就业精准扶贫理论研究》，《中国劳动》2018 年第 3 期。

政策措施主要有：一是改变以往主要以区域而不是家庭为扶贫对象的做法，注重依据收入、消费、资产、健康、教育、环保等多维因素，精准识别扶贫对象；二是通过扶持、培育和发展当地的主导产业、特色优势产业，促进贫困地区整体发展和贫困人口融入产业发展过程与产业链各环节，带动贫困人口就业；三是为提供创业培训、担保贷款、创业场地等创业服务和创业扶持政策，全流程扶持创业意愿的贫困劳动力创业；四是通过政策扶持和利用乡村闲置集体资源创办就业扶贫车间，通过相关就业促进政策和财政补助用人单位建设就业扶贫基地，通过开发扶贫专岗、公益性岗位、以工代赈等形式提供就业托底安置，直接为农村贫困人口创造就业机会；五是创新贫困劳动力培训模式，完善贫困地区公共就业服务，积极开展有组织的劳务输出，促进贫困劳动力转移就业。① 截止到 2020 年底，全国 93.8% 的建档立卡贫困户享受过就业帮扶政策，贫困劳动力务工规模达到 3243 万人，三分之二以上的建档立卡贫困人口通过就业实现了脱贫。②

（6）全面实施乡村振兴战略。2017 年 10 月，党的十九大提出要坚持农业农村优先发展，加快推进农业农村现代化，实施乡村振兴战略，并将其确定为决胜全面建成小康社会、全面建设社会主义现代化国家的重大历史任务。2021 年 1 月，中共中央、国务院发布《关于全面推进乡村振兴加快推进农业农村现代化的意见》，为新发展阶段我国全面推进乡村振兴做出战略部署。产业兴旺是乡村振兴的基础，被列在由各个目标所构成的目标体系中的首要位置。乡村振兴，关键是产业要振兴，特别是农业要振兴，核心任务是要构建起契合高质量发展阶段和社会主义现代化强国建设任务的中国特色现代化农业生产方式。一是农业技术将由手工操作、半机械化、机械化发展到以知识技术和信息控制装备为基础转变，3R 技术、空间技术、模拟模型技术、网络技术和人工智能技术等综合的现代信息技术将得到广泛应

① 张丽宾：《就业精准扶贫理论研究》，《中国劳动》2018 年第 3 期。

② 人力资源和社会保障部：《2020 年度人力资源和社会保障事业发展统计公报》，2021 年 6 月 4 日，见 http：//www.mohrss.gov.cn/SYrlzyhshbzb/zwgk/szrs/tjgb/202106/t20210604_415837.html。

用，[①]大幅度提高农业综合生产能力；农业生产经营组织形式改革将加快健全农业社会化服务体系、实现小农户和现代农业发展有机衔接，培育和壮大农民合作社和家庭农场等新型农业经营主体，引入工商资本开发农业，推动农业实现适度规模经营和组织创新，劳动方式将发生革命性变革。二是生产形式方面，则是要完善农村产权制度和要素市场化配置机制，以改革激发农业转型升级新动能。当然，农村产业的振兴并不局限于农业，按其发展要求和发展趋势，必然要求农村一二三产业融合发展，建立现代产业体系、现代市场体系、现代经营体系，客观上将形成对相应人才的大量就业需求。2021年2月，中共中央、国务院办公厅印发的《关于加快推进乡村人才振兴的意见》提出需要加快培养的就有高素质农民、家庭农场经营者和农民合作社带头人等农业生产经营人才，创新创业带头人、电商人才、乡村工匠等农村二三产业发展人才。由于实施乡村振兴战略不仅要加强经济建设，而且要促进政治建设、文化建设、社会建设、生态建设和党的建设，因此，《关于加快推进乡村人才振兴的意见》还提出了需要加快培养乡村教师队伍、乡村卫生健康人才队伍、乡村文化旅游体育人才队伍、乡村规划建设人才队伍等乡村公共服务人才，加快培养党政人才、社会工作人才、法律人才等乡村治理人才及农业农村科技人才等。换句话说，乡村振兴战略的实施，将创造大量现代生产方式—就业机会。

其三，强化劳动力市场制度建设和对劳动者的社会保护，提升城乡就业质量成效日益明显。更高质量的就业目标，不仅要求更加充足的就业机会，而且要求更加公平的就业环境、更加良好的就业能力、更加合理的就业结构、更加和谐的劳动关系。自“十二五”时期以来，党和政府采取了诸多政策措施提升就业质量，成效日益明显，主要表现为：

（1）就业环境更加公平。党的十八大报告提出：“公平正义是中国特色社会主义的内在要求。要在全体人民共同奋斗、经济社会发展的基础上，加

① 参见李贵春、李虎、宋彦峰：《农业产业化　标准化　现代化知识读本》，西南师范大学出版社、人民出版社2009年版，第11页。

紧建设对保障社会公平正义具有重大作用的制度，逐步建立以权利公平、机会公平、规则公平为主要内容的社会公平保障体系，努力营造公平的社会环境，保证人民平等参与、平等发展权利。”就业公平是社会公平的重要组成部分。我国政府明确将“使更加公平、更加充分的就业成为我国发展的突出亮点”确定为我国就业工作今后一个时期新的目标要求，[①] 坚持使市场在资源配置中起决定性作用和更好发挥政府作用，推动有效市场和有为政府更好结合，积极营造公平就业环境。

一是加快破除妨碍劳动者社会性流动的体制机制的弊端，构建城乡劳动者平等参与市场竞争的就业制度。由于自由市场具有一个区分经济效益和个人特征的激励机制，能够使具有与生产效率无关的偏好的企业同没有与生产效率无关的偏好的企业相比较处于劣势，有更高的成本压力，由此将被驱逐出市场，所以说，竞争性市场体系完全有能力消除歧视。[②] 因而，加快破除妨碍劳动者社会性流动的体制机制弊端，建立统一开放、竞争有序的劳动力市场体系，使市场在人力资源配置中发挥决定性作用，成为我国消除就业歧视、促进就业公平的主要工作方向，并取得重大进展。以农村劳动力流动转移就业为例。2012 年，党的十八大明确提出“城乡发展一体化”新方略，标志着我国政府的执政理念和政策思路从“工业优先、城市偏向”向“立足全局、从整体上谋划、构建新型城乡关系、推动城乡协调发展”发生重大转变。与此相适应，政策关注的重点也开始从促进城乡劳动者平等就业向加快农业转移人口市民化、平等获得城市发展权利转变。2013 年，党的十八届三中全会通过的《中共中央关于全面深化改革若干重大问题的决定》，明确要求“推进农业转移人口市民化，逐步把符合条件的农业转移人口转为城镇居民”，并确定了创新人口管理、加快户籍制度改革的改革方向。2014 年 3

---

① 李克强：《政府工作报告——2018 年 3 月 5 日在第十三届全国人民代表大会第一次会议上》，《人民日报》2018 年 3 月 23 日。

② 这一颇具代表性的观点来自美国著名经济学家弗里德曼（Friedman），转引自［美］坎贝尔・R. 麦克南、斯坦利・L. 布鲁、大卫・A. 麦克斐逊：《当代劳动经济学》，人民邮电大学出版社 2004 年版，第 427 页。

月，中共中央、国务院出台《国家新型城镇化规划（2014—2020）》，明确要求以人的城镇化为核心，有序推进农业转移人口市民化；确定将户籍人口城镇化率与常住人口城镇化率差距缩小 2 个百分点左右、1 亿左右农业转移人口和其他常住人口在城镇落户的努力目标；为此要求加强顶层设计，在以往各地实践探索经验的基础上，组织开展国家层面的户籍制度改革，促进劳动力在全国范围内实现自由流动和迁移。2014 年 7 月，国务院印发《国务院进一步推进户籍制度改革的意见》，要求取消农业户口与非农业户口性质区分和由此衍生的蓝印户口等户口类型，统一登记为居民户口；统一城乡户口登记制度，全面实施居住证制度，加快建设和共享国家人口基础信息库，稳步推进义务教育、就业服务、基本养老、基本医疗卫生、住房保障等城镇基本公共服务覆盖全部常住人口；到 2020 年，基本建立与全面建成小康社会相适应，有效支撑社会管理和公共服务，依法保障公民权利，以人为本、科学高效、规范有序的新型户籍制度，努力实现 1 亿左右农业转移人口和其他常住人口在城镇落户，标志着新一轮户籍制度改革进入全面实施阶段。2016 年 1 月 1 日施行的《居住证暂行条例》，事实上宣布了自 1980 年代中期以来、在我国大中城市存在了 30 多年、旨在限制非本地户籍劳动力与人口流动和加强治安管理的暂住证制度从此失去了合法性；开启了逐步提高持有居住证非本地户籍劳动力和人口的基本公共服务水平、实现城镇基本公共服务常住人口全覆盖和保障公民合法权益的新阶段。2020 年 10 月，党的十九届五中全会通过的《中共中央关于制定国民经济和社会发展第十四个五年规划和二〇三五年远景目标的建议》提出，深化户籍制度改革，完善财政转移支付和城镇新增建设用地规模与农业转移人口市民化挂钩政策，强化基本公共服务保障，加快农业转移人口市民化。

二是要强化政府责任，积极推进和健全公共就业服务体系。提供公共就业服务是市场经济条件下，政府通过干预与调节劳动力市场，促进就业增长和公平公正的核心手段。我国的公共就业服务机构是在市场经济改革过程中逐步形成的。早在 2002 年，我国政府就已明确提出“建立公共就业服务制度”；2009 年，由于“大部制改革”、人事部同劳动和社会保障部合并，两家的公共服务机构合并组成公共就业（人才）服务机构，此后逐步明确其职责和服务范围。党的十八大以来，公共就业服务被提到前所未有的高度。党的十八大报告明确提出“完善就业服务体系”要求。党的十九大报告更是要求“提供全方位公共就业服务”。截至 2020 年，公共就业服务体系建设取得的重大进展：2015 年修订的《就业促进法》明确规定，县级以上人民政府建立健全公共就业服务体系，设立公共就业服务机构，为劳动者免费提供就业政策法规咨询等六项公共就业服务，将公共就业服务经费纳入同级财政预算，发展公共就业服务基本具备法律保障。2018 年 12 月，人力资源和社会保障部印发《关于推进全方位公共就业服务的指导意见》，着重从明确覆盖全民的公共就业范围、健全贯穿全程的公共就业服务功能、构建辐射全域的公共就业服务体系、完善便捷高效的公共就业服务方式等方面，为推进全方位公共就业服务提出指导意见。当前，全国县（区）以上已普遍设立了公共就业服务机构，超过 98% 的街道、乡镇建立了服务窗口，提供登记招聘、登记求职、职业指导、职业介绍、创业指导等免费服务，省、市、区、乡镇、街道五级体系逐步健全起来；① 公共就业服务方式逐步优化为“一窗式”服务，全面推进“互联网＋公共就业服务”和智慧化服务，初步形成线上线下协同推进的新局面。

（2）就业能力普遍提高。自我国经济进入新常态以来，推进供给侧结构性改革、实现高质量发展成为经济工作的战略重点和主线。作为供给侧结构性改革的五大重点任务之一，传统过剩产能行业“去产能”必然导致大量传统就业岗位减少乃至于消失；另外，为了适应新一轮科技革命和产业革命而实施创新驱动战略和大力发展战略新兴产业，已形成对高技能劳动力的巨大需求，由此导致结构性就业矛盾成为我国就业的主要矛盾。围绕结构性就业矛盾的破解，党中央和各级政府实施了一系列政策措施，着力提升劳动者的就业能力和实现劳动力供需结构的匹配。

一是着力推进高等教育内涵式发展和人才培养体制改革，显著提升高

① 张纪南：《强化就业优先政策》，《人民日报》2021 年 1 月 20 日。

校毕业生培养质量和就业能力。2012 年，教育部提出“全面提高高等教育质量，建设高等教育强国”的战略目标。2015 年，国务院出台《统筹推进世界一流大学和一流学科建设总体方案》，明确了高等教育内涵式发展的新路径。党的十八大以来，我国高等教育内涵式发展取得显著成就。2012—2016 年，我国最好的高校从只能排在世界研究型高校的 150—200 名，发展到清华大学、北京大学、浙江大学等越来越多的高校跻身于世界研究型百强；在四大世界大学排行榜的前 500 名中，内地高校从仅有 31 所增加到 98 所。① 近年来，国家鼓励和大力支持开展新工科、新医科、新农科、新文科教育，重视提升大学生职业技能水平、转换职业岗位的适应能力和适应数字化经济转型的能力，高校毕业生就业能力明显提高。截至目前，我国受过高等教育和专业技能培训的高素质人才的数量已超过 1.7 亿人，如果按折合全时工作量计算，研发人员总量已稳居全球首位，为创新驱动战略的实施提供了可靠的人才保障。②

二是着力发展应用型大学和职业教育，提升应用型技术技能人才培养质量。2015 年，国家发改委、财政部出台《关于引导部分地方普通本科高校向应用型转变的指导意见》，打破应用型技术技能人才培养制度壁垒，开始着力发展应用型大学，推动综合性大学和应用型大学共同发展，提升高等教育对经济发展的服务能力。党和政府强调职业教育要服务于产业升级，提高职业技能和培养职业精神要深度融合，积极推动职业教育改革与发展。截止到 2018 年，我国职业院校已发展到 1.17 万所，在校生人数多达 2685.54 万人；其中，中等职业院校 1.03 万所，在校生人数 1551.84 万人；高职（专科）院校 1418 所，在校生人数 1133.7 万人，成为职业教育规模最大的国家。③

① 参见徐倩、储召生：《昂首阔步迈向高等教育强国——党的十八大以来我国教育改革发展述评·高等教育篇》，《中国教育报》2018 年 9 月 16 日。

② 宁吉喆：《对冲克服新冠肺炎疫情影响　巩固经济发展长期向好趋势》，2020 年 4 月 14 日，见 http：//www.stats.gov.cn/tjgz/tjdt/202004/t20200414_1738742.html。

③ 吴雨航：《教育部：2018 年全国职业院校达 1.17 万所，发展规模世界最大》，2019 年 2 月 19 日，见 http：//edu.china.com.cn/2019-02/19/content_74480883.htm。

三是着力发展面向全体劳动者的职业培训，普遍提高全体劳动者的就业能力。近年来，我国各级政府逐步推行劳动预备制度，对未能继续升学的初高中毕业生开展职业培训；组织企事业单位建立完善职工培训制度，加强对在岗职工的专业技能培训；实行专业资格证书制度，统筹协调开展面向全体劳动者的各类职业教育和培训，使劳动者职业培训规模不断扩大。截止到2018年8月，我国各级公共就业服务机构办理劳动者求职登记的人数年均达5000多万人次，提供职业指导的人数年均达2000多万人次，享受政府补贴性培训的劳动者年均达1750万人次。①

（3）就业结构持续优化。党的十八大以来，我国以新发展理念引领经济发展，调结构、稳增长、促转变，就业结构持续优化。一是就业的产业结构由“三一二格局”优化为“三二一”格局。伴随经济增长的技术进步将引发产业结构升级，进而导致就业机会在三次产业之间转移。正如配第—克拉克定理所揭示的，随着人均国民收入的提高，劳动力从第一产业向第二产业转移；随着人均国民收入的进一步提高，劳动力向第三产业转移。从国际经验来看，发达经济体就业在三次产业之间的分布为“三二一”格局；就业城乡空间分布为城镇就业比重占据绝对比重，乡村就业占据比重很小。从我国就业产业结构来看，根据国家统计局公开发布的数据，2011年末，第三产业就业比重为35.7%，首次超过第一产业就业比重（34.8%）和第二产业就业比重（29.5%）；2014年末，第二产业就业比重为29.9%，首次超过了第一产业就业比重（29.5%）；就业产业结构由“三一二格局”优化为“三二一”格局。此后，第一产业就业比重、第二产业就业比重继续降低，第三产业就业比重继续不断提高，就业产业结构不断优化。根据国家统计局公开发布的数据，第一、二、三产业的就业比重，由2012年末的33.6：30.3：36.1优化为2020年末的23.6：28.7：47.7。9年间，第一产业下降了10个百分点，年均下降超过1.1个百分点；第二产业下降了1.6个百

① 人力资源和社会保障部党组理论学习中心组：《把就业这个最大的民生抓紧抓好——改革开放40年来我国就业工作取得的成就和经验》，《人民日报》2018年8月7日。

分点；而第三产业上升了 11.6 个百分点，进一步拉大了其同第一产业、第二产业的差距。二是自雇性、临时性、弹性工作等灵活就业形式迅速兴起，灵活就业人员规模目前已达到两亿人左右。随着近年来数字经济的蓬勃兴起，新产业、新业态、新商业模式逆势成长，催生出一大批依托互联网平台的网络配送员、互联网营销师、网约车司机等新就业形态。国家信息中心发布的《中国共享经济发展报告 2021》显示，2020 年我国共享经济参与者人数约为 8.3 亿人，其中共享经济服务提供者达 8400 万人，平台企业员工数约 631 万人。[①] 三是就业的城乡结构发生根本转变。国家统计局公开发布的数据表明，2014 年末，我国就业总人数为 77253 万人，其中城镇就业人数为 39310 万人，占就业总人数的 50.9%；乡村就业人数为 37943 万人，占就业总人数的 49.1%，城镇就业人数第一次超过乡村就业人数，标志着城乡就业格局发生了根本转变。此后，就业的城乡结构进一步优化。2020 年末，我国就业人数为 75064 万人，其中城镇就业人数为 46271 万人，占就业总人数的 61.64%；乡村就业人数为 28793 万人，占就业总人数的 38.36%。同 2012 年末相比，2020 年末，城镇就业人数增加了 9169 万人，占就业总人数的比重提高了 13.27 个百分点，年均提高了近 1.5 个百分点；乡村就业人数减少了 10809 万人，占就业总人数的比重降低了 13.27 个百分点，年均降低了 1.5 个百分点还要多。

（4）劳动关系更加和谐。党和政府高度重视和谐劳动关系的构建。党的十八大报告明确要求构建和谐劳动关系。2015 年 3 月，中共中央、国务院专门出台指导构建和谐劳动关系工作的纲领性文件《关于构建和谐劳动关系的意见》，明确提出新的历史条件下构建和谐劳动关系的重大意义、指导思想、工作原则、目标任务和政策措施。党的十九大报告立足于中国特色社会主义进入新时代的新的历史方位，对构建和谐劳动关系做出新的重大部署。近十年来，构建中国特色和谐劳动关系取得重大进展。一是基本实现调

① 国家信息中心分享经济研究中心：《中国共享经济发展报告（2021）》，2021 年 2 月 19 日，见 http：//www.cbdio.com/BigData/2021-02/19/content_6162953.htm。

整劳动关系法治化。2014 年 10 月召开的党的十八届四中全会，将建设中国特色社会主义法治体系、建设社会主义法治国家确定为全面依法治国的总目标，要求实现劳动关系调整法治化目标。从立法方面来看，我国已形成了以《劳动法》《就业促进法》《劳动合同法》《劳动争议调解仲裁法》和《社会保险法》为主干，以《女职工劳动保护特别规定》《劳动保障监察条例》《职工带薪年休假条例》以及《集体合同规定》《最低工资规定》《工资支付暂行规定》等法规规章和规范性文件为配套的劳动关系法律政策体系框架。从行政执法方面来看，劳动保障监察执法力度不断加大，劳动法律法规得到较好的贯彻实施。① 二是劳动合同签订率稳步提高。本地和外地劳动力的劳动合同签订率均稳步提高，企业劳动合同签订率稳定在 90% 以上。② 其中，年末报送人力资源和社会保障部门并在有效期内的集体合同，2020 年末累计已达 145 万份，覆盖 1.4 亿职工。③ 三是劳动争议解决渠道更加顺畅。无论是处理劳动人事争议案件数，还是办结争议案件数，均在稳步增长。2020 年，全国各级劳动人事争议调解组织和仲裁机构共处理劳动人事争议案件 221.8 万件，较 2012 年增加了 81.5 万件；办结争议案件 212.3 万件，较 2012 年增加了 86.2 万件。④ 四是社会保险基本实现全覆盖。党的十九大要求“全面建成覆盖全民、城乡统筹、权责清晰、保障适度、可持续的多层次社会保障体系。”迄今为止，我国已建成世界上最大的社会保障体系，为劳动者的社会

---

① 王美艳、贾明：《中国劳动力市场制度面临的新挑战和建议》，《中国发展观察》2020 年第 Z7 期。

② 王美艳、贾明：《中国劳动力市场制度面临的新挑战和建议》，《中国发展观察》2020 年第 Z7 期。

③ 参见人力资源和社会保障部：《2020 年度人力资源和社会保障事业发展统计公报》，2021 年 6 月 3 日，见 http：//www.mohrss.gov.cn/SYrlzyhshbzb/zwgk/szrs/tjgb/202106/t20210604_415837.html。

④ 参见人力资源和社会保障部：《2020 年度人力资源和社会保障事业发展统计公报》，2021 年 6 月 3 日，见 http：//www.mohrss.gov.cn/SYrlzyhshbzb/zwgk/szrs/tjgb/202106/t20210604_415837.html；人力资源和社会保障部：《2012 年度人力资源和社会保障事业发展统计公报》，2013 年 6 月 3 日，见 http：//www.mohrss.gov.cn/SYrlzyhshbzb/zwgk/szrs/tjgb/201306/t20130603_104411.html。

保护提供了可靠的制度保障。①养老保险。截止到 2020 年末，全国参加基本养老保险的人数为 99865 万人，接近 10 亿人；参加城镇职工基本养老保险的人数为 45621 万人，较 2012 年末参保城镇基本养老保险职工人数增加了 22640 万人，接近翻番。2012 年，我国决定在所有县级行政区全面开展城乡居民社会养老保险工作。城乡居民基本养老保险人数现已增加到 54244 万人。②失业保险。截止到 2020 年末，全国参加失业保险人数为 21689 万人，较 2012 年末的参保人数增加了 6464 万人；领取失业保险金人数为 270 万人，较 2012 年末领取失业保险金人数增加了 66 万人。③工伤保险。截止到 2020 年末，全国参加工伤保险的人数 26763 万人，较 2012 年末参保人数增加了 7753 万人。[①]

四、我国统筹城乡就业的主要历史经验

新中国成立以来，我国城乡就业一体化背后的逻辑先后发生从西方式资本主义模式到社会主义模式、再到中国特色的自主型发展模式的转换。70 余年来，我国统筹城乡就业的理论、政策与实践取得了伟大的历史成就，也曾出现过一些结构性的缺陷与不足，甚至酿成几次较为严重的失业危机。在建设社会主义现代化强国的新征程中，我国还将面临世界新一轮技术革命与产业变革、新冠疫情、人口老龄化、逆全球化等的冲击与影响。为了科学应对未来的挑战、创新统筹城乡就业机制、实现城乡就业一体化与全面建成社会主义现代化强国的伟大目标，有必要总结我国统筹城乡就业的历史经验，弄明白过去我们为什么能够成功、在新的征程中怎样才能确保继续成功。回顾过去，我们认为，这些历史经验主要是：

---

① 参见人力资源和社会保障部：《2020 年度人力资源和社会保障事业发展统计公报》，2021 年 6 月 3 日，见 http：//www.mohrss.gov.cn/SYrlzyhshbzb/zwgk/szrs/tjgb/202106/t20210604_415837.html；人力资源和社会保障部：《2012 年度人力资源和社会保障事业发展统计公报》，2013 年 6 月 3 日，见 http：//www.mohrss.gov.cn/SYrlzyhshbzb/zwgk/szrs/tjgb/201306/t20130603_104411.html。

（一）坚持与完善党对就业工作的集中统一领导，为做好就业工作提供了坚强的政治保证

对于发展中国家来说，现代化并非是自然的演进过程，而是有目标、有计划实施赶超战略的过程。如何扩大城乡就业总量、理顺和优化城乡就业关系、提高城乡就业现代化水平，是广大发展中国家在由传统社会向现代社会的急剧变革过程中的一场大考。印度、埃及、印度尼西亚等广大发展中国家，普遍接受发达资本主义国家提供的财政计划、投资项目和经济发展理论援助，采取国家主导型发展政策及其制度安排。经过几十年的实践，这些发展中国家非但没能实现从低收入到中高收入的跃迁，反而陷入低水平均衡或中等收入陷阱，公开失业率平均在 8%—9%，隐性失业和劳动力利用不足问题严重，劳动力闲置率高达 30% 以上。[①] 究其原因，发达国家和国际组织援助的发展经济理论及其提供的政策，一开始就是从维护发达国家及其统治阶级垄断资本家阶级的利益出发，而不是从发展中国家及其广大人民的立场出发，“对发展中国家利益的伤害大于好处”[②]，根本不是真心实意地帮助这些国家实现现代化。从内因来看，第三世界国家的领导人或政客，往往是殖民帝国制度下培养起来的精英，偏好高水平的政府支出和出于寻租目的高水平管制，以至于腐败达到无法控制的地步，[③] 根本不可能形成对本国经济社会发展的坚强有力的组织与领导。作为最大的发展中国家，中国同二战后获得独立的广大发展中国家拥有大致相同或相近的屈辱历史、发展条件和现代化目标，然而，经过 70 余年的持续奋斗却顺利地实现了国家工业化，从低收入国家转变为中等收入水平、即将跃升为高收入水平的世界第二大经济体，并推动城乡就业规模显著扩大、就业结构持续优化、就业质量稳步提高，14

---

① 胡学勤：《失业论——中外失业问题研究》，人民出版社 2002 年版，第 383 页。

② ［英］V. N. 巴拉舒伯拉曼雅姆、桑加亚・拉尔主编，梁小民译：《发展经济学前沿问题》，中国税务出版社、北京腾图电子出版社 2000 年版，第 2 页。

③ ［美］詹姆斯・A. 道等：《发展经济学的革命》，上海三联书店、上海人民出版社 2000 年版，第 145—161 页。

亿人实现比较充分的就业，人民群众的获得感、幸福感、安全感大幅度提升。之所以取得如此伟大的成就，最根本的原因、最宝贵的历史经验就是始终坚持中国共产党对就业工作的集中统一领导，切实贯彻以人民为中心的发展思想。中国共产党是中国特色社会主义事业的领导核心。党的领导是做好党和国家各项工作的根本保证。自新中国成立以来，中国共产党坚持把就业作为最大的民生，始终将就业工作放在经济社会发展的突出位置，党的集中统一领导的制度优势不断巩固与加强，为做好就业工作提供了坚强的政治保证。

其一，与时俱进、以科学的发展理念推进与做好就业工作。从社会主义革命与建设时期人民政府机关“全心全意为人民服务”宗旨的确立，到改革开放时期“把人民满意不满意，人民答应不答应，作为衡量一切工作的标准”、对“我们党要始终代表最广大人民的根本利益”提出总要求、将“以人为本、执政为民”作为指引、评价、检验我们党一切执政活动的最高标准，再到新时代“以人民为中心的发展思想”的提出与落实，中国共产党在各个时期都与时俱进践行党的根本宗旨，突出人民群众的主体地位，把实现好、维护好、发展好最广大人民的根本利益作为一切工作的出发点和落脚点。在实践上，中国共产党充分发挥党集中统一领导的制度优势，立足国情，紧贴人民群众的需要，既广泛吸收借鉴人类社会创造的一切文明成果，“使社会的一切要素从属于自己”，又进行艰苦卓绝、开拓创新的现代化实践探索，“把自己还缺乏的器官从社会中创造出来”，① 成功走出了一条中国式现代化新道路或中国特色社会主义现代道路，从而一次次地有效化解就业领域的重大危机，不断增进民生福祉和人的自由全面发展。

其二，坚持与完善党对就业工作的集中统一领导的体制机制。就业问题是事关全局、责任重大、影响深远的重大战略问题，涉及产品、要素、产业、城乡、区域、社会保障等诸多方面，需要加强顶层设计、统筹规划、组织领导和责任落实。作为执政党，中国共产党高度重视就业工作，将就业看

① 《马克思恩格斯全集》第46卷，人民出版社1979年版，第236页。

作是保障和改善民生的头等大事、经济发展的基本支撑、社会发展的压舱石，始终把稳定和扩大就业作为经济社会发展的重要目标，加强对就业工作的集中统一领导。在长期的实践中，党对包括就业工作在内的经济社会工作的集中统一领导的体制机制逐步建立健全。其中，中央政治局、中央政治局常委会要经常审议关系经济社会发展全局的重大问题；中央财经领导小组要在中央政治局、中央政治局常委会领导下，研究确定经济社会发展的重要方针和政策，研究提出处理重大财经问题、重大生产力布局、重大建设项目的原则和措施。中央全面深化改革委员会要及时研究经济社会领域重大改革。各级党委要加强对本地区经济社会发展工作的领导，强化重大事项的决策权、监督权，确保党中央部署落到实处。① 正是因为我们始终坚持与完善党的集中统一领导，注重发挥显著的制度优势，我国不仅成功化解了革命、建设、改革各个时期的一次又一次就业危机，而且推动就业规模持续扩大、就业结构不断优化、就业质量稳步提升，为满足人民对美好生活的需要奠定了越来越坚实的基础。

（二）坚持社会主义市场经济改革方向，为改革与制度创新锚定正确的航向

以 1978 年为分界线，我国就业制度的发展大致可以粗略地划分为改革开放前和改革开放后两个大的阶段，先后形成传统社会主义计划经济体制下的就业制度和社会主义市场经济体制下的就业制度。无论在哪个阶段、构建什么经济体制下的就业制度，我们都要努力学习吸收借鉴其他先进国家的理论与实践经验，但绝不是照抄照搬其他任何国家的模式，而是基于本国国情、适应时代潮流、满足人民需要，积极进行理论与实践探索，推进城乡就业制度的改革发展与创新。

第一个阶段是传统社会主义城乡就业体制的形成、发展和陷入困境。

---

① 参见中共中央文献研究室编：《习近平关于全面建成小康社会论述摘编》，中央文献出版社 2016 年版，第 197 页。

从新中国建立到改革开放前，我国形成与发展出由统一的劳动力招收和调配制度、统一的工资分配制度、统一的社会保险和社会福利制度、统一的户籍管理和人民公社制度为主要制度支撑的传统社会主义劳动就业制度。尽管它曾为重工业优先发展战略的顺利实施、独立的工业体系与国民经济体系的建立、社会主义建设发挥过不容低估的巨大历史作用，但它消除了劳动力市场，凭借政府的计划和行政手段进行劳动力资源和形式上维持普遍就业目标，客观上导致资源配置效率低下、劳动监督和激励机制缺乏、劳动积极性不足和社会不公平等问题，① 最终酿成严重就业危机，迫使我国不得不对传统社会主义城乡就业体制进行市场导向的改革。

第二个阶段是同社会主义市场经济体制相适应的市场型就业制度的产生、发展和完善。改革开放以来，在总结国际共产主义运动正反两方面经验特别是我国社会主义革命、建设和改革实践经验的基础上，我国确立了坚持与完善社会主义市场经济体制的改革目标。坚持社会主义市场经济，客观上为传统社会主义城乡就业体制改革和市场型就业制度创新锚定了正确的航向。

其一，坚持社会主义市场经济改革方向的一个重大问题，是“社会主义”和“市场经济”结合问题。党的十一届三中全会以来，中国共产党解放思想、从实际出发，冲破了社会主义只能是单一公有制的传统思想观念束缚，逐步形成了以公有制为主体、国有经济为主导、公有制实现形式多样化，多种所有制经济共同发展的新格局，并将“公有制为主体、多种所有制经济共同发展”确立为一项社会主义基本经济制度。实践证明，所有制结构的上述调整与完善，事实上成为推动就业规模持续扩大、就业的所有制结构持续优化的重要引擎。根据解放和发展生产力的要求，公有制形式和公有制实现形式逐步多样化、国有企业改革和国有经济结构调整、发展混合所有制经济，导致单纯的国有企业和集体企业的数量大幅度减少，公有制企业

① 蔡昉：《民生经济学——“三农”与就业问题的解析》，社会科学文献出版社 2005 年版，第 267—268 页。

的活力、竞争力、控制力却大为增强，同时出现职工大量下岗分流、劳动力就业需要重新调整。另外，鼓励、支持、引导非公有制经济发展，使非公有制经济创造活力充分迸发、创新源泉充分涌流，不断取得更新更好的发展，创造出越来越多的就业岗位，吸纳了越来越多的劳动力。非公有制经济业已成为就业的主渠道。从 1978 年到 2018 年，我国城镇就业人口规模从 9514 万人提升到 43419 万人，占全国就业人员的比重从 23.7% 上升到 56.0%。1978 年，我国城镇就业人口几乎全部集中在国有单位和集体单位就业，占比超过 99%，城镇非公有制经济即个体经济就业人员占比只有微乎其微，占比仅 0.2%；2018 年，城镇非公有制经济就业人员占比则提高到 83.6%。①

其二，坚持社会主义市场经济改革方向，核心问题是处理好政府和市场的关系。习近平总书记通过创造性的实践探索与伟大的理论突破，不断深化对市场经济的一般规律的认识，注重坚持与发挥社会主义制度的优越性、党和政府的积极作用，提出“使市场在资源配置中起决定性作用和更好发挥政府作用”“‘看不见的手’和‘看得见的手’都要用好”“既要‘有效的市场’，也要‘有为的政府’”，创造性地破解了这道经济学上的世界性难题。改革以前，我国实行的是传统计划经济体制，劳动力市场是不存在的，政府通过计划和行政手段进行劳动力资源配置，以普遍就业为目标，对居民就业承担无限的责任。市场经济体制根本不同于传统计划经济体制。从市场经济的一般规律来看，市场和政府各自具有不同的功能，任何一方对于促进劳动力资源合理配置与充分就业都具有不可或缺的重要作用。对于市场来说，就业就是市场型就业，劳动者通过劳动力市场实现与生产资料的结合，市场在劳动力资源配置中起决定性作用。改革开放以来，从否定市场的作用到承认市场的作用“是从属的、次要的，但又是必需的”②，再到市场的

① 国家统计局人口司：《就业规模不断扩大　就业形势长期稳定——新中国成立 70 周年经济社会发展成就系列报告之十九》，2019 年 8 月 20 日，见 http：//www.gov.cn/xinwen/2019-08/20/content_5422616.htm。

② 《三中全会以来重要文献选编》，社会科学文献出版社 1982 年版，第 66 页。

作用范围也是“覆盖全社会的”，又到“市场在社会主义宏观调控下对资源配置起基础性作用”，最终到“市场在资源配置中起决定性作用”，伴随着对市场作用观念的一次次突破、对市场经济的一般规律认识的逐步深化、整个经济体制向市场经济体制转轨，我国劳动力市场从形成到逐步完善起来，相应地形成了一整套相对成熟的市场型就业制度。(1) 城镇就业制度的改革与创新。从统包统配的计划就业制度到“双轨制”的就业制度（新职工实行劳动合同制、老职工实行固定工制度），再到全面实行劳动合同制和“积极发展和规范劳动力市场，形成市场导向的就业机制”，又到市场化就业机制的建立与完善，我国城镇就业制度发生了根本的变革。(2) 农村就业制度的改革与创新。家庭联产承包责任制的普遍推行，使农户取代传统体制下的农村基层经济组织成为基本的生产单位，农村劳动力作为人民公社社员、由传统农村基层经济组织生产小队安排具体生产活动的就业形式也被相应取代，农户以家庭整体效用最大化为目标、对家庭所有劳动力资源配置与实现就业进行市场化决策，推动农村剩余劳动力向非农产业和城镇转移，农村劳动力就业也日益市场化。(3) 严格限制农村劳动力与人口流动的制度改革与统筹城乡就业制度创新。从严格限制农村劳动力流动到允许流动，再到适当放宽对农村劳动力流动的政策限制，又到“公平对待，合理引导，完善管理，搞好服务”，最终实现了劳动力全面自由流动，构建起城乡一体化劳动力市场和一整套相对成熟的市场型就业制度。① 对于政府来说，市场经济体制下的政府和市场之间有着明确的功能边界，必须将政府不该管的事交给市场，让市场充分发挥作用。因而，政府绝不能像传统计划经济体制时期那样，再去做诸如直接介入劳动力资源的直接配置、工资决定以及对劳动力流动的限制等吃力不讨好的事情。另外，市场经济体制下的政府，具有自己明确的职责，必须将该由政府管理的事管住管好，更好地发挥作用。改革开放以来特别是党的十八大以来，我国业已逐步发展与创新出以国家发

① 参见吴绮雯、武力：《改革开放 40 年来我国城镇就业体制和劳动力转移政策变迁探析》，《求实》2019 年第 2 期。

展规划为战略导向，以财政政策和货币政策为主要手段，就业、产业、投资、消费、环保、区域等政策紧密配合，目标优化、分工合理、高效协同的宏观经济治理体系，形成总量与结构、需求与供给、短期与长期相结合、综合施策的政策优势，为更好地落实就业优先战略目标提供了可靠的制度保障。

（三）坚持中国特色经济发展道路，创造经济发展、经济结构优化和扩大就业、提升就业质量的良性循环

党的十一届三中全会召开以来，中国共产党在总结经验的基础上，明确提出“我们的现代化建设，必须从中国的实际出发”，“把马克思主义的普遍真理同我国的具体实际结合起来，走自己的道路，建设中国特色的社会主义”，带领人民砥砺奋斗 40 余年，创造了举世罕见的经济快速发展奇迹和社会长期稳定奇迹，从“总体达到小康”到“全面建成小康社会”再到“开启建设社会主义现代化强国的新征程”，一步一步地实现规划的阶段性目标，走出了一条超越西方现代化模式的中国式现代化道路或中国特色经济发展道路。中国特色经济发展道路既充分体现人类社会经济发展的普遍规律，又注重中国国情、符合中国实际、具有中国特色，是原始创新的现代化。它坚持以人民为中心而不是以资本为中心，摈弃了资本主义现代化模式给人类社会造成的痛苦与困境，创造了经济发展、经济结构优化和扩大就业、提升就业质量的良性循环，为促进全体人民共同富裕、人的全面发展和社会全面进步积累了宝贵经验。

其一，坚持“发展是解决我国一切问题的基础和关键”，充分发挥经济增长对就业的拉动作用，持续扩大就业规模。在马克思主义者看来，尽可能增加生产力总量是无产阶级取得政权以后最主要、最根本的利益。中国共产党人历来高度重视解放和发展生产力，将发展看作是解决我国一切问题的基础和关键。早在新中国成立之初，毛泽东就提出“社会主义经济法则是发展生产，保障需要，这是主要的、基本的、是起领导作用的经济法则”，确定了建设社会主义现代化强国的目标，领导全党、全国人民节衣缩食、艰苦奋斗，取得历史性成就，经济增长速度总体上是相当快的。[①] 然而，在相当长一段时期内，由于缺乏经验和一系列政治运动干扰了经济建设，经济增长速度出现过两次大的起伏，国民经济甚至陷入崩溃的边缘，一度出现大规模精简职工与压缩城镇人口。党的十一届三中全会做出把党的国家工作重点从“以阶级斗争为纲”转移到“以经济建设为中心”上来的历史性决策，制定了适合本国国情的经济发展战略，开启了改革开放和社会主义现代化建设的崭新时代，使我国迅速成为世界上经济发展最快、最有活力的经济之一，创造了长达 40 多年的经济快速增长奇迹，且经济增长波动幅度趋于缩小。不仅如此，中国共产党人坚持以人民为中心的发展思想，强调“人民对美好生活的向往，就是我们的奋斗目标”，将就业置于经济社会发展全局中的优先目标和战略地位，与时俱进地对我国的就业战略、就业目标、就业方针、就业政策做出优化调整，统筹就业领域公平与效率，大众创业、万众创新不断走向深入，不断改善经济增长的就业效应，持续扩大就业规模。即使在近年我国经济发展进入新常态，经济增速换挡有所放缓的形势下，就业也实现了总体稳定。从 1978 年至 2021 年，我国就业总人数从 40152 万人增长到 74653 万人，特别是进入新时代以来，城镇新增就业人数连年超过 1300 万人，即使在疫情严重影响的情况下，仍取得城镇调查失业率平均值为 5.1%、低于预期与控制目标的成绩，实现了比较充分的就业。这就在很大程度上超越了以资本为中心、社会生产数各种经济变量决定于资本利润最大化目标，从而最终陷入“无就业增长”的资本主义现代化模式。

其二，适应发展的阶段性变化转变经济发展方式和调整经济结构，持续优化就业结构。伴随长期的经济增长如何顺利实现基于生产方式现代化转型的经济结构性突破与跃迁，是传统二元经济向现代一元经济转型过程中必然遭遇的难题。21 世纪初以来，特别是 2008 年国际金融危机的冲击，暴露出我国原有的粗放经济增长方式难以为继，加快转变经济发展方式已势在必

---

① 1952—1978 年期间，我国工农业总产值平均年增长率为 8.2%，其中工业总产值平均年增长率为 11.4%（参见沙健孙：《毛泽东与新中国的经济建设》，《光明日报》2014 年 1 月 24 日）。

行。突出的经济结构失衡问题，则是经济发展方式转变长期滞后的根本原因。因而，能否顺利调整与改善经济结构，对于经济发展方式转变来说具有决定性意义。中国共产党人既不接受任何先验的发展理论，也不照抄照搬其他国家的发展模式，而是从中国国情出发，直面经济结构调整这一紧迫、艰巨、痛苦、长期的历史任务，根据经济发展的客观规律，推动新型工业化、城镇化、农业现代化、信息化“四化同步”，围绕如何充分创造现代生产方式—就业机会、如何实现现代生产方式—就业机会城乡动态分布合理化两大难题，努力探索与创新适合中国国情的生产方式现代化转型新道路。

（1）坚持走中国特色新型工业化道路。习近平总书记指出：“我国现代化同西方发达国家有很大的不同。西方发达国家是一个‘串联式’的发展过程，工业化、城镇化、农业现代化、信息化顺序发展，发展到目前水平用了二百多年时间。我们要后来居上，把‘失去的二百年’找回来，决定了我国发展必然是一个‘并联式’的过程，工业化、城镇化、农业现代化、信息化是叠加发展的。”[①] 面对信息革命的重大机遇，我国没有也不可能关起门来、按部就班地先搞工业化再搞信息化，而是充分发挥自身优势和后发优势，紧紧抓住千载难逢的发展机遇，坚持以信息化带动工业化，以工业化促进信息化，走出一条科技含量高、经济效益好、资源消耗低、环境污染少、人力资源得到充分发挥的新型工业化道路。

（2）坚持走中国特色农业现代化道路。新中国成立伊始，我国就明确提出农业现代化目标，但由于农业长期被定位为支持工业、为工业提供积累，农业现代化严重滞后于工业化的格局不断强化，农民长期承受工农业剪刀差之苦。2004 年中央经济工作会议做出了“我国现在总体上已到了以工促农、以城带乡的发展阶段”的重大判断，提出要站在全局的高度重视发展农业，我国农业现代化开始进入新阶段。党的十七大首次明确提出“走中国特色农业现代化道路”。2014 年中央一号文件将这一道路具体阐释为“努力

① 中共中央文献研究室：《习近平关于社会主义经济建设论述摘编》，中央文献出版社 2017 年版，第 159 页。

走出一条生产技术先进、经营规模适度、市场竞争力强、生态环境可持续的中国特色新型农业现代化道路”。2016 年中央一号文件将其进一步发展完善为“走产出高效、产品安全、资源节约、环境友好的农业现代化道路”。党的十九大将农业现代化拓展为农业农村现代化，坚持农业农村优先发展，做出实施乡村振兴战略的重大决策部署。乡村振兴关键是产业要振兴，核心任务是要构建起契合高质量发展阶段和社会主义现代化强国建设任务的中国特色现代化农业生产方式，进而将乡村打造成为创造现代生产方式—就业机会的源头活水。

（3）坚持走中国特色城镇化道路。从 20 世纪 50 年代后期到 80 年代中期，我国工业和农业、城市和乡村基本上是各自封闭、平行发展，工业化水平的提高并没有带来城镇化水平的相应提高，城镇化严重滞后于工业化。随着改革步伐的加大和阻隔城乡、限制农村人口向城市流动政策的放松，释放出的大量农村富余劳动力向非农产业和城镇转移，中央从 20 世纪 90 年代后期开始实施的小城镇战略越来越无法适应形势需要。21 世纪初召开的党的十五届五中全会指出，我国推进城镇化的条件已渐成熟，要不失时机地实施城镇化战略。在如何实施问题上，党的十六大全面贯彻落实科学发展观，提出“要逐步提高城镇化水平，坚持大中小城市和小城镇协调发展，走中国特色的城镇化道路”。党的十七大进一步将中国特色城镇化道路的内涵概括为“按照统筹城乡、布局合理、节约土地、功能完善、以大带小的原则，促进大中小城市和小城镇协调发展”。党的十八大以来，国家按照走中国特色新型城镇化道路、全面提高城镇化质量的新要求，先后出台《国家新型城镇化规划（2014—2020 年）》《国家新型城镇化规划（2021—2035 年）》，坚持走以人为本、四化同步、优化布局、生态文明、文化传承的中国特色新型城镇化道路，深入推进以人为核心的新型城镇化战略的目标任务和政策举措。这些规划的落地实施，促使我国城镇化速度大为加快，城镇化发展格局更为均衡，以人的现代化为核心、推进农业转移人口市民化成效显著。

（4）坚持走具有中国特色的区域协调发展道路。新中国成立之初，为了改变旧中国遗留下来的生产力水平总体落后、工业集中在东部沿海地区少数城市、极端不均衡的区域经济发展状况，有计划地实施了平衡工业布局、重点发展中西部地区的区域均衡发展战略，迅速改变了工业基础薄弱、区域经济发展极端不均衡的状况，建立起门类较为齐全的工业体系和国民经济体系；另外，这一战略忽视各区域的资源禀赋与比较优势，导致国民经济增长速度较慢、经济效益低下等问题。改革开放以后，着眼于更好实施“三步走”发展战略，邓小平提出沿海地区要充分利用有利条件，率先实现现代化，以更好地带动全国的现代化。从20世纪80年代初期到90年代后期，我国转向支持东部地区率先发展的区域非均衡发展战略，东部地区经济增长十分迅猛、率先崛起，成为国民经济增长的核心区和增长极，并带动国民经济整体实现跃升，同时也导致区域间发展差距越拉越大、经济社会矛盾凸显。党和政府对此高度重视，开始酝酿并逐步形成区域经济协调发展的思路和规划，自2000年起先后实施了西部大开发战略、振兴东北地区等老工业基地战略、中部地区崛起战略，再加上此前实施的东部地区率先发展战略，构成了四大板块区域协调发展总战略。进入新时代以来，区域经济协调发展成为解决人民日益增长的美好生活需要和不平衡、不充分的发展之间的矛盾的重要方略之一。习近平总书记要求根据各地区的条件，走合理分工、优先发展的路子，坚持实施区域重大战略、区域协调发展战略、主体功能区战略，健全区域协调发展体制机制，并亲自谋划、部署、推动京津冀协同发展、长江经济带发展、粤港澳大湾区建设、长三角一体化发展、黄河流域生态保护和高质量发展等区域重大战略。① 区域协调发展新机制的经络更加畅通，必将极大地塑造经济发展新格局、推动各个区域经济向更高水平和更高质量的迈进，实现经济发展和就业规模扩大、就业结构优化的良性循环。

① 参见中共中央宣传部、国家发展和改革委员会：《习近平经济思想学习纲要》，人民出版社、学习出版社2022年版，第93—95页。

第五章　高校毕业生就业难的深层原因

按照马克思城乡就业一体化理论，现代劳动就业方式城乡一体化是伴随生产方式现代化转型发生的，现代生产方式—就业机会由城市工业部门产生，向城乡其他各个产业部门扩展，最终实现现代生产方式—就业机会城乡一体化分布的规律性现象。现阶段我国现代生产方式—就业机会创造是否充分？分布是否合理？如何创新统筹城乡就业机制推动现代生产方式—就业机会创造更加充分、更加合理？这是当前我国统筹城乡就业理论与政策面临的重大课题。从本章开始，我们分专题对统筹城乡就业路径转换与机制创新涉及的若干理论与实践问题进行探讨。本章将通过分析造成高校毕业生就业难的深层原因，对上述课题进行初步的探讨。

一、高校毕业生就业难在三元就业部门的不同表现形式

近年来，我国高校毕业生就业出现了前所未有的困难，连年被媒体称为“最难就业季”“更难就业季”。2021 年，由于新冠疫情和其他各种因素冲击就业形势严峻，更是被戏称为“最难就业年”。高校毕业生就业难不仅表现为签约率和就业率下降，而且表现为毕业生期望薪金、就业质量及对找到工作的满意程度逐年降低。如何破解高校毕业生就业困局已成为当前我国就业工作的首要任务。本章试图基于现代生产方式—就业机会创造与分布视角，分析当前高校毕业生就业难的表现、深层原因并提出相应的对策建议。

作为转型中的社会主义发展中大国，我国不存在发达国家一元化的成熟劳动力市场，也不存在典型发展中国家的城乡二元劳动力市场，而是逐步形成区别于其他发展中国家的三元劳动力市场，即城市不完全竞争劳动力市场、城市完全竞争劳动力市场和农村劳动力市场。① 与此相对应，我国就业结构表现为现代生产方式—就业机会集中的城市现代部门、传统生产方式—就业机会集中的城市传统部门和几乎全部为传统生产方式—就业机会的乡村部门“三部门”并存的特征。高校毕业生就业难在这三个层次的劳动力市场或三元就业部门，具有不同的表现形式。

（一）城市不完全竞争劳动力市场

城市不完全竞争劳动力市场的就业，基本符合劳动力市场分割学派经济学家帕雷（Piore）的现代双元结构理论对一级市场（Primary segments）就业特征的描述，即工资福利待遇高、工作条件优越、就业稳定、管理规范、发展前景好，② 属于典型的现代生产方式—就业机会。传统上，我国符合这些特征的现代生产方式—就业机会，指的是国有单位就业，1978 年时占城市全部就业的 78.3%。改革开放特别是 20 世纪 90 年代后期以来，我国国有企业改革和经济结构的调整，导致国有单位出现严重的下岗、失业现象，就业岗位大量减少，2020 年时国有单位城镇就业人员为 5473 万人，占城镇全部就业的比重已下降到不足 12.1%。③ 与国有单位就业岗位大量减少、就业比重不断降低的趋势相反，私营企业、有限责任公司、股份制经济、外商投资经济、港澳台投资经济单位的就业从无到有迅速增长，业已占据城镇全部就业中的绝对比重。因而，现代生产方式—就业机会的范围需要进行必要的调整。帕雷对一级市场就业特征的描述，显然可以作为判断就业岗位属

---

① 朱镜德：《现阶段中国劳动力流动模式、就业政策与经济发展》，《中国人口科学》2001 年第 4 期。

② ［澳］R. 麦克纳勃、P. 瑞安：《劳动力市场分割理论》，［英］大卫・桑普斯福特等主编：《劳动经济学前沿问题》，卢昌崇、王询译，中国税务出版社、北京腾图电子出版社 2000 年版。

③ 根据国家统计局官方网站提供的 2020 相关统计数据计算得出。

于现代生产方式—就业机会的参考标准。据此并结合当前我国劳动力市场的现实状况，我们认为，现代生产方式—就业机会的岗位应该包括：党政机关、事业单位、群众团体的行政管理工作岗位，各类企业管理工作岗位（如经理、部门经理等），各类专业技术工作岗位（如教师、医生、律师、会计师、工程师、软件开发师等），各类技术辅助工作岗位（如技术员、护士、秘书和出纳等）。

这些岗位一般对学历都有比较高的要求，至少为大学毕业。以国家公务员为例，按照组织部门规定的“四化”标准，省部级领导干部应当具有大学本科及以上学历，其中拥有硕士、博士学位的也应达到一定比例；县处级和地厅级干部应当具有大专及以上学历，其中大学本科以上学历的应达到一定比例；主任科员以下及其他相当职务层次的非领导职务干部，也要具有大专及以上文化程度。在我国现阶段，这些就业岗位处于国家主流的社会保障体制覆盖范围之内，很大程度上受到国家劳动法律法规、劳动行政管理部门较为严格的保护、制约和监督，其中部分就业岗位的设置、招聘及就业保障由政府行政部门直接参与决策。显然，完成高等教育从而拥有比较高的知识与能力水平，是获得这些现代生产方式—就业机会的前提条件。当然，传统体制下作为现代生产方式—就业机会集中的国有单位，一直是高等教育精英教育阶段高校毕业生就业的主渠道。然而，20 世纪 90 年代后期以来，伴随着所有制和劳动就业制度改革，特别是近年来新业态、新模式、新型就业方式不断涌现，我国就业大规模非正规化。而以国有单位就业为主、作为现代生产方式—就业机会就业机会的正规就业却在不断减少。同期，我国高校却连年大幅度扩招，高等教育已迅速由精英教育阶段跨过大众化阶段开始进入普及化新阶段，[①] 高校毕业生大幅度增加。高校扩招之初、扩招学生尚未毕

① 按照国际通行的标准，如果一个国家的高等教育毛入学率低于 15%，就属于精英教育阶段；如果高等教育毛入学率超过 15%，就进入高等教育大众化阶段；如果高等教育毛入学率超过 50%，就进入高等教育普及化阶段。经过连年大幅度扩招，我国高等教育毛入学率 2002 年达到了 15%，步入高等教育大众化阶段；我国高等教育毛入学率 2019 年达到 51.6%，超过了 50%，意味着我国进入高等教育普及化阶段。

业的2000年，我国高校毕业生只有107万人。2021年，高校毕业生数量就增加到了909万人，约是2000年高校毕业生数量的8.5倍。因此，这些作为现代生产方式—就业机会的正规就业岗位严重供不应求。为获得这些现代生产方式—就业机会，高校毕业生面临极为激烈的竞争，甚至是绝大多数毕业生几乎无法实现的梦想。对于绝大多数毕业生来说，只能是要么接受现实，从事普通劳动者从事的传统生产方式—就业机会，要么选择失业或退出劳动力市场。

（二）城市完全竞争劳动力市场

相对于城市不完全竞争劳动力市场，城市完全竞争劳动力市场就业特征为市场开放度高、工资福利水平低、就业不稳定、缺乏社会保障及劳动权益保护不力等，接近于帕雷对二级市场（Secondary segments）就业特征的描述，属于城市传统生产方式—就业机会。现阶段，我国城市完全竞争劳动力市场的就业机会，包括城市的非正规部门的工作岗位和前述正规部门中的临时工作岗位。从行业分布看，这些就业机会在批发零售贸易、餐饮、制造业、采掘业和建筑业等传统劳动密集型行业所占比重较高，而且是批发零售贸易、餐饮、建筑业等的就业岗位的主体。

由于这类就业机会对学历和技能要求较低，传统上在该领域就业的主体是农村进城务工人员、城市国有单位和集体单位脱离劳动关系的下岗职工和失业人员，以及城乡初高中毕业的新生劳动力等。由于城市完全竞争劳动力市场对求职者没有专用性人力资本的要求，如高校毕业生选择通过该劳动力市场实现就业，就将因其专用性人力资本处于闲置状态而逐渐贬值，并很可能被长期锁定为城市传统生产方式—就业机会。因此，有不少高校毕业生宁愿失业，也不愿进入城市完全竞争劳动力市场，从而产生自愿性失业。①然而，国际金融危机以来及近年来经济下行压力持续加大，特别是中美贸易摩擦、新冠疫情等多重冲击所形成的严峻的就业形势，迫使一部分高校毕业

① 吴克明、赖德胜：《大学生自愿性失业的经济学分析》，《高等教育研究》2004年第2期。

生进入城市完全竞争市场寻找就业机会并实现就业。麦克思中国大学生就业研究课题组，通过对2008届高校毕业生就业的雇主类型调查发现，“民营企业及个体企业”是所有类型院校的高校毕业生就业最多的雇主类型，雇佣的毕业生占“211”院校、非“211”院校和高职高专毕业生的比重高达34%、44%和60%。[①]而且，民营企业自2011年来一直是吸纳高校毕业生就业的最大雇主类型。不过，由于绝大多数属于劳动密集型的中小微企业是最脆弱的承压者，在多年来我国经济下行压力持续增大的形势下，相当数量的中小微企业倒闭或濒临倒闭，导致高校毕业生在城市完全竞争劳动力市场也呈“供大于求”的态势。即便高校毕业生愿意接受城市传统生产方式—就业机会，也面临越来越激烈的竞争。

（三）农村劳动力市场

与城市劳动力市场相比，我国农村劳动力市场的就业具有以下特征：其一，收入水平最低。据国家统计局网站公开发布的数据，2020年，全国国有单位就业人员年平均工资为108132元，城镇私营单位就业人员年工资为57727元；[②]农村劳动力市场最具代表性的本地农民工，月人均收入3606元，[③]即使按照全年12个月就业，年人均收入仅为43272元。其二，社会福利最差。社会保障制度城乡分割与双轨并存，城乡之间差异很大，存在对城乡收入的逆向调节。其三，社会地位最低。农村劳动力市场的就业特征，属于典型的传统生产方式—就业机会。在农村人看来，即便成为农民工也是一种向上的社会流动。除了传统上农村优秀青年通过考大学、参军和招工等途径流入城市外，大批具有较高文化程度的青年人持续大规模地向城镇转

① 麦克思中国大学生就业研究课题组：《2009年中国大学生就业报告》，社会科学文献出版社2009年版，第88页。

② 国家统计局：《2020年城镇非私营单位就业人员年平均工资为97379元》，2021年5月19日，见http://www.stats.gov.cn/xxgk/sjfb/zxfb2020/202105/t20210519_1817689.html。

③ 中商产业研究院：《2020年全国农民工大数据统计：总量减少517万人 月均收入增长2.8%》，2021年5月6日，见https://www.askci.com/news/data/hongguan/20210506/0924311443152.shtml。

移就业，导致农村人力资本状况更加持续恶化。因而，在农村劳动力市场寻找就业机会和实现就业的，主要是当地农民工。根据国家统计局发布的《2020年农民工监测调查报告》，全部农民工中未上过学的占1%，小学学历占14.7%，初中学历占55.4%，高中学历占16.7%，大专及以上占12.2%，仍以具有初中及以下文化程度为主，合计超过70%。其中，本地农民工中大专及以上占8.1%，外地农民工中大专及以上占16.5%，前者不及后者的一半。①

按说，实现农业农村现代化最需要人才，迫切需要一大批受过高等教育的高素质劳动力稳定在农村就业。然而，高校毕业生中到县及以下乡镇和乡村就业的比例一直很低。据北京大学全国高校毕业生抽样调查的数据显示，近年来高校毕业生到县级市或县城就业的群体占比为14.8%，到乡镇就业比例为3.28%，到农村就业比例仅有2.1%。② 即使当前极为严峻的就业形势迫使一些高校毕业生能够有前提地愿意接受到农村基层工作，但愿意长期到农村基层工作的学生仍非常少，而且绝大部分学生希望能够将其户口落在地级市城区。一项针对河北农业大学农业类在校大学生的调查结果颇能说明这一点，该项调查结果表明：共有81.3%的学生愿意到农村基层锻炼，其中分别有45.9%、38.4%、10.1%和5.6%的人希望以国家公务员、青年自愿者、农村社教队员和“三下乡”队员的身份被派遣到农村工作；分别有34.8%、32.2%、17.6%和15.4%的人希望在工作结束后优先录用为公务员、择优免试深造、安排在城里工作和考研时加分；分别有26.2%、37.6%、15.4%、4.7%和2.7%的人选择回家乡工作的年限为1年、2年、3年、4年和5年；对于长期到农村工作希望的户口所在地，43.6%的学生希望落户在地级市，18.7%的学生希望落户在县城。③ 究其原因，除了

---

① 国家统计局：《2020年农民工监测调查报告》，2021年4月30日，见http：//www.stats.gov.cn/tjsj/zxfb/202104/t20210430_1816933.html。

② 光明日报调研组：《关于大学生基层就业的样本调查》，《光明日报》2020年9月4日。

③ 刘秀娟、董谦、王军：《农业类高校毕业生的农村基层就业意愿调查分析》，《安徽农业科学》2008年第10期。

基于农村传统生产方式—就业机会的上述特征原因外，基于城乡劳动力市场分割特性所导致的过高的城乡工作转换成本，特别是一旦离职与原单位存在过高的交易成本，也是高校毕业生不愿意去农村工作的重要原因。[①] 事实上，如今我国农村经济社会发展的实际状况，也根本形成不了对高校毕业生的有效就业需求。而且，如果政府不提供一定的优惠政策和条件，农村对高校毕业生的有效需求短时间内也不可能大幅度增长。真正将农村对高校毕业生的巨大的潜在需要转化为实际的就业需求，并使这些就业机会转化为对高校毕业生具有充分吸引力的现代生产方式—就业机会，仍任重而道远。

综上所述，我国客观存在城市不完全竞争劳动力市场、城市完全竞争劳动力市场和农村劳动力市场，就业结构表现为现代生产方式—就业机会集中的城市现代部门、传统生产方式—就业机会集中的城市传统部门和几乎全部为传统生产方式—就业机会的乡村部门“三部门”并存的特征。近年来经济下行压力不断增大，高校毕业生的就业需求更加趋紧，与高校连年扩招的因素相叠加，使我国本已非常严峻的高校毕业生就业形势更是“雪上加霜”。尽管一部分高校毕业生迫于空前的就业压力，开始选择进入城市完全竞争劳动力市场，愿意有前提条件地接受短期到农村劳动力市场就业，但当前城市完全竞争劳动力市场和农村劳动力市场实际上却缺乏对高校毕业生的有效需求。高校毕业生过于集中在城市不完全竞争劳动力市场上竞争极为有限的就业机会，导致就业的结构性矛盾异常突出，破解高校毕业生就业难题面临着极为棘手的困境。

① 赖德胜：《劳动力市场分割与大学毕业生失业》，《北京师范大学学报》（人文社会科学版）2001 年第 4 期。

二、对高校毕业生就业难根本原因的分析

（一）高校毕业生就业难根本原因分析不应从直觉出发

尽管高校毕业生就业难在这三个层次的劳动力市场或三元就业部门具有不同的表现形式，但对高校毕业生就业需求不足却是这三个层次劳动力市场的共同特征。那么，造成我国高校毕业生就业难的根本原因究竟是什么？

有人从直觉出发将高校毕业生就业难归咎于 1999 年以来我国高校连年大幅度扩招。客观上讲，高校连年大幅度扩招的确在短时期内大量增加高校毕业生，增大了高校毕业生供求矛盾。但是，它仅仅是从直觉出发得到的表面原因，却不是导致高校毕业生就业难问题的根本原因。因为，我国高校毕业生总量总体上仍处于“求大于供阶段”，高校连年大幅度扩招并没有改变高校毕业生总量“求大于供阶段”的总体格局。我们可以以被称为“最难就业季”的 2014 年为例，通过国际比较来说明这一点。2014 年，我国的高等教育毛入学率为 34.5%，低于 WEF 数据中的 53 个国家高等教育毛入学率为 54.5% 的平均水平，更远低于发达国家 1997 年时高等教育毛入学率为 61.1% 的平均水平。按说，相对于我国生产方式现代化加速转型、经济发展方式向更多依赖人力资本优势转变所提出的巨量需求，高校毕业生的确不应出现过剩。岳昌君研究证实，我国高等教育人口比重的实际值为 4.66%，与我国经济同等发展水平国家的高等教育人口比重的国际平均水平为 5.09%，两者相差 0.43 个百分点，我国高等教育的发展规模与经济社会发展基本上是协调的，高等教育适度超前发展的策略也是可行的。① 也就是说，我国高校毕业生总量至今仍处于“求大于供阶段”，但在劳动力市场上却表现为供大于求，高校毕业生就业难的根本原因并非是国内高校连年大幅度扩招。

近年来，我国经济下行压力不断增大。在应对 2008 年国际金融危机

---

① 岳昌君：《高等教育人口比重的国际比较》，《比较教育研究》2004 年第 2 期。

实现V字形反转达到高峰后，我国GDP增速自2010年起一直持续下降，2010年至2020年的GDP增速分别是10.4%、9.3%、7.7%、7.8%、7.3%、6.9%、6.7%、6.8%、6.6%、6.1%、2.3%。前所未有的连年经济增速持续下降，自然会对包括高校毕业生在内的新增劳动力就业造成明显冲击。也有人从直觉出发，将高校毕业生就业难归咎于国际金融危机及不断增大的经济下行压力。事实上，国际金融危机及不断增大的经济下行压力，同样不是造成当前我国高校毕业生就业难的根本原因。因为，如果说国际金融危机及不断增大的经济下行压力是根本原因的话，高校毕业生就业难的基本态势应该形成于国际金融危机发生并对劳动力市场造成冲击后。但问题在于我国高校毕业生就业难的基本态势，却形成于国际金融危机发生前、经济高速增长的时期。2001年至2006年，我国经济持续高速增长，GDP增长率分别为8.3%、9.3%、10.0%、10.1%、10.4%和10.7%；根据教育部公布的数据，同期我国应届本科毕业生就业率却从2001年的80.0%降低到2003年的75.0%，此后一直维持在这一水平。① 显然，国际金融危机及不断增大的经济下行压力，无疑会进一步强化高校毕业生就业需求不足状况，但却不是我国高校毕业生就业需求不足基本态势形成的根本原因。

综上所述，我国高校连年大幅度扩招、国际金融危机及不断增大的经济下行压力及中美贸易摩擦、新冠疫情等多重冲击，都不是我国高校毕业生就业难的根本原因。对于我国高校毕业生就业难的根本原因，不应单单从直觉出发，而应进行深入的理论分析。

（二）高校毕业生就业需求的特点

现有文献在坚持我国高校毕业生仍处于“求大于供”阶段的前提下，把高校毕业生就业需求不足或过剩看作是只存在于城市、发达地区和正规部门等主要劳动力市场上的现象，而认为其在农村、欠发达地区和非正规部门

① 参见钱凯、梁艳：《我国高校毕业生就业难的经济学思考》，2008年5月12日，见http://www.efnchina.com/show-1980-53056-1.html。

等次要劳动力市场上则表现为绝对不足。如果高校毕业生愿意到次要劳动力市场上就业，应该是很容易实现就业的。这一观点隐含的理论前提，是高校毕业生数量在次要劳动力市场上是绝对不足的。尽管该理论前提似乎在理论上具有一定的合理性，但现实中的次要劳动力市场——城市完全竞争劳动力市场和农村劳动力市场——却并非如此。与这一观点隐含的理论前提相反，次要劳动力市场同主要劳动力市场相似，也表现为对高校毕业生的就业需求不足。解释这一似乎自相矛盾现象的关键在于回答为什么高校毕业生在三个层次劳动力市场或三元就业部门的就业需求都不足？

撇开我国高校连年大幅度扩招、国际金融危机及不断增大的经济下行压力及中美贸易摩擦、新冠疫情等外部冲击因素，解释以上三个层次的劳动力市场或三元就业部门高校毕业生就业难基本态势形成的根本原因，首先必须明确高校毕业生就业需求的特点。

相对于其他新生劳动力来说，因接受过高等教育而具有较高的人力资本存量、较高的专业技能和生产效率，是高校毕业生的基本特征。高校毕业生之所以具有较高的人力资本存量及专业技能和生产效率，是对高等教育进行人力资本投资的结果，本身既有成本也有收益。由于人力资本投资收益是一种未来的收益，主要表现为就业后相对于其他新生劳动力工资的增加、福利的改善、社会地位和声誉的提高。因而，只有在扣除成本后的投资净现值大于零时，对高等教育的人力资本投资在经济上才是合理可行的。① 由于劳动力需求属于派生性需求，代表性企业是否雇佣高校毕业生，决定于企业生产的产品或服务是否需要高校毕业生所拥有的特定类型和数量的人力资本。如果高校毕业生拥有的人力资本类型企业并不需要，如它需要的是建筑专业人才而不是理论物理专业人才；或者高校毕业生拥有的人力资本数量对它并不必要，如中学或更低学历就能够胜任的工作，企业就不必以更高的人力成本雇佣高校毕业生。对于代表性企业来说，它雇佣符合人力资本要求的

① 高校毕业生投资的净现值，以毕业进入劳动力市场就业的时间为基点，为折成基点处的收益总和与折成基点处的成本总和的差。

高校毕业生数量决定于两个因素：其一，高校毕业生劳动的边际生产率，对高校毕业生的就业需求随其劳动的边际生产率的提高而增加；其二，高校毕业生的实际工资水平，对高校毕业生的就业需求随实际工资水平的提高而降低。① 按照企业的利润最大化目标，企业雇佣高校毕业生遵循的原则是劳动的边际产品收益等于实际工资水平，即：$MRP_L = W$，企业对高校毕业生需求的数量为：$L^* = F^{-1}(Q^d)$。只有明确了高校毕业生就业需求的这些特点，才能真正理解高校毕业生在上述三个层次劳动力市场或三元就业部门就业需求都不足的根本原因。

（三）高校毕业生就业需求不足的根本原因

高校毕业生在城市不完全竞争劳动力市场、城市完全竞争劳动力市场和农村劳动力市场的就业需求都不足，反映出我国的就业增长模式具有抑制高校毕业生就业需求的特点，根源于我国的经济增长一定程度上偏离了生产方式现代化转型的良性运行轨道。

首先，我国产业结构，严重制约了现代生产方式—就业机会及高校毕业生就业需求总量的增长。按照马克思生产方式现代化转型及乡—城劳动力转移理论，超过劳动者个人需要的农业劳动生产率是一切社会的基础，它的高低决定着各个产业进行社会分工的发展程度，以及农业人口向非农产业转移的速度与规模。对于发展中国家来说，产业结构逐步优化是伴随经济发展必然发生的规律性现象。产业结构优化的基本趋势是，第一产业的就业人口比重和所创造的国民收入比重不断下降，第二产业的就业人口比重和所创造的国民收入比重先是不断上升然后逐步下降，第三产业的就业人口比重和所创造的国民收入比重则是一直上升。改革开放 40 多年来，我国产业结构的演变基本符合上述产业结构优化的基本趋势，但第三产业尤其是现代服务业比重偏低、第一产业发展滞后的产业结构问题始终没有得到解决。

---

① 这里假定高校毕业生所在的劳动力市场和企业的产品市场都是完全竞争市场。

对于国际金融危机发生前我国产业结构的扭曲程度，王少国通过计算我国非农产业结构偏离度[①] 进行衡量的结果表明，1978—1991 年的非农产业结构偏离度下降了 5.7%，而 1992—2004 年的非农产业结构偏离度却上升了 15.8%，表明我国 20 世纪 90 年代初以来的非农产业结构偏离度止降转升，产业结构的扭曲程度不断提高。[②] 一方面，产业结构扭曲程度的提高，会因产业结构不能通过及时合理地调整为经济持续增长创造条件而降低经济增长率，从而降低就业需求增长的速度。对于经济增长决定就业增长的机制，周天勇在斯密和李嘉图关于劳动与产出数量关系理论的基础上，推导出一个揭示该机制的数学模型：$e \approx g - p$，即劳动力需求增长率 e 等于国民生产值增长率 g 减去劳动生产率增长率 p。该模型说明劳动力需求决定于经济增长和劳动生产率的变动，其含义是劳动力需求水平从动态看主要决定于经济增长，经济增长速度快，劳动力需求量相对较大；经济增长速度慢，劳动力需求量就相对较小。[③] 另一方面，产业结构扭曲程度的提高，则可能通过产业结构与就业结构变化的速度及方向的不协调，从而降低经济增长对就业需求增长的带动作用。从理论上说，如果一个国家或地区三次产业的劳动生产率相等，那么各个产业的产值占全部产值的比重就等于该产业就业劳动力占全体劳动力的比重。然而，现实中几乎每个国家三次产业的劳动生产率都并不相等，产业结构与就业结构处于不断变化之中。只要产业结构与就业结构变动的方向与速度相互协调，产业结构的扭曲程度就会得到缓解，经济增长对就业的拉动作用也会因而趋于增强。

国际金融危机发生前，我国的就业结构调整是明显滞后于产业结构变动的（表 5–1）。（1）第一产业在国内生产总值的比重从 20 世纪 80 年代中

---

① 非农产业结构偏离度，是通过测量非农产业结构与理想结构的偏离程度来估计产业结构扭曲程度的指标。这里的非农产业的理想结构，指的是各产业的收入比重与就业比重相等。非农产业结构偏离度越小，产业结构扭曲程度越低，相反，非农产业结构偏离度达到理论上的最小值 0，意味着非农产业结构达到理想结构，产业结构不存在扭曲问题。

② 王少国：《经济增长与非农产业结构的非良性互动对城镇就业的影响》，载刘树成等主编：《中国经济增长与经济周期（2007）》，中国经济出版社 2008 年版，第 215—223 页。

③ 周天勇：《劳动与经济增长》，上海三联书店、上海人民出版社 1994 年版，第 60—66 页。

期开始呈不断下降趋势，到国际金融危机发生前已降至 12.6%。第一产业占全部劳动力投入的比重尽管也呈不断下降趋势，但到 2005 年为止仍高达 44.8%。即使考虑到第一产业低下的劳动生产率水平因素，相对于第一产业在国内生产总值的比重来说，第一产业劳动力投入比重仍高得惊人，说明过多的劳动就业人口已严重制约了第一产业的发展。（2）第二产业在国内生产总值的比重从 1980 年的 48.22% 一直下降到 1990 年的 41.34%，此后回升到 2005 年的 47.5%，2007 年更高达 50.27%，占据半壁江山。2005 年，第二产业在劳动力投入的比重为 23.8%，相对于在国内生产总值的比重 47.5% 却要低得多。（3）第三产业在国内生产总值的比重总体上呈上升趋势，从 1978 年的 24.19% 上升到 2005 年的 39.9%。第三产业占全部劳动力投入的比重也一直呈上升趋势，而且其劳动力投入的比重自 20 世纪 90 年代中期以来已超过第二产业，说明第三产业对就业增长的拉动作用更强。也就是说，我国第一产业的劳动生产率最低，劳动力伴随生产方式现代化转型向非农产业转移依然任重而道远；第二产业的劳动生产率远高于第一产业和第三产业，但拉动就业增长的作用却不大；第三产业对就业的拉动作用最大，但新增就业主要集中在劳动生产率较低的传统服务业，而不是劳动生产率较高的现代服务业。

表 5–1 国际金融危机前夕我国产业结构与就业结构的变动

年份	国内生产总值（%）			劳动力投入（%）		
	第一产业	第二产业	第三产业	第一产业	第二产业	第三产业
1978	27.94	47.88	24.19	70.5	17.3	12.2
1980	29.91	48.22	21.87	68.7	18.2	13.1
1985	28.19	42.89	28.92	62.4	20.8	16.8
1990	26.88	41.34	31.78	60.1	21.4	18.5
1995	19.77	47.18	33.04	52.2	23	24.8
2000	14.83	45.92	39.25	50	22.5	27.5
2005	12.6	47.5	39.9	44.8	23.8	31.4

数据来源：马晓河、赵淑芳：《改革开放以来我国产业结构的演变》，载邹东涛主编：《中国经济发展和体制改革报告 No.1，中国改革开放 30 年》，社会科学文献出版社 2008 年版。

2008年国际金融危机发生后，我国通过采取积极的财政政策与货币政策、扩大投资、调整经济结构和转变经济发展方式，迅速抑制了经济增速下降势头，推动产业结构实现了向现代产业结构转变。2013年，我国第一产业增加值占GDP的比重下降到10.0%；第二产业增加值占GDP的比重下降到43.9%；第三产业增加值占GDP的比重上升到46.1%，首次超过了第二产业增加值占GDP的比重，开始在GDP中占据主体地位，成为驱动经济增长与就业增长的主要力量。近年来经济下行压力不断增大，我国之所以非但没有出现如国际金融危机冲击造成的"民工返乡潮"，而且城镇登记失业率继续维持在较低水平，第三产业增长较快、吸纳就业能力强及取代传统制造业成为就业增长的主要拉动力量是其重要原因。但是，我国产业结构扭曲问题依然存在（见表5–2），表现为：相对于各产业增加值在GDP的比重，第一产业占全部劳动力投入的比重过高，劳动生产率最低；第二产业中增加值占比、就业份额和劳动生产率增长率实际提高最快的是建筑业，包括高新技术产业在内的工业部门存在严重的产能过剩，其增加值占比、就业份额和劳动生产率增长率降低；第三产业总体上增加值占比提高较快但仍然过低，在三次产业中劳动生产率提高最慢，其中现代服务业中的事业单位和公共服务部门受体制和管制的制约发展缓慢、吸纳新增就业极为有限，而发展迅猛的传统服务业却生产效率和劳动生产率低下。总之，我国产业结构扭曲、就业结构调整明显滞后于产业结构变化，在弱化经济增长对就业的拉动作用的同时，还必然造成高校毕业生就业弹性系数的降低，严重制约了高校毕业生就业需求总量的增长。

表5–2 国际金融危机以来我国产业结构的变动（2008—2013）

	第一产业	第二产业	第三产业
产业增加值在GDP的比重	10.0	43.9	46.1
就业份额	－4.26	1.18（6）	2.93
劳动生产率增长率	8.71	6.77（13.24）	5.802

注：三次产业增加值在GDP的比重为2013年的数据；第二产业栏目中括号内的数据为建筑业的数据。

数据来源：张平：《中国经济效率减速冲击、存量改革和政策激励》，《经济学动态》2014年第10期。

其次，尽管制造业是改革开放以来推动我国就业增长和城乡就业结构演变的核心力量，[①] 但制造业在国际产业分工和国际产业链分工定位的相对低端化抑制了高校毕业生就业需求的增长。其一，我国制造业在国际产业分工中主要集中在劳动密集型产业，发展迅猛却并没有为高校毕业生创造出相应的就业需求。澳大利亚国立大学开展的一项通过对特定工业产品出口的显示性比较优势指标（revealed comparative advantage index）进行研究的结果表明，我国劳动密集型产品的显示性比较优势指标达到 4，大大超过 1，意味着劳动密集型产品具有很强的国际竞争力。[②] 随着我国经济融入国际产业分工走向深入，劳动密集型制造业的比较优势表现得越来越充分，劳动密集型产品出口增长非常迅猛。袁富华在将劳动密集型制造业划分为传统劳动密集型产业和高关联度劳动密集型产业两大类的基础上，进一步将传统劳动密集型产业分为Ⅰ（包含于国际贸易标准分类中的产业）和Ⅱ（金属制品业）两类；将高关联度劳动密集型产业分为Ⅲ（纺织业、服装鞋帽制造业）和Ⅳ（专用设备制造业、普通机械制造业、电器机械及器材制造业）两类。然后，依据这四个类别对劳动密集型产品出口价值的数据进行了分析，其研究结论表明：1993—2004 年，我国劳动密集型制造业出口价值占出口总价值的比重基本维持在 82%—86%。2004 年，以上四个类别产业的年出口价值分别较 1993 年时增长了 3.02 倍、8.37 倍、2.21 倍和 16.83 倍，第Ⅳ类（专用设备制造业、普通机械制造业、电器机械及器材制造业）的出口增幅最大。尽管近年来由于产业技术持续进步，导致劳动密集型制造业出口就业弹性降低，但是 2004 年各类劳动密集型制造业就业的绝对规模仍多达 2770.77 多万人，各类劳动密集型制造业就业占制造业就业的比重仍高达 53.10%。[③] 由

① 由于制造业同国民经济各产业的关联度高，占有较高的贸易额，在推动经济增长和带动就业方面具有核心作用。

② 蒋选：《我国中长期失业问题研究——以产业结构变动为主线》，中国人民大学出版社 2004 年版，第 133 页。

③ 袁富华：《中国劳动密集型制造业出口和就业状况分析》，《经济理论与经济管理》2007 年第 4 期。

于我国的制造业以劳动密集型制造业为主，劳动密集型制造业吸收的劳动力以一般劳动力为主，因此我国制造业的迅猛发展并没有为高校毕业生创造出相应的就业需求。

其二，我国制造业绝大部分处在国际产业链的低端，创造的就业岗位主要集中于城市完全竞争劳动力市场，对适合高校毕业生的高质量就业机会的贡献微乎其微。产业链在本质上就是以价值为纽带、将决定和影响节点产业产品的主要价值部分连接所构成的链。[①] 在经济全球化日益深入的今天，制造业产业链是由跨国公司所主导进行的全球化配置。尽管我国是世界公认的制造业大国，约有 220 多种工业制成品的产量居世界第一位，但制造业绝大部分处在国际产业链的低端，大多数核心零部件和特殊材料仍需要从国外进口，我国的优势仅仅体现在中间环节，也就是制成品生产和组装。郎咸平从制造业供应链角度对我国制造业在国际产业链中的定位进行分析，发现我国制造业被定位在整条产业链结构中最没有价值、最不赚钱的加工制造环节，而作为最有价值和最赚钱的其他环节都掌握在欧美发达国家跨国公司手里。由于加工制造环节的工作岗位一般劳动力就能胜任，没有必要雇佣高校毕业生，而最有价值和最赚钱、能够为高校毕业生提供高质量就业机会的环节却控制在国外跨国公司手里。因此，我国的制造业创造的就业机会基本集中于城市完全竞争劳动力市场，对适合高校毕业生的高质量就业机会的贡献微乎其微。

其三，制造业在国际产业分工和国际产业链分工定位的低端化，导致生产性服务需求不足、现代服务业发展滞后，是城镇不完全竞争劳动力市场对高校毕业生就业需求不足和就业竞争异常激烈的重要原因。现代服务业通常采用的是现代科学技术装备，实施的是现代管理方式。它主要包括由实物产品生产领域分化出来的诸如产品分发、物流配送等新兴的生产服务业，从服务产品生产领域分化出来的金融保险、信息服务、中介咨询、服务营销等

---

① 周新生：《产业分析与产业策划方法及应用》，经济管理出版社 2005 年版，第 350—361 页。

新兴产业服务业，以及从人类的生活环节中独立出来的新兴生活服务业，如现代文化娱乐业、旅游业[①]，等等。由于我国制造业以劳动密集型制造业为主，在国际产业内部分工中以国际产业链低端的加工制造环节为主，导致对生产性服务的需求不足。当前我国生产性服务业占服务业的比重为46%，距发达国家生产性服务业占服务业 70% 的比重相差甚远。[②] 截至 2013 年，我国第三产业增加值占国内生产总值的比重为 46.1%，不仅大大低于发达国家的水平（发达国家的平均水平为 66%），而且与下中等收入国家的水平（下中等收入国家的平均水平为 50.7%，其中巴西为 77.7%，埃及为 52.4%，印度为 52.2%，哈萨克斯坦为 53.3%）也有相当大的距离。[③] 这严重制约了我国城镇以现代服务业为主的现代第三产业的发展，导致传统服务业在第三产业中的比重过大，现代服务业在第三产业中的比重严重偏低。由于现代服务业基本属于知识密集型或高等教育密集型，是高等教育者相对密集程度大的行业。岳昌君、丁小浩通过分析 2000 年我国分行业的高等教育密集度发现，属于高等教育强密集行业有 6 个行业（见表 5–3）。该年，属于强密集行业组的 6 个行业的就业规模为 3759 万人，其中高等教育人员为 2080 万人，所占比重高达 55%，科学研究和综合技术服务业从业人员受高等教育者所占比重更是高达 82.86%。[④] 第三产业特别是属于高等教育强密集行业的现代服务业发展滞后，制约了这些行业吸纳高校毕业生就业需求的能力，是我国城镇不完全竞争劳动力市场对高校毕业生就业需求不足和就业竞争异常激烈的重要原因。

---

① 李江帆：《产业结构高级化与第三产业现代化》，《中山大学学报》（社会科学版）2005 年第 4 期。

② 汪海波：《中外产业结构升级的历史考察与启示》，《经济学动态》2014 年第 6 期。

③ 刘世锦：《传统与现代之间——增长模式转型与新型工业化道路的选择》，中国人民大学出版社 2006 年版，第 241 页。

④ 岳昌君、丁小浩：《受高等教育者就业的经济学分析》，《高等教育研究》2003 年第 6 期。

表 5–3 我国分行业的高等教育就业相对密集度

行业	高等教育人员比重（%）	受高等教育的相对密集程度	高等教育相对密集度行业分组
总计	4.66	1.00	—
农林牧渔水利业	0.17	0.04	非密集行业
工业	5.74	1.23	一般密集行业
建筑业	2.94	0.63	一般密集行业
交通运输仓储和邮电通讯业	8.71	1.87	较强密集行业
批发零售贸易和餐饮业	4.14	0.89	一般密集行业
金融保险业	64.16	13.74	强密集行业
房地产业	37.94	8.12	强密集行业
社会服务业	16.05	3.44	较强密集行业
卫生体育和社会福利业	52.79	11.30	强密集行业
教育文化艺术及广播电视业	43.13	9.24	强密集行业
科学研究和综合技术服务业	82.86	17.74	强密集行业
国家机关政党和社会团体	68.35	14.64	强密集行业

资料来源：岳昌君、丁小浩：《受高等教育者就业的经济学分析》，《高等教育研究》2003 年第 6 期。

最后，农村生产方式现代化滞后，缺乏形成现代生产方式—就业机会及对高校毕业生就业需求的条件。尽管农业常常被提到“国民经济的基础”的重要地位，文件中明确提出“把农业放在国民经济发展的首位”，甚至多年来将农业文件列为中央一号文件，但在现实中却由于种种原因忽视了农业生产方式现代化转型，迄今为止总体上仍属于传统农业，落后的小生产依然是我国农业占统治地位的生产方式，缺乏形成高校毕业生就业需求的条件。(1) 从劳动方式来看，在我国现有的家庭联产承包责任制下，新型农业生产组织总体上处于培育阶段，分散的小农户家庭仍是基本的生产组织形式，传统的手工操作和畜力耕种依然是主要的生产技术条件。农业生产活动以体力劳动为主，对人力资本要求较低，几乎创造不出现代生产方式—就业机会，难以形成对高校毕业生的就业需求。(2) 从社会生产形式看，我国改革以后确立的家庭联产承包责任制与传统农业相结合，参与专业化分工与合作的能力和动力不足，生产要素的市场化程度低，农产品的品种、质量和结构很难与现代市场经济的要求相适应，仍具有较为突出的自给自足小农经营特征。孤立与分散的小农户经济，既没有必要也没有能力吸纳高校毕业生就业。（3）从生产的社会形式看，家庭联产承包责任制的实施，大部分地区根据集体土地的数量和质量，按照人口或劳动力平均分配，再加上采取肥瘦搭配的办法，耕地更为细碎化。这种超小规模的农地经营模式，不利于农业生产的规模化和集约化。同时，法律上土地所有权归农民集体，客观上又存在代表农民集体利益的代理人缺位，农民拥有土地的承包权，却未必同时拥有占有权、经营权、自由转让权、入股权、抵押权与继承权等经济所有权，这严重制约着土地的自由流转和规模化经营，导致农业生产长期被锁定在以小农户为单位的超小生产规模上，难以形成现代生产方式—就业机会的现代农业企业化经营组织。另一方面，农村非农产业也因布局分散、生产经营方式落后和发展停滞，难以形成现代生产方式—就业机会。20 世纪 80 年代，我国乡镇企业异军突起，迅速成为非农产业就业的主要贡献者。然而，由于乡镇企业布局分散，[①] 生产经营方式落后，20世纪90年代中期以后便开始陷入停滞状态。同时，农村第二产业层次低，产业关联度差，布局分散，形不成规模效益，制约了能源、交通、通讯、金融、供水、供电、仓储等基础设施与社会化服务体系及现代第三产业的发展。因此，农村非农产业基本属于技术含量比较低的行业，生产经营方式落后，对劳动者的知识和技能的要求比较低，总体上仍属于传统生产方式—就业机会，对高校毕业生缺乏吸引力。

综上所述，我国高校毕业生就业需求不足基本态势的形成，根源于我国的经济增长偏离了生产方式现代化转型及现代生产方式—就业机会创造与合理动态分布的良性运行轨道。在总量上，由于我国产业结构扭曲、就业结构调整明显滞后于产业结构变化，在弱化经济增长对就业的拉动作用的同时，还必然造成高校毕业生就业弹性系数的降低，严重制约了高校毕业生就业需求总量的增长。在结构上，制造业以劳动密集型为主和处在国际产业链

---

① 1992 年，全国有 2097 万家乡镇企业，1900 多万家分布在自然村，占总数的 92%，7% 分布在建制镇，1% 分布在县城。到了 1997 年，全国 2015 万家乡镇企业中仍有 87% 分散在行政村和自然村。参见陈元：《中国农村城镇化问题研究》，中国财政经济出版社 2004 年版，第 214—233 页。

低端的定位，新创造就业机会以一般劳动力为主，集中于城市完全竞争劳动力市场，其迅猛发展并没有为高校毕业生创造出相应的就业需求；第三产业特别是属于高等教育强密集行业的现代服务业发展滞后，吸纳高校毕业生就业的能力有限，是城镇不完全竞争劳动力市场对高校毕业生就业需求不足和就业竞争异常激烈的重要原因；我国农业总体上仍属于传统农业，基本属于技术含量比较低的行业，生产经营方式落后，对劳动者的知识和技能的要求比较低，总体上属于传统生产方式—就业机会，对高校毕业生缺乏吸引力。

三、破解我国高校毕业生就业困难的政策建议

既然我国高校毕业生就业需求不足基本态势的形成，根源于我国经济增长偏离了生产方式现代化转型及现代生产方式—就业机会创造与合理动态分布的良性运行轨道。那么，破解我国高校毕业生就业难困局的核心任务，就是要构建起生产方式现代化转型及现代生产方式—就业机会创造与合理动态分布的良性互动机制。

第一，调整和优化产业结构，强化经济增长对增加城乡就业总量、扩大高校毕业生就业需求的引擎作用。优化产业结构、扩大城乡就业总量，不仅仅是各个产业部门增加值占比和就业份额之间的消长问题，而是要通过经济发展方式转变与经济结构调整，努力使产业结构符合生产方式现代化转型及产业结构优化的规律性趋势。配第—克拉克定理和库兹涅茨法则，分别依据对若干国家庞大统计数据的分析揭示出一个规律性现象，即伴随经济发展和人均国民收入水平的提高，第一产业增加值占比和劳动力的相对比重不断降低，第二产业增加值占比和劳动力的相对比重先上升达到一定水平再下降，第三产业增加值占比和劳动力的相对比重持续上升。著名发展经济学家钱纳里曾在回归分析 1950 年到 1970 年 101 个国家的数据的基础上，证明在一定的人均国民生产总值水平上有一定的产业结构和就业结构相对应。由于各个产业部门增长率的变化将导致产业结构的变化，因而产业结构的高度事实上就说明了工业化所处的阶段。刘伟将工业化划分为三个时期：工业化前

期，工业化开始加速，第二产业的增长快于第一、第三产业；工业化中期，依然增长较快的第二产业需要第三产业更多的支持，而且与第三产业增速的差别越来越小；工业化后期，第二产业增速放缓，第三产业因专业化分工发展与对消费需求的提升而加快发展，超过第二产业成为国民经济的主导部门。截止到 2013 年，我国第一、第二和第三产业在国内生产总值的比重分别是 10.0%、43.9% 和 46.1%，第三产业首次超过了第二产业成为国民经济最大的部门，并且是增长率最高的部门。这样的产业结构高度说明，我国总体上已进入工业化后期，下一步产业结构优化的方向是最终形成工业化完成后的产业结构。根据国际经验，工业化完成后第一、第二和第三产业在国内生产总值的比重分别为 5% 左右、30% 左右和 60% 以上，各个产业部门的就业份额趋同于其国内生产总值的比重。① 工业化后期的经济发展阶段方位，决定了我国产业结构调整和优化的方向是：进一步降低第一产业增加值在 GDP 中的比重；逐步将第二产业在 GDP 中的比重降低到 30% 左右；第三产业是工业化后期经济增长的主导，距离提高到 60% 以上的增加值比重还有很大的发展空间，应该大力发展第三产业特别是现代服务业。然而，第一产业因劳动力转移不畅导致其劳动力比重相对于增加值占比居高不下，第二产业产能严重过剩和存在大量僵尸企业，第三产业特别是现代服务业中的事业单位和公共服务部门发展却面临体制与管制的制约。产业结构扭曲的消除、产业结构的调整和优化，迫切需要通过深化改革，完善政府职能，发挥市场在资源配置中的决定性作用和创新能力，为生产要素流动、企业退出、现代服务业中的事业单位和公共服务部门发展解除体制与管制的制约。总之，从根本上破解我国高校毕业生就业难困局，必须大力发展第三产业特别是现代服务业，努力提高包括第二产业和第三产业在内的非农产业对扩大城乡就业总量进而拉动高校毕业生就业需求的主渠道作用。

第二，理顺和优化城乡就业关系，降低高校毕业生就业的工作转换成

① 刘伟、蔡志洲：《我国工业化进程中产业结构升级与新常态下的经济增长》，《北京大学学报》2015 年第 5 期。

本。城市化是指伴随工业化发生的乡村人口、劳动力和非农业经济活动不断地进行空间上的聚集并逐步转化为城市经济要素的过程，[①] 是生产方式现代化转型中的又一个规律性现象。工业化是城市化的动力，二者在经济发展的阶段上的相关度高度显著，具有较好的对应性。在工业化起步期也是城市化的起步期，主导产业是属于劳动密集型的轻纺工业，城市化率呈现稳步上升态势（英国城市化水平年均增长 0.16%，法国为 0.20%，德国为 0.25%，美国为 0.24%），城市化率向 30% 以上发展；在工业化扩张期和城市化加速时期，重化工业是主导产业，城市化水平以年均增长率为工业化起步期的 1.5 倍至 2.5 倍的较快速度向 70% 攀升（英国城市化水平年均增长 0.30%，法国和德国为 0.35%，美国为 0.52%）；在工业化成熟期和城市化终极阶段，国民经济的各个产业部门进入深加工化阶段，第二产业占 GDP 和就业的比重在上升到 40% 左右后缓慢下降，城市化率超过 70% 以后上升缓慢甚至出现停滞。[②] 显然，如果在经济发展各个阶段城市化水平与工业化水平相关度高度显著，具有较好的对应性，就说明城乡就业关系相互协调；相反，如果在经济发展的某个阶段上城市化水平超前于或滞后于工业化水平，就说明城乡就业关系不协调或相互矛盾和对立。我国的城镇化一直滞后于工业化。1978 年，城镇化滞后于工业化 11.6 个百分点。20 世纪末，城镇化滞后的程度非但没有降低反而提高了，1997 年一度提高到 20.2 个百分点。此后，城镇化滞后于工业化的程度才开始逐步降低。截至 2003 年，城镇化仍滞后于工业化 10.4 个百分点，滞后程度达 20.4%。[③] 我国城镇化长期明显滞后于工业化，说明城乡就业关系相互不协调甚至存在比较严重的矛盾与对立。劳动力市场三元分割及其基础上形成的城乡劳动力流动与城镇失业之间的矛盾与对立就是其主要表现形式。基于这种劳动就业环境所形成的工作转换成本，也是导致我国高校毕业生“有业不就”与“无业可就”并存，从而是城镇不完全竞争劳动力市场过分竞争的重要原因。因此，破解高校毕业生就业困局，也必

---

① 张敦富：《城市经济学原理》，中国轻工业出版社 2005 年版，第 2 页。

② 杨治、杜朝晖：《经济结构的进化与城市化》，《中国人民大学学报》2000 年第 6 期。

③ 陈元：《中国农村城镇化问题研究》，中国财政经济出版社 2004 年版，第 1—16 页。

须在理顺和优化城乡就业关系上做文章。目前，理顺和优化城乡就业关系仍面临两大难题：其一，因城镇失业问题本身已非常严峻，城市缺乏足够的就业机会；其二，在城市现代就业机会仍严重不足的情况下，限制农村劳动力和人口向城市迁移的城乡分割政策和制度事实上仍难以从根本上清除。显然，如果仍以城市偏向的城乡关系政策来破解这两个难题，恐怕仍旧难以走出两难困境。理顺和优化城乡就业关系，必须在政策理念与设计上从城市转向城乡一体化。解决第一个难题的根本途径在于，使城市对第二产业和第三产业的集聚功能充分发挥的同时，也使城镇非农就业增长的主渠道作用得以充分发挥，为高校毕业生城镇就业需求的扩大拓展新的空间。第二个难题的解决，则要求为城乡劳动力市场一体化清除户籍、社会保障、人事档案等方面的制度障碍，降低高校毕业生就业的工作转换成本和被锁定在次级劳动力市场的风险，从而减少和消除高校毕业生就业“有业不就”与“无业可就”并存现象。

第三，提高城乡就业现代化水平，拓展高校毕业生就业需求的新渠道。相对于就业的产业结构分布与城乡结构分布的变迁，城乡就业现代化是生产方式现代化转型过程中必然发生而又往往被人忽视的一个规律性现象。一方面，城乡就业现代化必须以各个产业生产方式现代化为基础。对于发展中经济来说，传统与现代的二元经济结构不仅体现在城乡之间、区域之间和农业与非农业之间，而且体现在各个产业内部。因此，各个产业都有一个顺应现代生产方式变革从传统向现代的转型过程，即传统农业要向现代农业转型，传统手工业要向现代大工业转型，传统服务业也要向现代服务业转型。而且，各个产业的生产方式现代化并不是一蹴而就的，而是随着科学技术进步与组织形式创新不断提高其现代化水平。国民经济由第一产业、第二产业和第三产业组成，因此，国民经济现代化理所当然地包括第一产业现代化、第二产业现代化、第三产业现代化。① 由于各个产业之间必须形成合理的分工

① 李江帆：《产业结构高级化与第三产业现代化》，《中山大学学报》（社会科学版）2005 年第 4 期。

合作关系，因而离开了其中任何产业的现代化，国民经济现代化都是一句空话。当前高校毕业生就业难，根本原因就在于国民经济整体以及三次产业尚没有实现现代化。具体来说，我国第一产业现代化明显滞后，绝大部分仍停留在传统农业阶段，是农村劳动力市场形不成对高校毕业生就业需求的根本原因。第二产业尽管发展迅猛，但在国际产业分工中一直集中在劳动密集型产业，在国际产业内部分工中绝大部分又长期停留在国际产业链的低端；第三产业以商贸、零售、餐饮、仓储等传统服务业为主，以现代服务业为主的现代第三产业比重偏低，是高校毕业生就业在城市不完全竞争劳动力市场竞争过分激烈的重要原因。另一方面，城乡就业现代化必须以市场化就业的现代化为目标。迄今为止，我国仍处于完善社会主义市场经济体制阶段，尽管劳动就业市场化取得了重大进展，但距离市场化就业的现代化仍有很长的路要走。城市不完全竞争劳动力市场、城市完全竞争劳动力市场、农村完全竞争劳动力市场三元分割问题仍较为明显；覆盖城乡、全国统一的社会保障制度还没有形成；劳动关系法制化建设还不完善。尤其在城乡的完全竞争劳动力市场上，签订劳动合同率仍较为低下，劳动合同管理不规范、拖欠工资现象较为普遍，劳动争议频仍，劳动关系非常紧张。市场化就业的现代化程度低下，导致劳动力市场资源配置效率低下，劳动力流动困难，企业人力资源管理原始落后。因此，提高城乡就业现代化水平，是破解当前我国高校毕业生就业困局的根本举措。

第六章　中西部粮食主产区城镇化困境与出路——以河南省为例

根据马克思城乡就业一体化理论，城市化是工业化基础上的农业剩余劳动力从农村向城市的转移，农业现代化是工业化基础上的资本对农业的改造和占领，二者共同构成现代生产方式—就业机会创造及城乡分布合理化的“两大驱动力”，犹如车之双轮、鸟之双翼缺一不可。其中，城市化是城乡就业一体化能否顺利推进的关键与重心所在。然而，城市化滞后于工业化与整个生产方式现代化转型，又是现阶段我国经济发展过程的一个重要特征，构成制约现代劳动就业方式城乡一体化的一个重要瓶颈。中西部粮食主产区是我国维护国家粮食安全和实现工业化、城镇化矛盾最为尖锐的区域，面临着人口集聚与经济集聚之间空间错位的困境。本章以河南省为例，通过对导致中西部粮食主产区人口集聚与经济集聚之间空间错位的原因分析，为消除要素流动障碍、寻求破解城镇化困境的出路进行有益的探索。

一、中西部粮食主产区城镇化面临的困境

按照国际通行的城镇化理论，中国城镇化进程已经进入加速发展阶段。然而，2013 年中国常住人口城镇化率为 53.73%，按户籍人口标准，城镇化率为 35%。在统计意义上，我国城镇化率不仅低于发达国家城镇化率 75% 的水平，也低于发展中国家城镇化率 60% 的参考水平，已经成为阻碍中国

经济社会进一步发展的严重障碍。2012年，国务院总理李克强同志就提出，未来二十年中国发展最大的潜力来自城镇化，要坚定不移地走中国特色的城镇化发展道路。中西部地区应该把城镇化发展作为政府工作的重中之重。有研究表明，城镇化进程的加快会导致国家可用耕地面积减少，进而影响到国家粮食安全。1996—2008年的经验数据表明，我国的城镇化率和耕地面积客观上存在负相关关系，前者从30.48%提高到46.99%，而后者却从19.51亿亩减少到18.26亿亩。因此，学术界的主流观点认为，城镇化与保证粮食生产安全之间存在着较大的矛盾。① 为了保证国家粮食生产安全，中国于2005年前后划定了18亿亩耕地红线。

从我国的情况来看，粮食安全重任主要是由粮食产量占全国四分之三的粮食主产区来承担，粮食主产区的粮食产量增量更是占到了全国粮食产量增量的90%以上。所以，粮食主产区的城镇化与耕地占用之间的矛盾尤其引人关注。根据统计数据，1996年以后，6500万亩耕地的消失发生在粮食主产区②，占到了全部消失耕地面积的二分之一。从区域来看，我国的粮食生产主要集中在辽宁、河北、山东、吉林、内蒙古、江西、湖南、四川、河南、湖北、江苏、安徽、黑龙江13个省份，其粮食产量大约占全国粮食产量的75%，商品粮占全国的80%左右。③ 按照东部、中部、西部和东北地区的区域划分方法，这13个省、自治区可以划分为东部粮食主产区、中西部粮食主产区和东北粮食主产区。1996年以后，这三大粮食主产区的耕地面积消失量分别为1557万亩、4825万亩和114万亩，消失比例分别为5.29%、7.80%和0.35%。根据相关性计算，对于这三大粮食主产区来说，城镇化率每提高1%，东部地区减少的耕地面积为53万亩，中部地区减少的耕地面

① 封志明、李香莲：《耕地与粮食安全战略：藏粮于土，提高中国土地资源的综合生产能力》，《地理学与国土研究》2000年第3期；朱莉芬：《城镇化对耕地影响的研究》，《经济研究》2007年第2期。

② 数据来源：历年中国统计年鉴显示，2008年以后我国没有再公布各省耕地面积，因而，2011年数据仍采用2008年数据。

③ 王一杰、邸菲、辛岭：《我国粮食主产区粮食生产现状、存在问题与政策建议》，《农业现代化研究》2018年第1期。

积为 191 万亩，东北地区减少的耕地面积为 10 万亩。[①] 可见，在这三大粮食主产区中，中部粮食主产区的城镇化水平提升与耕地占用之间的矛盾表现得尤为突出。

根据统计，中西部粮食主产区是我国粮食生产最重要的区域。2011 年，中西部粮食主产区的粮食产量占到全国粮食产量的 38.06%。与此同时，中西部粮食主产区是三大粮食主产区中城镇化发展和经济社会发展最为落后的区域，也是争取跨越式发展、突破性发展的愿望最强烈的区域。从国家需求来看，国家要求稳定粮食生产，就必然要求中西部粮食主产区担负起保障粮食安全的使命。从地方发展角度来说，中西部地区要实现跨越式发展、突破性发展，就必然要求该区域摆脱强调农业发展、粮食生产的重要性和紧迫性的束缚。显然，国家赋予的保障粮食安全的使命和中西部粮食主产区争取跨越式发展、突破性发展的愿望之间在客观上存在矛盾，突出的表现在如何利用土地问题上。

本章将梳理评述国内外转型发展和城镇化发展的相关文献，以河南省为例，进一步比较国家和粮食主产区的工业化、城镇化和农业现代化进程，分析中西部粮食主产区耕地面积减少的原因，以提出破解土地利用矛盾、化解城镇化发展难题的政策建议。

二、城镇化研究情况评述

城市化概念最早由西班牙人 A. Sedra 于 1867 年在《城市化理论》一书中提出。此后，城市化问题开始成为学术界研讨的重要课题。“城市化”（Urbanization）较为权威的定义，是指伴随经济发展发生的农业人口的就业转向非农领域、居住空间由乡村向城市转变所形成的人口和经济活动在地理上的大规模集中[②]。根据中国建制镇人口包容量和国外小城市人口包容量相

① 以上数据均来源于中国统计年鉴。需要说明的是，基于 2008 年我国没有公布各省的耕地面积，本章涉及 2018 年后的耕地面积数据实际上采用的仍是 2008 年的数据。

② ［英］K. J. 巴顿：《城市经济学：理论和政策》，商务印书馆 1984 年版。

当的事实，结合中国农村人口向县城和建制镇流动的实际，我国学者区别于国外传统的城市化定义，将国外学者译为城市化的 Urbanization 译为城镇化，中国政府也逐渐使用城镇化的概念。① 与此同时，也有中国学者提出，中国城镇化概念中的建制镇，是农村意义上的"乡镇"，农民离土不离乡，生活方式依然停留在农村生活方式阶段，并不是西方意义上的城镇化概念所赋予的内涵。②

本书在使用城镇化概念的时候，指的是非农产业向城市转移，农业转移人口向城市和非农产业转移，城市规模扩张和容纳量增大的过程。城镇化进程侧重于人口聚集空间变化以非农产业发展、非农就业增加为前提，生产方式和生活方式转换要求一致。

国外学者对城市化问题的研究侧重于农业人口流入城市以后的城市发展和扩张问题，主要侧重于研究城市功能、城市规模、城市格局、城市形态和城乡体系结构演进的动力和机制等方面，提出的理论对于我国城镇化研究无疑具有重要的借鉴意义。不过，由于中国国情和发达国家国情不同，尤其是中国劳动力和人口流动与迁移还不完全自由，我国城镇化过程与发达国家城镇化过程之间存在较大的差异。因此，研究中国城镇化问题，决不能照搬照抄国外已有理论，而应该更加关注中国城镇化问题的特殊性。

1978 年以前，我国实行的计划经济体制，城镇化进程受到较为严格的控制，对城镇化问题的研究也相对较少。1978 年改革开放以后，伴随着我国劳动力和人口向城市的持续、大规模转移，城镇化问题迅速成为经济社会发展研究的热门问题，被经济学、社会学、人口学等多个学科纳入研究视野。党的十八大以来，特别是《国家新型城镇化规划（2014—2020 年）》出台以后，以人为核心的新型城镇化、城镇化高质量发展、城乡融合发展等则成为学界研究的热点。本书将主要关注与分析中西部地区粮食主产区的城镇

① 简新华、黄锟：《中国城镇化水平和速度的实证分析与前景预测》，《经济研究》2010 年第 3 期。

② 俞宪忠：《是"城市化"还是"城镇"化——一个新型城市化道路的战略发展框架》，《中国人口·资源与环境》2004 年第 5 期。

化进程对耕地面积的影响，因而对文献的评述主要集中于城镇化模式选择和城镇化引发的主要矛盾和问题。

城镇化模式选择，是中国城镇化问题研究的主要议题之一。迄今为止，学术界形成了三种代表性观点：第一种观点主张，中国应选择小城镇为主导的城镇化模式；第二种观点认为，中国应该实施以大城市为主导的城镇化发展模式；第三种观点认为，中国应该实施以城市群为主导的城镇化发展模式。其中，以第一种观点和第二种观点的交锋最为激烈。1999 年，王小鲁、夏小林[①] 通过经验研究指出，在中国，人口规模在 100 万—300 万的城市，城市能够获得的净规模收益能够达到最高，如果人口规模小于 10 万人，城市规模收益很难被发现。2001 年，国外学者托力、克瑞菲尔德也通过经验研究得出结论：中国城市的最优人口规模是 250 万—380 万人，这种规模的城市规模效益达到最高。[②] 钟宁桦通过对 1987—2008 年各省的面板数据的研究发现：不论是在吸纳农业转移劳动力方面还是在缩小城乡收入差距方面，乡镇企业的作用自 1998 年以后都呈现明显的下降趋势。[③] 除此之外，聂华林、王宇辉，何景熙，李富田、李戈等学者对我国中西部地区的小城镇发展也进行了详细的研究，研究结果表明，中西部地区小城镇的产业基础普遍较为薄弱，发展相对缓慢，因而吸纳劳动力和人口的能力非常有限。[④]

对于城镇化引发的主要矛盾和问题，国内的讨论主要集中在耕地减少问题，城乡收入差距扩大和空心村问题，未城市化人口、留守儿童、妇女和老人问题等三个方面。其中，城市化进程加快所引起的耕地面积减少问题的

① 王小鲁、夏小林：《优化城市规模　推动经济增长》，《经济研究》1999 年第 9 期；王小鲁：《中国城市化路径与城市规模的经济学分析》，《经济研究》2010 年第 10 期。

② ［美］托利、克瑞菲尔德：《城市规模与位置的政策问题》，载［美］埃德温·S. 米尔斯主编：《区域和城市经济学手册》（第 2 卷），经济科学出版社 2001 年版，第 486—488 页。

③ 钟宁桦：《农村工业化还能走多远》，《经济研究》2011 年第 1 期。

④ 聂华林、王宇辉：《西部地区农村城镇化道路的思考》，《社科纵横》2005 年第 5 期；何景熙：《我国西部小城镇非农就业的产业基础研究》，《民族研究》2004 年第 3 期；李富田、李戈：《进城还是进镇：西部农民城镇化路径选择——对四川省 31 个镇、村调查》，《农村经济》2010 年第 4 期。

讨论颇为激烈。大多数学者认为，城镇化进程加快是导致耕地面积减少的重要原因。陈凤桂、张虹欧，章征涛、李世龙分别对历年中国耕地减少的绝对量和城市人均建设用地面积增加的数据进行实证分析，得出我国人口城镇化速度大大低于土地城镇化速度的结论，并将这一现象解释为导致耕地大量减少的原因。[①] 赵新平、聂华林、李富田等的经验研究或实地调研结论，也强调城镇化模式选择对耕地的影响，并将中西部地区耕地的大量流失归结为小城镇建设积极推进的结果。[②] 对于这一问题，有学者持完全不同的见解。2007 年，朱莉芬在对我国东部地区 14 个省、市进行研究后发现，假设其他条件不变，考虑上农村住宅建设用地因素，考察的结果是城镇化的影响不是人们印象中的加剧耕地减少，恰恰相反，它会减缓耕地的流失[③]。她认为，城镇化是非农产业和人口在空间上不断集聚和优化的结果，其本身也是经济发展的一个方面。尽管朱莉芬用计量方法解析了城镇化对中国耕地占用的影响，但却得出了城镇化有助于减少耕地面积减小、小城镇发展对耕地保护有力的结论。当然，其关于城镇化进程中农村宅基地缩减的结论尚有待商榷。

对于城镇化是否可以缩小城乡收入差距问题，尽管国内外学者从理论角度出发进行了大量的论证，但中国当前的经验研究显然还不足以支撑这个结论[④]。陈钊、陆铭在对中国经验数据研究的基础上，将城乡收入差距扩大归结为户籍制度造成的城乡“二元社会现象”和小城镇主导的城镇化模式。[⑤]

---

① 陈凤桂、张虹欧等：《我国人口城镇化与土地城镇化协调发展研究》，《人文地理》2010 年第 5 期；章征涛、李世龙：《城市化的虚荣——对我国城市化现状的认识》，《城市发展研究》2011 年第 12 期。

② 赵新平、周一星、曹广忠：《改革以来中国城市化道路及城市化理论研究评述》，《中国社会科学》2002 年第 2 期；聂华林、王宇辉：《西部地区农村城镇化道路的思考》，《社科纵横》2005 年第 5 期；李富田、李戈：《进城还是进镇：西部农民城镇化路径选择——对四川省 31 个镇、村调查》，《农村经济》2010 年第 4 期。

③ 朱莉芬：《城镇化对耕地影响的研究》，《经济研究》2007 年第 2 期。

④ 陆铭、向宽虎、陈钊：《中国的城市化和城市体系调整：基于文献的评述》，《世界经济》2011 年第 6 期。

⑤ 陈钊、陆铭：《从分割到融合：城乡经济增长与社会和谐的政治经济学》，《经济研究》2008 年第 1 期。

王伟同则把要素的不完全自由流动看作是导致“空心村”、留守儿童等问题出现的主要原因。①

以上文献的研究思路、方法和结论，为本书开展的研究提供了重要参考。2008 年，国务院已以正式文件的形式明确划定了十八亿亩耕地保护的“红线”。在耕地保护面临如此“硬”约束的形势下，中西部粮食主产区如何做到国家耕地保护政策和城镇化与经济发展激励相容，正是本书需要研究和解决的难题。

三、中西部粮食主产区耕地面积变动及影响因素分析

从 1996 年到 2008 年 8 年间，中西部粮食主产区可用于耕作的土地面积减少了 4825 万亩，减少幅度高达 7.8%，远远高于全国 5.25% 的减少幅度。②与此相关，直到 2011 年，中西部粮食主产区的城镇化水平仅为 45.08%，不仅低于东部粮食主产区和东北地区粮食主产区 52.88% 和 58.74% 的城镇化水平，而且低于全国 51.27% 的城镇化水平。由此可见，中西部粮食主产区是中国城镇化水平提升与可耕作土地面积减少之间矛盾最为突出的地区。然而，众所周知的事实是，农业生产条件不变的情况下，耕地面积与粮食产量呈现出明显的正相关关系。通过对中国 13 个粮食主产省份的统计分析可以看出，1996 年到 2011 年 6 年间，有五个省份可耕地面积减少幅度小于 3%，这 5 个省份粮食增产占我国粮食总增产的 83%，其他 8 个省份可耕地面积减少幅度大于 3%，6 年间这 8 个省份粮食增产占我国粮食总增产的 17%。可见，从经验来看，耕地面积减少是导致粮食减产的主要原因之一。

在导致区域性可耕地面积减少的原因中，既包括人类活动的增加因素，比如城镇化加速和退耕还林、退耕还草，等等，也包括气候变化等自然原因。根据本项目研究的研究主题和范围，着重注意城镇化进程加速对耕地面

① 王伟同：《城镇化进程与社会福利水平——关于中国城镇化道路的认知与反思》，《经济社会体制比较》2011 年第 3 期。

② 从 2009 年到 2012 年，《中国统计年鉴》提供的耕地面积一直沿用 2008 年的数据。

积减少的影响。如表 6–1 所示，1996 年到 2011 年这 6 年间，中西部粮食主产区的城镇化率从 19.84% 提升至 45.08%，提升了 25.24 个百分点，但耕地面积却从 1996 年的 41248 千公顷下降至 2008 年的 38031 千公顷，下降了 7.80%；东部粮食主产区的城镇化率从 23.56% 提升至 52.88%，提升了 29.32 个百分点，但耕地面积却从 1996 年的 19634 千公顷下降至 2008 年的 18596 千公顷，下降了 5.29%；东北粮食主产区的城镇化率从 47.5% 提升至 58.7%，提升了 11.25 个百分点，但耕地面积却从 1996 年的 21526 千公顷下降至 2008 年的 21450 千公顷，仅下降了 0.35%。1996 年至 2011 年城镇化率提升最慢的 5 个粮食主产区（黑龙江、吉林、辽宁、内蒙古和河南），同时也是耕地面积减少幅度最小的 5 个省份。从以上分析可以看出，从实践来看，粮食主产区的耕地面积基本上与城镇化发展水平呈现出负相关的关系。

表 6–1　我国粮食主产区城镇化率、粮食产量和耕地面积的变动（1996—2011）

	城镇化率（%）		粮食产量（万吨）				耕地面积（千公顷）			
	1996	2011	1996	占全国比重	2011	占全国比重	1996	占全国比重	2008	占全国比重
中西部地区	19.84	45.08	18370.6	36.41%	21737.78	38.06%	41248.3	31.72%	38031.79	31.24%
安徽	17.94	44.8	2674.1	5.30%	3135.5	5.49%	5971.7	4.59%	5730.189	4.71%
江西	20.52	45.7	1766.3	3.50%	2052.79	3.59%	2993.4	2.30%	2827.086	2.32%
河南	16.80	40.57	3839.9	7.61%	5542.5	9.70%	8110.3	6.24%	7926.374	6.51%
湖南	18.45	45.1	2701.5	5.35%	2939.35	5.15%	3953	3.04%	3789.374	3.11%
四川	16.77	41.83	3369.1	6.68%	3291.6	5.76%	7069.4	5.44%	5947.399	4.89%
内蒙古	32.94	56.62	1535.3	3.04%	2387.513	4.18%	8201	6.31%	7147.243	5.87%
湖北	26.78	51.83	2484.4	4.92%	2388.53	4.18%	4949.5	3.81%	4664.121	3.83%
东北地区	47.49	58.74	7033.3	13.94%	10777.11	18.87%	21526.2	16.55%	21450.05	17.62%
辽宁	44.87	64.05	1660.1	3.29%	2035.5	3.56%	4174.8	3.21%	4085.283	3.36%
吉林	42.44	53.4	2326.6	4.61%	3171.006	5.55%	5578.4	4.29%	5534.644	4.55%
黑龙江	53.85	56.5	3046.6	6.04%	5570.6	9.75%	11773	9.05%	11830.12	9.72%

续表

	城镇化率（%）		粮食产量（万吨）				耕地面积（千公顷）			
	1996	2011	1996	占全国比重	2011	占全国比重	1996	占全国比重	2008	占全国比重
东部地区	23.56	52.88	10598.6	21.01%	10906.65	19.09%	19634.3	15.10%	18596.4	15.28%
江苏	26.00	61.9	3476.4	6.89%	3307.76	5.79%	5061.7	3.89%	4763.793	3.91%
山东	25.87	50.95	4332.7	8.59%	4426.29	7.75%	7689.3	5.91%	7515.306	6.17%
河北	17.75	45.6	2789.5	5.53%	3172.6	5.55%	6883.3	5.29%	6317.297	5.19%

数据来源：《中国统计年鉴》，各省的城镇化率数据来自各省统计年鉴，四川省 1996 年的粮食产量和耕地面积均据 1998 年《中国统计年鉴》统计中的四川和重庆数据估算得出。

探究城镇化加速与耕地面积减少这个结论是否正确，不同的城镇化发展路径对可耕作土地面积增减究竟会带来什么样的影响，首先需要从理论上梳理清楚城镇化及其不同发展路径对可耕作土地的影响渠道。

从逻辑上看，城镇人口增多总会带来城镇土地面积的扩张，随着农业人口向非农产业聚集、农村人口向城市聚集，工业和城镇用地面积必然进一步扩大、耕地面积必然遭到进一步侵蚀。但是，相反的力量会起到反方向的作用。因为，如果这部分转移的人口留在农村、从事农业生产活动，也要占有一定的、而且可能是大于占用城市的生产和生活空间。根据我国的现有国情，根据统计，农民人均占有建设用地规模是城镇居民人均占有建设用地规模的两倍。2010年王小鲁的研究也得出了这样的结论。① 所以，从逻辑上讲，城镇化进程的加快不仅不会导致耕地面积减少，而且随着农民退出在农村占有的生产、生活用地转向城镇集约使用土地进行生产、生活，农业耕地面积反而还会增加。这是在农村人口进入城镇并退出原有生产和生活方式条件下

① 人口在 400 万以上、200 万以上、100 万—200 万、50 万—100 万和 50 万以下城市以及县城、小城镇人均建成区面积分别为：76 平方米、83 平方米、62 平方米、75 平方米、94 平方米、121 平方米、183 平方米。详见王小鲁：《中国城市化路径与城市规模的经济学分析》，《经济研究》2010 年第 10 期。

做的结论。相反，如果农民进入工业和城镇，但仍然占有农村生产、生活用地，则城镇化集约使用土地的效果将难以显现。反而因为农民在城镇和农村都占有生产、生活用地，导致耕地减少成为事实。综合中国现实情况和文献分析，本书认为，1998 年住房货币化改革以后使得中西部粮食生产核心区耕地面积减小的因素，归纳起来主要有以下几个方面：

第一，人口增长因素。从 1998 年到 2011 年，中国人口大致增加了 12346 万人，增加的人口大部分集中在中西部地区。根据统计数据，到 2011 年，我国地级以上城市建成区面积为 64.4 万平方公里，拥有常住人口近 4 亿人。根据住房与城乡建设部 1 平方公里居住一万人的标准，如果新增人口全部居住在地级以上城市，1998 年以来地级以上城市占用土地规模增加值为 1.2345 万平方公里，就远远低于 64.4 万平方公里的建成区面积。可见，新增人口占地规模远远大于 1 平方公里 1 万人的标准规模。

第二，户籍管理制度和土地管理制度因素。在现存城乡隔绝的二元社会条件下，先后进入城镇的两亿农民，并未从形式上取得城镇户籍，这部分农民大多在其家乡农村依然保存着宅基地和责任田，事实上成为“待城镇化”人口。这部分农民一面转换了自己的生活方式和生产方式，在城镇里拥有住房和工作场所，一面尚未摆脱旧有的生活方式和生产方式，依然和农业、农村保持着天然的联系，且大多没有走远，在离农村较近的城镇工作、生活。这种成本较低的城镇化模式使得城镇用地不断增加、农村建设用地面积却没有出现相应的减少。

第三，低成本的小城镇发展模式因素。农民就近就业、就近享受城镇生活，不仅可以兼顾农业生产，而且能兼顾旧有的社会联系。因此，中国城镇化水平的提升，从现实来看，80% 要靠县城和周边小城镇常住人口的聚集来实现。然而，由于城镇规模越小，土地集约利用效果越差，低成本的小城镇发展模式使得城镇化对土地节约的效果没有充分发挥出来。

从数据分析来看，1996 年到 2011 年六年间，从区域情况来看，中国中西部粮食主产区的可耕作土地面积减少了 7.80%，东北粮食主产区可耕作土地面积减少了 0.35%，东部粮食主产区的耕地面积减少了 5.29%。与此相对应，中西部常住人口增加了 623 万人，增幅为 1.48%；东北地区人口增加了 603 万人，增幅为 5.81%；东部地区人口增加了 2435 万，增加了 10.89%。① 可见，中西部和东北粮食主产区人口的增加不能解释可耕作面积减少的现象，东部地区可耕作土地面积减少的情况可以部分用人口增长来解释。中西部地区和东北地区可耕作土地面积的减少，更多的是由低成本城镇化模式和户籍管理和土地管理制度的问题所带来的。除了这两个因素之外，要素流动不充分也是造成耕地减少的一个重要因素。这主要是因为由于农村进城人口进城却依然保留农村宅基地造成的。因此，尽管东北和中西部地区人口增量大致相同，中西部地区可耕作土地面积的减少却远远大于东北地区可耕作土地面积的减少幅度。

可以判断，对中西部粮食生产核心区来说，户籍制度和土地制度、低成本的城镇化发展模式，是城镇化进程中可耕作土地面积减少相对过多的制度和模式原因。

四、河南省城镇化速度明显加快及存在的主要问题

（一）河南省农业和城镇化发展状况

河南省是中国的粮食生产大省，粮食产量占到全国的 1/10，其中小麦的产量占到全国的 1/4。根据河南省中原发展研究院发布的《中原经济区竞争力报告（2014—2015）》②，2004—2013 年河南省农业发展指标的变化情况，如表 6–2 所示。

① 1996 年很多省市没有公布常住人口数，因此 1996 年本文用各省户籍人口数代替常住人口数。

② 耿明斋：《中原经济区竞争力报告（2014—2015）》，社会科学文献出版社 2015 年版。

表 6–2　河南省 2004—2013 年农业发展指标

年份	农业增加值（亿元）	人均农业增加值（元）	农民人均纯收入（元）	人均主要粮食产量（吨）	农业劳动生产率（元 / 人 · 年）	农村人均用电量（kW/h）	支农资金比重（%）
2004	1649.29	1774.00	2553.15	0.46	5080.99	228.27	7.50
2005	1892.01	2027.57	2870.58	0.49	6027.43	254.13	7.37
2006	1916.74	2042.20	3261.03	0.54	6284.39	284.75	7.73
2007	2217.66	2365.31	3851.60	0.56	7594.73	345.51	8.15
2008	2658.78	2830.30	4454.24	0.57	9337.87	374.09	9.19
2009	2769.05	2927.73	4806.95	0.57	10015.15	415.14	12.44
2010	3258.09	3449.09	5523.73	0.58	12013.61	421.94	11.69
2011	3512.24	3737.82	6604.03	0.59	13152.25	452.07	11.31
2012	3769.54	4007.59	7524.94	0.60	14343.69	477.81	11.02
2013	4058.98	4311.94	8475.34	0.61	15836.83	512.62	11.28

2004 年至 2013 年，河南省农业发展指标有了大幅增长。其中，农业增加值在 2004 年至 2013 年整体上持续增长；人均农业增加值处于稳步增长阶段，虽然曾在 2003 年有所下降，但在 2004—2012 年又呈增长趋势；农民人均纯收入不断增加，从 2004 年的 2553.15 元增加到 2013 年的 8475.34 元，增长了 3.3 倍；人均主要粮食产量在整体上呈稳健上升趋势，从 2004 年的 0.46 吨增加到 2013 年的 0.61 吨；农业劳动生产率在整体上呈现上升趋势，从 2004 年的 5080.99 元 / 人 · 年增长到 2013 年的 15836.83 元 / 人 · 年，增长了 3 倍有余；农村人均用电量呈现大幅增长的趋势，从 2004 年的 228.27 千瓦时增加到 2013 年的 512.62 千瓦时，增长了 2.25 倍；支农资金比重 2005—2009 年上升，2009—2013 年又呈现下降趋势，虽然在个别年份出现过波动，但整体上依然呈现上升趋势。

同时，这也是河南省城镇化发展速度最快、质量最高、城乡面貌变化最大的时期。与 2007 年相比，2013 年河南省城镇常住人口增长了 9.5%，年均提高 1.58 个百分点。截至 2013 年，中心城市和县城累计新增常住人口、户籍人口占全省新增城镇常住人口、户籍人口的比重分别提高到85.4%和93.9%。郑州市中心城区常住人口超过500万，作为国家区域性中心城市的地位得到进一步提升；中原城市群多层级城市功能明确、分工协作、优势互补、协调发展的现代城镇体系正在形成。根据河南省中原发展研究院发布的《中原经济区竞争力报告（2014—2015）》，2004—2013年，河南省城镇化进程竞争力及其二级指标的变化情况，如表6–3所示。

表6–3　河南省2004—2013年城镇化进程竞争力指标

年份	城镇化率（%）	城镇居民人均可支配收入（元）	城市建成区面积（平方公里）	市区人口密度（人/平方公里）	人均拥有道路面积（平方公里）	人均日生活用水量（平方米）	燃气普及率（%）	人均城市园林绿地面积（平方米）
2004	28.90	7704.90	1422.40	5307	8.86	147.30	66.17	—
2005	30.65	8667.97	1572.00	5404	9.72	147.10	69.25	—
2006	32.47	9810.26	1678.60	5305	10.00	129.50	63.23	—
2007	34.30	11477.05	1775.30	5902	10.81	125.90	68.87	—
2008	36.03	13231.11	1857.24	5967	9.90	115.90	66.91	8.20
2009	37.70	14371.56	1913.26	4886	10.44	118.50	72.89	8.72
2010	38.82	15930.26	2014.40	5178	10.25	109.10	73.43	8.65
2011	40.57	18194.80	2098.07	5124	10.83	108.60	76.19	8.90
2012	42.43	20442.62	2219.07	4964	11.08	104.09	77.94	9.23
2013	43.80	22398.03	2289.08	4982	11.57	105.38	81.98	9.58

从表6–3可以看出，从2004年到2013年，河南省城镇化竞争力不断提高，城镇化总体水平在不断提升。城镇化率、城镇居民人均可支配收入、城市建成区面积、市区人口密度、燃气普及率等指标都有了大幅度的上升，人均日生活用水量降低。河南省的城镇化率指标呈现不断增长的趋势，从2004年的28.9%持续增长至2013年的43.80%，年均增长1.49%，城镇化水平稳步提高。城镇居民人均可支配收入近年来增长较快，特别是2010年后，年均增长2156元左右。人均拥有道路面积、人均城市园林绿地面积和燃气普及率等指标稳定增长。

（二）河南省城镇化速度明显加快的统计学原因

从统计方法的变更来看，国家统计局在 2005 年变更了城镇化率的统计方法和口径，2005 年之前使用非农业户籍人口占总人口的比例表示城镇化发展水平，2005 年以后变更为城镇常住人口占总人口的比例表示城镇化发展水平。这一统计方法的变化带来了以下两个方面的问题：

第一，在尚未变更户籍管理制度的背景下，高估城镇化率水平。我国尚有两亿人口属于农村户籍但常年脱离农业生产，按照 2005 年前的计算方法，2011 年我国的城镇化率可能只有 35%，但按照 2005 年后的计算方法，2011 年我国的城镇化率达到 51.4%。对河南来说同样是这样，存在高估城镇化水平的情况。

第二，在社会保障制度尚未覆盖城镇全部常住人口之前，存在高估城镇化发展质量问题。在对水平高估的同时，由于各省份吸纳和输出劳动力数量不同，在城镇社会保障制度尚未全部覆盖常住人口之前，往往会高估人口和劳动力输出大省的城镇化发展质量，低估人口和劳动力输入大省的城镇化发展质量。

以河南省为例，河南省是劳动力和人口输出大省，按照常住人口计算的城镇化发展水平并未计算实际输出劳动力和人口的社会保障负担。如果由于经济波动因素发生劳动力回流，那么，社会保障和劳动保障负担短时期内将加重。而对于沿海发达地区来说，按照常住人口计算的城镇化发展质量并不包括承担的流入劳动力的社会保障负担。如果发生经济波动，这部分流入劳动力就会因回流而流出该地区，不会对沿海发达地区城镇化质量构成实质性影响。因而，河南省人口净流出提升了河南的城镇化统计水平，也降低了河南省人均耕地减少的幅度，但户籍制度作为对劳动力要素资源与人口流动的限制，却错估了河南省城镇化背后的真实社会保障负担。

（三）河南省城镇化存在的主要问题

按照规模效应的逻辑，人口聚集与经济聚集都存在规模效应。但是，尽管根据表6–3，2004—2013年全省城镇化率从28.9%提升到43.8%，提高了14.9%，但根据有关统计，全省18个省辖市常住人口占本省人口的比重仅提高了2.79%，说明河南城镇化率提高的约80%来自与农村有天然联系的县城和小城镇常住人口的增加。再如表6–4所示，尽管河南省和全国城镇化发展的总体态势基本一致，但与全国情况相比，河南省城镇化发展不仅表现为速度上的滞后，而且表现出质量水平不高的特征。据统计，河南省18个省辖市城市GDP占全省GDP的比重达到30%，同河南省18个省辖市城市常住人口占全省城镇常住人口的比重23.48%相比并没有高出多少。这说明全省人口过多向县级以下城镇聚集，经济规模也呈现出规模发散的特征，河南省城镇化过程中的确存在着人口聚集与经济聚集不经济现象。

表6–4　我国地级及以上城市人口和产值占全国的比重变动（2005—2011）

年份	人口（万人）		国民生产总值（亿元）	
	人口绝对数	占全国的比重（%）	GDP绝对数	占全国的比重（%）
2005	36285.04	27.75	109743.29	59.94
2006	36763.79	27.97	132271.9	62.73
2007	37249.64	28.19	157284.51	63.03
2008	37619.34	28.33	186279.5	61.95
2009	38794.6	29.07	207744	61.01
2010	38866.02	28.98	245978.4	61.31
2011	39806.6	29.5	293025.5	62

数据来源：《中国统计年鉴》。

河南省的18个省辖市在全省经济总量中所占比重远远低于全国同一指标的平均水平，对全省经济增长的贡献也低于全国同一指标的平均水平，其原因依然在于城市的人口规模较小。按照常住人口统计数据，2012年河南省只有9个城市的市区人口超过100万人，其中还包括5个近年来把市辖县改为市辖区的城市。在这5个县改区的城市区域[①]，原来县城的人口大量仍属于农业人口，这部分人口仍然保留着农业生产方式和农民的生活方式，并未真正转变为城市人口，城市应有的规模效应和集聚效应并未发挥出来。其余4个人口规模超100万的城市中，安阳和新乡两市的市区常住人口分别为111.06万人和102.77万人，属于刚超过100万人，城市应有的规模效应和集聚效应也尚未得到很好发挥。另外两个城市人口的规模效应发挥较好的城市分别是郑州和洛阳。2013年，郑州的GDP规模达到6000亿以上，经济增速明显优于全省平均水平，充分说明大城市人口聚集与经济聚集具有较强的协同性。从总体来看，河南省城镇化进程中人口集聚与经济集聚之间存在着空间错位，人口和经济的规模效应都没有很好地发挥出来，城镇化不仅水平较低，而且发展质量较差。

五、城镇化进程中人口集聚与经济集聚空间错位的原因

在城镇化进程中，中西部粮食主产区面临一个重大的现实问题，就是人口聚集和经济聚集的空间错位——人口和经济由于规模效应本应向大城市聚集，但现实却是中小城镇吸纳了过多的人口、完成了过多的经济价值创造。这种现象是由如下几个原因造成的：

第一，长期存在的户籍管理制度障碍，使得农民融入大城市的成本较高，社保、医疗、教育等成本居高不下，社会福利不能覆盖全部常住人口，使得农民长期无法融入城市生活。

第二，长期存在的土地管理制度约束，使农民不愿丧失界定不明的农业既得利益。农民对农村的宅基地、承包地等的固定投资形成的资产虽不能带来大量收益，但舍弃这部分收益却会给农民带来相对不小的损失，作为经济人的农民往往选择低成本城镇化的方式，在农村周边就近、部分地融入小

---

① 这5个包括由县级行政区划改为市辖区划市区的城市分别是漯河、信阳、南阳、商丘、平顶山。

城镇新的生产方式和生活方式中去，避免较大的既得利益损失。

第三，国家长期推行的小城镇发展战略，引导农民在力所能及的范围内实现就地城镇化，也弱化了农民进入大城市的积极性。

第四，中国地方政府之间的 GDP 锦标赛安排，使各个基层地方政府之间争夺经济发展成就的竞争异常激烈，对官员干部的 GDP 片面考核在实践中扭曲和牺牲了部分经济效率。①

在以上约束条件下，农民作为城镇化的需求主体，既缺乏走进大城市的动力，也缺乏融入城镇生活的推力，从而走上了“低成本城镇化”或“半城镇化”的道路。在不脱离农业生活方式和生产方式的前提下，农民只是部分融入就近的城镇生活，实现了低水平的城镇化。

另外，作为城镇化供给者的政府，在发展地方经济的同时，并未充分考虑经济效率因素，客观上排斥了经济聚集效应，在享受城镇化水平提升带来的益处的同时，不愿承担城镇化的支出成本，致使对民生投入和社会发展投入较少，“注重人口城镇化、忽略社会城镇化”，严重损伤了农民城镇化利益。

六、启示和政策建议

党的十八大以来，党中央、国务院明确提出城镇化能够为中国经济社会发展提供强大的动力，要坚定不移地走中国特色的新型城镇化道路。新型城镇化进程区别于“旧的”城镇化发展模式，就是要着重解决城镇化进程中出现的、在原有模式下所无法解决的两个突出的矛盾和问题：一是城镇化明显滞后；二是人口集聚与经济集聚存在空间上的错位。这两个问题形成的原因既有共同点，也有不同点。两者的共同点在于，城镇化本身是经济社会现代化发展的阶段性表现，从现象上表现为人口和非农产业向城镇聚集，而人

① 陆铭、陈钊：《分割市场的经济增长——为什么经济开放可能加剧地方保护》，《经济研究》2009 年第 3 期。

口集聚与经济集聚存在空间上的错位，体现的则是城镇化水平不高、低成本等特征。两者的不同点则在于，本书所提出的人口集聚与经济集聚的空间错位形成的主要原因是现有户籍管理制度和土地管理制度的障碍导致人作为经济要素不能自由流动，人的流动与土地的流动节奏不一致，使人选择了低成本的劳动力和人口流动方式，以及县域经济发展的 GDP 锦标赛竞争体制，牺牲了部分集聚经济效应。

针对中西部粮食主产区如何走新型城镇化发展道路的问题，从以上研究结论出发，提出以下几条政策建议：

第一，在国家层面，进一步打破人作为经济资源的流动障碍，改革户籍管理制度和土地管理制度，破除低水平、低成本的城镇化发展模式，在保障农民现有权益的基础上，更加重视城市化进程中农民社保、住房和子女入学等问题的解决，使农民摆脱后顾之忧，真正融入城市。

第二，尽快完成土地确权，保障农民财产性收益权利，建立承包地和农村宅基地的转让退出机制。只有尽快完成农民已有权利的确认，才能保证权利的流转和交易。在城镇化、工业化的进程中真正实现农地的有效流转，实现农业规模化经营和现代化发展，推动更多的农民离开土地，加速人口城镇化和工业化进程。

第三，发挥大城市的集聚和带动效应，进一步优化城市布局、扩大城市规模。使发展大城市成为中西部粮食主产区城镇化发展的必然选择，充分发挥大城市的集聚经济效应，降低转移农民的生活成本，提升转移农民的生活收益；摒弃处处开花的城镇化发展模式，避免重复建设和用地浪费；促进土地集约利用、资源集约化配置。

第七章　农业转移人口市民化缺口测算及分析

农业转移人口市民化，是生产方式现代化转型及现代劳动就业方式城乡一体化的关键一环。没有农业转移人口市民化，农业转移劳动力就无法实现劳动就业方式现代化，庞大的兼业劳动力队伍难以真正支撑新型工业；农业转移劳动力及其家属就无法获得城市永久居民身份，享受不到与城市居民同等的政治权利、各项社会福利待遇，就不是名副其实的城市化；已实现职业转变、在城镇具有稳定居住场所的农村转移劳动力的耕地就难以退出，农业土地经营规模就无法逐步扩大，就不可能实现适度规模经营，也就不可能真正实现农业现代化。在传统的户籍制度和限制人口流动的管理制度下，乡—城劳动力转移和农村转移人口市民化，长期以来被人为地割裂为两个过程，尽管一定时期内以低劳动力成本“优势”实现了国民经济总量迅猛增长，但日积月累的负面效应业已表现为制约工业化、城市化和农业现代化协调发展的严重障碍。因此，加快实现农业转移人口市民化被2020年通过的《中共中央关于制定国民经济和社会发展第十四个五年规划和二〇三五年远景目标的建议》确定为我国当前必须完成的重大任务，也是近年来学界研究的重点和热点问题。

对于农业转移人口市民化的内涵，刘传江、徐建玲将其解释为离农务工经商的农民克服各种障碍最终逐渐转变为市民的过程和现象，具体包括生存职业、社会身份、自身素质以及意识行为市民化四个层面[①]；魏后凯、苏红键则将其解释为农民在经历职业转变和城乡迁移的同时，获得城镇永久居住身份、平等享受城镇居民各项社会福利和政治权利，并完全融入城镇社会的过程。[②] 其实质是公共服务均等化[③] 或从户籍制度的不平等走向社会公平[④]。学界普遍认为，尽管农业转移劳动力已进入城市就业，但尚不能享受到与城市居民同等的待遇，处于不完整的"半城市化"状态[⑤]。王桂新等采用综合指标法[⑥]、刘传江等采用专家赋权法[⑦]、周密等采用需求可识别的Biprobit模型[⑧]、魏后凯等通过构建综合指标,[⑨] 对农业转移人口市民化进程或实现程度进行测算的结果基本验证了上述判断。然而，对于影响农业转移人口市民化的因素，学界却存在分歧。户籍制度被普遍认为是制约农业转移人口市民化进程的重要因素[⑩]。孙文凯、白重恩、谢沛初则提出，很少有证据显示户籍制度改革对短期劳动力流动产生了显著影响。[⑪] 还有学者将主要制约因素归结为中国独特的城乡二元制度[⑫]、城市公共服务等级化和区域

① 刘传江、徐建玲：《第二代农民工及其市民化研究》，《中国人口·资源与环境》2007年第1期。

② 魏后凯、苏红键：《中国农业转移人口市民化进程研究》，《中国人口科学》2013年第5期。

③ 韩俊：《推动基本公共服务均等化和社会保障并轨》，《中国财经报》2013年6月29日。

④ 辜胜阻：《防止城镇化沦为房地产化》，《中国新闻网》2013年3月13日。

⑤ 王春光：《农村流动人口的"半城市化"问题研究》，《社会学研究》2006年第5期；余晖：《中国城市化进程中的"半城市化"研究》，樊纲、武良成主编：《城市化：一系列公共政策的集合》，中国经济出版社2009年版。

⑥ 王桂新等：《中国城市农民工市民化研究——以上海为例》，《人口与发展》2008年第1期。

⑦ 刘传江、程建林：《第二代农民工市民化：现状分析与进程测度》，《人口研究》2008年第5期。

⑧ 周密等：《人力资本、社会资本与市民化抑制》，《中国人口·资源与环境》2012年第7期。

⑨ 魏后凯、苏红键：《中国农业转移人口市民化进程研究》，《中国人口科学》2013年第5期。

⑩ 傅东平、李强、纪明：《农业转移人口市民化成本分担机制研究》，《广西社会科学》2014年第4期；韩俊：《如何有序推进农业转移人口市民化》，《人民日报》2014年3月18日。

⑪ 孙文凯、白重恩、谢沛初：《户籍制度改革对中国农村劳动力流动的影响》，《经济研究》2011年第1期。

⑫ 黄锟：《城乡二元制度对农民工市民化影响的理论分析》，《统计与决策》2011年第22期。

化的多元化格局[①]。不过，由于农业转移人口市民化进程本身的复杂性，绝大多数学者更多地将其归结为多种因素影响的结果，如城市分割的劳动力市场、户籍制度和城市居民与农民工的政治力量[②]，社会网络和农村收入增加[③]，就业、住房、社会保障和子女教育问题[④]，城乡户籍制度、基本公共服务的非均等化和成本如何合理分摊[⑤]，等等。因此，国家应在制定发展战略时对农业转移人口市民化的进程、定位、路径安排等方面进行整体性规划与布局[⑥]。中国劳动和社会保障科学研究院课题组认为，要破除二元制度障碍、推进公共服务均等化、全面提升农民工就业质量和建立社会信任机制[⑦]。针对农民工市民化是否会带来政府难以承担的巨大财政包袱的担心，中国发展研究基金会发布的《中国发展报告 2010：促进人的发展的中国新型城市化战略》测算的结果是农民工市民化的平均成本为 10 万元左右。[⑧] 国务院发展研究中心课题组按 2010 年不变价格测算的结果是，一个农民工市民化的人均政府公共成本或社会成本约 8 万元，若除去养老保险的远期支出，短期支付一次性成本平均为 2.4 万元。[⑨] 事实上，实施农民工市民化政策的成本被严重高估，农民工市民化的平均成本并非高得不可承受，关键在于建立中央政府、地方政府、企业之间和个人之间的成本合理分担机制[⑩]，尤其重要的是在各级政府之间的成本分担，其资金来源应为改革带来的总体净收益。[⑪]

① 白丽、李铁：《中国城镇化是一场深刻的社会变革》，《社会与公益》2013 年第 3 期。

② 傅东平、李强、纪明：《农业转移人口市民化成本分担机制研究》，《广西社会科学》2014 年第 4 期。

③ 孙文凯、白重恩、谢沛初：《户籍制度改革对中国农村劳动力流动的影响》，《经济研究》2011 年第 1 期

④ 陈锡文：《读懂中国农业农村农民》，外文出版社 2018 年版，第 180 页。

⑤ 韩俊：《如何有序推进农业转移人口市民化》，《人民日报》2014 年 3 月 18 日。

⑥ 刘爱玉：《城市化过程中的农民工市民化问题》，《中国行政管理》2012 年第 1 期。

⑦ 中国劳动和社会保障科学研究院课题组：《推动农业转移人口就业创业》，《经济日报》2022 年 7 月 13 日。

⑧ 《农民工市民化成本 2 万亿 / 年》，《东方早报》2010 年 10 月 10 日。

⑨ 《农民工市民化成本如何测算》，《新京报》2013 年 3 月 30 日。

⑩ 韩俊：《如何有序推进农业转移人口市民化》，《人民日报》2014 年 3 月 18 日。

⑪ 蔡昉：《城镇化中农民工的市民化问题》，《小康（财智）》2014 年第 9 期。

不同于学界占主流的基于现代西方新古典经济理论范式的分析，马克思城乡就业一体化理论对于农业转移劳动力市民化分析的特色在于基于劳动力价值实现的视角。于桂兰、宋冬林首次提出劳动力价值实现程度概念，将实际工资作为衡量劳动力价值实现程度的指标。[①] 张晨、冯志轩将劳动力价值决定考察置于资本积累的视角下，提出了基于“无储蓄原则”的劳动力价值测算方法。[②] 在此基础上，高文进一步构建劳动力价值实现程度的测量指标，对我国城镇居民劳动力价值实现程度进行了测算与分析。[③] 本书将通过对农业劳动力市民化进程中的农民工劳动力价值实现程度及缺口进行测算，为创新农民工和农业转移人口市民化机制提供科学依据。

一、农民工劳动力价值实现程度测算指标构建

马克思认为，劳动力商品的价值是由生产和再生产劳动力商品的社会必要劳动时间决定的，包括劳动者维持劳动力再生产所必需的生活资料的价值、劳动者养育子女所必需的生活资料的价值、劳动者受教育或训练的费用，包含着历史的和道德的因素。也就是说，它并非如新古典经济理论所讲的，劳动价格或工资决定于劳动的边际生产率，[④] 也并非完全由劳动力的市

① 于桂兰、宋冬林：《我国劳动力价值实现程度与劳动争议关系的实证研究》，《马克思主义研究》2009 年第 6 期。

② 张晨、冯志轩：《资本积累视角下的劳动力价值：识别、测算与中国现实》，《经济学家》2014 年第 6 期。

③ 高文：《我国劳动力价值实现程度的指标构建、测度及影响因素分析——基于马克思工资理论的视角》，《经济问题探索》2015 年第 5 期。

④ 新古典劳动经济学理论沿袭古典经济学传统，长期以来对劳动和劳动力概念、劳动的价值和劳动力的价值是不做区分的。对此，马克思曾指出，古典政治经济学称为劳动的价值的东西，实际上就是劳动力的价值；劳动力不同于它的职能劳动，正如机器不同于机器的运转一样（《资本论》第 1 卷，人民出版社 2004 年版，第 617 页）。当然，马克思对资本主义工资本质的科学分析，正是以科学区分劳动和劳动力为前提的，而且科学地揭示出了“工资不是它表面上呈现的那种东西，不是劳动的价值或价格，而只是劳动力的价值或价格的隐蔽形式”（《马克思恩格斯选集》第 3 卷，人民出版社 2012 年版，第 370 页）。对于这一点，我们应当予以注意。

场供求关系决定，而是决定于劳动者生存、发展、繁衍后代等所需要的生活资料的种类与数量。而且，所需要的生活资料的构成和范围也并非完全取决于劳动者的生理需要，它还取决于所在国家、地区的社会经济和文化的发展水平。在资本主义制度下，为保证资本家较高的资本积累，劳动力商品价值被法律强制规定为最低生活维持费用。当今欧美发达资本主义国家劳动力商品价值已提高到较高水平，劳动者必需消费的生活资料和服务的种类大大增加，甚至包括一些高档耐用消费品，而且数量增大、质量提高。但是，正如马克思所说“吃穿好一些，待遇高一些，持有财产多一些，不会消除奴隶的从属关系和对他们的剥削，同样也不会消除雇佣工人的从属关系和对他们的剥削”。[①] 因而，对于社会主义国家来说，理应尽可能缩短和减轻生产方式现代化转型给劳动者带来的痛苦，则是农业转移人口市民化必须坚持的原则。

鉴于依据马克思劳动力商品的价值是由劳动力维持、延续、发展所必需的生活资料价值构成理论，测算劳动力价值实现程度面临诸如确切内涵、必需品的内容和动态变化无法准确界定等困难，本书借鉴张晨、冯志轩提出的测算方法，[②] 结合农民工群体实际情况进一步修正相关指标，构建农民工劳动力价值实现程度的测量指标。

张晨、冯志轩提出的测算劳动力价值的表达式如下：

$$LP = f + \frac{1-q}{q} \times D + \left(\frac{1}{y} \times \frac{n}{c'} \times \frac{w}{p} - 1 \right) \times C \tag{1}$$

笔者认为，该表达式存在两个缺陷应予以修正：其一，忽略了家庭成员数量这一重要因素。马克思劳动力商品价值构成，明确强调了以家庭为单位、延续劳动力所必需的生活资料价值，家庭成员数量在劳动力价值决定中无疑是不可忽视的重要因素。设 Nt 代表平均家庭成员数，将家庭成员数量纳入表达式，相应的（1）式等号右端医疗储蓄值和教育储蓄值分别乘以

① ［德］马克思：《资本论》第 1 卷，人民出版社 2004 年版，第 714 页。

② 张晨、冯志轩：《资本积累视角下的劳动力价值：识别、测算与中国现实》，《经济学家》2014 年第 6 期。

Nt，则（1）式被修正为：

$$LP = f + \frac{1-q}{q} \times Nt \times D + \left(\frac{1}{y} \times \frac{n}{c'} \times \frac{w}{p} - 1\right) \times Nt \times C \tag{2}$$

其二，忽略了家庭成员中并非全是就业者因素①。设用 Ne 表示平均家庭成员中的就业者数量，则平均家庭成员中的非就业者数量为（$Nt-Ne$）。经过对（2）式进行修正，可以得到以家庭为单位的劳动力价值测算表达式，如下：

$$LP = f \times Nt + \frac{1-q}{q} \times Nt \times D \times Nt + \left(\frac{1}{y} \times \frac{n}{c'} \times \frac{w}{p} - 1\right) \times Nt \times C \times Nt \tag{3}$$

考虑到市民化进程中农民工群体的特殊性，本书测算市民化前以家庭为单位的农民工劳动力价值及实现程度方法，即方法一为：根据农民工家庭生活状况，将农民工家庭的消费支出分为两部分，即就业者成员的消费支出和非就业者成员的消费支出。考虑到当前农民工体制下非就业者家庭成员留守农村老家的现实和数据的可获得性，用农民工实际消费支出减去农村平均每人医疗支出和教育支出费用之差 f_{11} 代表就业者成员的消费支出；用农村除去医疗、教育以外的人均现金消费支出 f_{12} 代表非就业者成员的消费支出；D_1 和 C_1 则分别选取农村居民人均医疗支出费用和农村居民人均教育支出费用。从而可以得到市民化前以家庭为单位的农民工劳动力价值及实现程度测算表达式，如下：

$$LP = \left[Ne \times f_{11} + f_{12} \times (Nt - Ne)\right] + \left[\frac{1-q}{q} \times Nt \times D_1 \times Nt + Nt \times C_1 \times Nt \times \left(\frac{1}{y} \times \frac{n}{c'} \times \frac{w}{p} - 1\right)\right] \tag{4}$$

$$DRVL_1 = Ne \times \frac{W}{LP_1} \tag{5}$$

对实现市民化后以家庭为单位的农民工劳动力价值及实现程度的测算

① 高文：《我国劳动力价值实现程度的指标构建、测度及影响因素分析——基于马克思工资理论的视角》，《经济问题探索》2015 年第 5 期。

方法，即方法二为：不再区分农民工家庭就业者成员的消费支出和非就业者成员的消费支出，同时也考虑到数据的可获得性，用城镇居民除去医疗、教育以外的人均现金消费支出 f_2 代表农民工家庭成员的消费支出；对于 D_2 和 C_2 分别选取城镇居民人均医疗支出费用和城镇居民人均教育支出费用。从而可以得到，实现市民化后以家庭为单位的农民工劳动力价值及实现程度测算表达式如下：

$$LP_2 = Nt \times f_2 + \frac{1-q}{q} \times Nt \times D_2 \times Nt + \left(\frac{1}{y} \times \frac{n}{c'} \times \frac{w}{p} - 1\right) \times Nt \times C_2 \times Nt \tag{6}$$

$$DRVL_2 = Ne \times \frac{W}{LP_2} \tag{7}$$

（1）（2）（3）（4）（5）（6）和（7）式中所涉及的变量及其含义如下表 7–1 所示：

表 7–1　劳动力价值实现程度测算涉及的变量及含义

变量	含义
$DRVL_1$	实现市民化前以家庭为单位的农民工劳动力价值实现程度
$DRVL_2$	实现市民化后以家庭为单位的农民工劳动力价值实现程度
LP	劳动力价值
LP_1	实现市民化前以家庭为单位的农民工劳动力价值
LP_2	实现市民化后以家庭为单位的农民工劳动力价值
W	就业者的工资总额
f	除去医疗、教育以外的基本的现金消费支出
f_{11}	农民工除去医疗、教育以外的消费支出
f_{12}	农村除去医疗、教育以外的人均现金消费支出
f_2	城镇居民除去医疗、教育以外的人均现金消费支出
q	每期医疗费用的支出概率
D	平均每人医疗支出费用
D_1	农村居民人均医疗支出费用
D_2	城镇居民人均医疗支出费用

续表

变量	含义
y	为实现未来某期教育支出而进行的教育费用储蓄期数
c'/n	需要为子女支付教育费用的人口比例
w	需要个人支付的教育年限
p	每期需要支付教育费用的概率
C	平均每人教育支出费用
C_1	农村居民人均教育支出费用
C_2	城镇居民人均教育支出费用
Nt	平均农村家庭成员数
Ne	平均农村家庭成员中农民工数量

二、农民工劳动力价值实现程度测算及分析

本书选取《全国农民工监测调查报告》、《国家统计年鉴》、《全国人口与就业统计年鉴》和《全国教育事业发展统计公报》1995—2013 年相关数据进行测算分析。在相关指标数据的处理上，仍借鉴张晨、冯志轩的方法。比如，对于某期发生医疗支出的概率 q，使用我国 45 岁以上农村居民两周患病率的平均值近似替代；需要个人自费的教育年限 w 取值为 2 年，与之相对应的入学年龄 y 取值为 15 岁，入学率 p 近似等于高中阶段毛入学率；对应 15 岁入学子女的父母年龄基本上处在 35—39 岁之间，因此用 35—39 岁人口组占总人口的比例近似地估计需要为子女支付教育费用的人口比 c'/n。此外，基于数据的可获得性，本书按照如下方法估算平均农村家庭农民工数量：第一步，用每年乡村人口总数除以平均农村每户常住人口数，近似计算每年农村居民总户数；第二步，用每年农民工总量除以每年农村居民总户数，近似得出平均农村家庭农民工数量。按照上述数据处理方式，将三年的数据代入（4）（5）（6）（7）式中，可以得到的结果如表 7–2、表 7–3 所示。

表 7–2　1995—2013 年农民工劳动力价值实现程度测算：变量、取值及结果

年份		1995	2000	2005	2010	2011	2012	2013
变量及取值	W/ 元	483.5	517.8	960.8	1690	24588	27480	31308
	Nt/ 个	4.48	4.20	4.08	3.95	3.90	3.88	3.84
	Ne/ 个	0.66	0.79	1.12	1.43	1.50	1.59	1.64
	q	0.1889	0.22	0.2512	0.3137	0.3137	0.3137	0.3137
	c'/n	0.0695	0.0878	0.0972	0.0886	0.0846	0.0792	0.0754
	p	0.336	0.428	0.527	0.825	0.84	0.85	0.86
	f_{11}/ 元	714.5	1010.4	1671.01	3166.6	6696.8	7836.7	9604.5
	f_{12}/ 元	714.5	1010.4	1671.01	3166.6	3900.2	4455.2	5013.4
	f_2/ 元	3096.5	4010.3	6244.57	10972.1	12340.2	13577.1	14610.3
	D_1/ 元	42.5	87.6	168.09	326	436.8	513.8	613.9
	D_2/ 元	110.1	318.1	600.85	871.8	969	1063.7	1118.3
	C_1/ 元	102.4	186.7	295.48	366.7	396.4	445.5	485.6
	C_2/ 元	331	669.6	1097.46	1627.6	1851.7	2033.5	2294
LP_1/ 元		16540.3	18127.5	23025.9	28338.9	39261.2	46174.9	54195.5
LP_2/ 元		54642.1	66883.3	84513.8	93952.3	105188.7	117749.3	128072.7
$DRVL_1$/%		23.15	27.08	56.08	102.33	93.94	94.63	94.74
$DRVL_2$/%		7.01	7.34	15.28	30.87	35.06	37.11	40.09

数据来源：《中国统计年鉴》《中国人口与就业统计年鉴》《中国卫生统计年鉴》《全国教育事业发展统计公报》《全国农民工检测调查报告（2011—2013）》及《中国农民工工资走势：1979—2010》（载卢锋：《中国农民工工资走势：1979—2010》，《中国社会科学》2012 年第 7 期），相关数据整理和计算得出。

表 7–3　2011—2013 年分行业农民工劳动力价值实现程度测算结果

项目 \ 年份			2011	2012	2013
交通运输仓储邮政业	平均月工资（元）		2488	2735	3133
	劳动力价值实现程度（%）	方法一	114.07	113.01	113.77
		方法二	42.57	44.32	48.14

续表

项目 \ 年份			2011	2012	2013
建筑业	平均月工资（元）		2382	2654	2965
	劳动力价值实现程度（%）	方法一	109.21	109.67	107.67
		方法二	40.76	43.01	45.56
住宿餐饮业	平均月工资（元）		1807	2100	2366
	劳动力价值实现程度（%）	方法一	82.85	86.77	85.92
		方法二	30.92	34.03	36.36
服务业	平均月工资（元）		1826	2058	2297
	劳动力价值实现程度（%）	方法一	83.72	85.04	83.41
		方法二	31.25	33.35	35.30
制造业	平均月工资（元）		1920	2130	2537
	劳动力价值实现程度（%）	方法一	88.03	88.01	92.13
		方法二	32.86	34.51	38.98

注：数据根据表 7–2 和《全国农民工检测调查报告（2011—2013）》整理和计算得出。

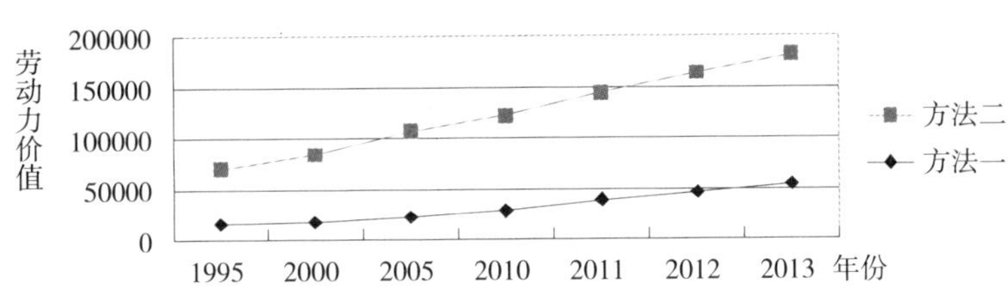

图 7–1　1995—2013 年以家庭为单位农民工劳动力价值（单位：元）

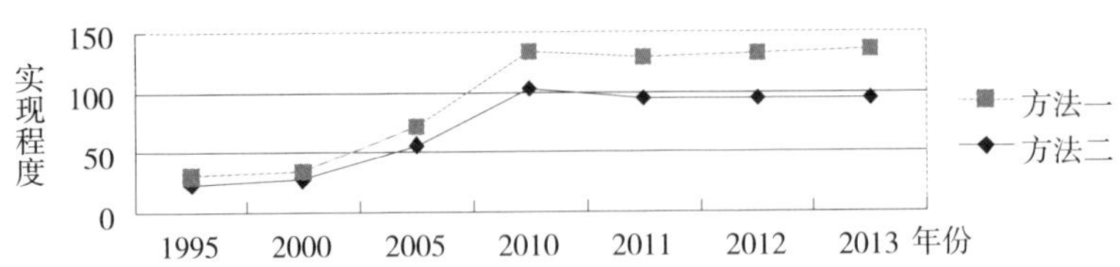

图 7–2　1995—2013 年以家庭为单位农民工劳动力价值（单位：%）

根据测算结果，我们可以得出以下结论：

第一，以家庭为单位的农民工劳动力价值呈上升趋势且近年来上升速度加快，农民工家庭成员整体的生活质量在不断改善。如表7–2和图7–1所示，按照方法一测算，以家庭为单位的农民工劳动力价值由1995年的16540.3元上升到2013年的54195.5元，增加了37655.2元，增幅为227.66%，其中，1995—2010年累计增幅仅为71.33%、2010—2013年累计增幅高达91.24%；按照方法二测算，以家庭为单位的农民工劳动力价值由1995年的54642.1元上升到2013年的128072.7元，增加了73430.6元，增幅为134.38%，其中，1995—2010年累计增幅仅为71.94%，2010—2013年累计增幅也高达36.32%。这表明，近些年来农民工家庭成员整体的生活质量在不断改善且改善的速度在加快。

第二，以家庭为单位的农民工劳动力价值实现程度较高，但无法维持市民生活水平的劳动力再生产。如表7–2、表7–3和图7–2所示，按照方法一测算的结果显示，1995—2010年以家庭为单位的农民工劳动力价值实现程度一直在上升，且2010—2013年稳定在100%左右。分行业来看，交通运输仓储邮政业和建筑业以家庭为单位的农民工劳动力价值实现程度超过100%，其他行业也保持在80%以上的水平。然而，按照方法二测算的结果则是，以家庭为单位的农民工劳动力价值实现程度虽然也呈上升趋势，但截至2013年实现程度仅达到40.09%；分行业来看，住宿餐饮业、服务业和制造业仅达到36%左右的水平。这表明，我国绝大多数农民工家庭依靠外出务工工资收入基本可以实现农村生活水平的劳动力再生产，却无法维持实现城市生活水平的劳动力再生产。因此，绝大多数农民工家庭需要农业及副业经营收入来弥补务工工资收入的不足，因而只能选择“候鸟式”务工模式。

三、农民工劳动力价值与市民生活标准存在的缺口测算

当前我国农民工劳动力价值水平仍旧不高，距离城市居民同等生活水

平究竟还存在多大缺口？我们认为，从当前我国城市居民生活实际的角度分析，农民工市民化后可能的生活标准至少从三个层次考察，即城市最低生活保障标准、最低工资标准和城镇居民人均现金消费支出标准。一般说来，城市最低工资标准和城市居民最低生活保障标准过低，难以维持农民工正常水平的劳动力再生产。譬如，2013 年全国各地最低工资的平均值为 13668 元，仅相当于当年以家庭为单位的农民工劳动力价值（按照方法二测算）的 17.50%，根本无法保障农民工正常水平的劳动力再生产。按照 2012 年出台的《国务院关于进一步加强和改进最低生活保障工作的意见》，“最低生活保障标准应低于最低工资标准”，如单靠城市居民最低生活保障标准，就更难以有效保障农民工劳动力正常再生产。譬如，2013 年全国城市居民最低生活保障平均标准为每人每月 362 元①，仅相当于当年以家庭为单位的农民工劳动力价值（按照方法二测算）的 13.02%。显然，最低工资标准和城市居民最低生活保障标准，尚达不到以家庭为单位的农民工劳动力价值（按照方法二测算）水平的 20%，连农村生活水平的劳动力再生产都无法维持，自然不应成为当前我国农业转移人口市民化的目标。因此，本书选取城镇居民人均现金消费支出代表农民工实现市民化后维持劳动力再生产应有的生活水平，测算目前的农民工劳动力价值水平同市民化后农民工生活标准之间存在的缺口。假设城镇居民人均现金消费支出（f_3）代表市民化农民工生活标准，农民工工资（W）代表目前农民工劳动力价值实现水平，那么，农民工劳动力价值水平距离市民化后农民工生活标准的缺口（IG）的表达式则可表示如下：

$$IG = f_3 \times Nt - W \times Ne \tag{8}$$

下面选取《中国统计年鉴》和《全国农民工检测调查报告》相关数据，对 1995—2013 年农民工劳动力价值水平与市民化后农民工生活标准存在的缺口即农民工市民化缺口进行测算，测算结果如表 7–4 所示。

① 李春根、夏珺：《中国城市最低生活保障标准：变化轨迹和现实考量——基于 2003—2013 年 31 个省域城市低保数据的聚类分析》，《中国行政管理》2014 年第 12 期。

表 7–4　1995—2013 年农民工市民化缺口测算结果

项目 \ 年份		1995	2000	2005	2010	2011	2012	2013
变量及取值	W（元）	5802	6213.6	11529.6	20280	24588	27480	31308
	Nt（个）	4.48	4.2	4.08	3.95	3.9	3.88	3.84
	Ne（个）	0.66	0.79	1.12	1.43	1.5	1.59	1.64
	f_3（元）	3537.6	4998	7942.88	13471.5	15160.9	16674.3	18022.6
IG（元）		12019.1	16082.9	19493.8	24212.0	22245.5	21003.1	17861.7

数据来源：《中国统计年鉴》《中国人口与就业统计年鉴》和《全国农民工检测调查报告》数据整理和计算得出。

从表 7–4 可以得出：农民工市民化缺口呈先增大后逐步缩小的趋势，但目前缺口依然很大。2013 年的缺口比 2010 年的缺口缩小了 6350.3 元，缩小幅度为 26.23 个百分点；但 2013 年以家庭为单位的缺口仍有 17861.7 元。

四、几点结论

马克思城乡就业一体化理论对于农业转移劳动力市民化分析的特色，在于其劳动力价值实现的分析视角。本书运用张晨、冯志轩提出的“无储蓄原则”的劳动力价值测算方法，选取 1995—2013 年的数据，对农业转移人口市民化进程中的农民工劳动力价值实现程度、农民工市民化缺口进行测算分析，得出以下结论：

其一，以家庭为单位的农民工劳动力价值呈上升趋势且近年来上升速度加快，农民工家庭整体生活水平提高。这可能与近年来政府致力于改善民生、发展城乡社会保障事业和基本公共服务相关，也可能是农民工劳动力在刘易斯拐点出现后的稀缺程度在竞争充分的农民工劳动力市场上得到了更为充分反映的结果。因而，推进农业转移劳动力市民化，必须加大经济社会体制机制改革力度，充分发挥市场在资源配置中的决定性作用，同时注意发挥政府在顶层设计、统筹规划、分担成本、提供社会保障与基本公共服务等方面的积极作用。

其二，尽管以家庭为单位的农民工劳动力价值实现程度提高，不过单靠务工收入至今仍无法维持其市民生活水平的劳动力再生产。可见，农民工“候鸟式”的务工模式，并非是农民工主观选择的结果，而是其在现实约束条件下的无奈之举。因而，农业转移人口市民化的核心内容与基本目标，就是使农业转移人口的生活与消费水平达到与城市市民同等的生活与消费水平。

其三，农民工市民化缺口呈先增大后逐步缩小的趋势，但目前缺口依然很大。这反映了农民工劳动力价值与市民化所要达到的生活水准客观上仍存在较大缺口。提高农民工劳动力价值实现程度，由政府、企业、个人多方分担农民工市民化成本，从而缩小与最终弥补缺口，应成为时下加快推进农民工市民化进程的基本途径。

第八章　创新流动人口管理的经验、困境与启示——基于对成都与常州的调研

长期以来，我国乡—城劳动力转移和农业转移人口市民化被人为地割裂为两个过程，导致城市存在大量外来暂住人口或流动人口。据国家卫生和计划生育委员会流动人口司发布的《中国流动人口发展报告2014》，截至2013年末，我国流动人口达2.45亿，其中80%是从农村流入城市的，跨省流入人口中的90.5%集中在东部地区。在苏州等东部沿海发达地区的一些城市，流动人口与户籍人口的比例已高达1∶1。[①] 如何避免流动人口与户籍人口发生摩擦与冲突、促进外来人口融入城市和实现市民化，业已成为深化生产方式现代化转型及现代劳动就业方式城乡一体化面临的重大课题，也是当前流动人口迁入城市社会管理面临的巨大挑战。本课题组成员于2012年9月从中西部、东部地区分别选取较有代表性的四川省成都市和江苏省常州市进行调研。课题组成员通过采取文献调研、部门座谈、实地走访等方法，了解两市流动人口需要、政府实际，系统总结其创新流动人口管理与服务的经验。[②]

---

① 汝信、付崇兰：《中国城乡一体化发展报告（2011）》，社会科学文献出版社2011年版，第153页。

② 参见孔伟艳：《创新流动人口管理要实现“四化”——基于成都市与常州市的调研》，《中国党政干部论坛》2013年第10期。

一、成都市流动人口管理经验

成都市所在的四川省，是中国流动人口大省，2011年流动人口规模达1609万人。① 四川省流动人口以跨省流出为主，跨省流动人口占全部流动人口的比重超过80%。2011年，跨省流出人口达1200万人，其中60%流向了珠三角和长三角等东部沿海发达地区。其中，广东省是接纳四川省跨省流出人口最多的省份，接纳人口多达284万人。近年来，东部沿海发达地区加快向内陆省份地区进行产业转移，四川省工业化与城镇化快速推进，导致外出流动人口回流和省内人口流动速度加快。截至2012年，省内流动人口所占比重为61.9%，主要分布在交通便利、经济发展水平较高的城市和地区，其中市内跨县的流动人口所占比重为21.2%。四川省初步形成了以成都为中心，以成都、德阳、绵阳、眉山、乐山为轴线，向宝成线、成渝线、成昆线、成达沿线辐射的流动人口分布格局。作为我国区域中心城市，成都市是四川省及其周边省市人口流入的重要目的地，户籍人口为1120万，流动人口达300余万。成都市在流动人口管理试点过程中，探索和总结出以下几点行之有效的经验：

第一，稳步推进管理制度改革。主要包括户籍管理制度与居住证管理制度改革。（1）深化户籍管理制度改革。作为全国统筹城乡改革试点城市，成都市于2006年10月下发了《中共成都市委成都市人民政府关于深化户籍制度改革深入推进城乡一体化的意见（试行）》，对原有户籍政策做了部分调整，放开本地农民到城镇入户，基本消除了农民向城镇转移的体制性障碍。2010年11月，成都市又出台了《关于全域成都城乡统一户籍实现居民自由迁徙的意见》，彻底破除城乡居民原有的身份差异，推进户籍、实际居住一元化管理，充分保障城乡居民平等享受各项基本公共服务和参与社会管理的

① 流动人口的统计口径为：除去市区内“人户分离”人口后，现居住地与户口登记地不属同一乡镇或街道而且离户口登记地时间超过半年的人口。文中流动人口数据均为四川省人口和计划生育委员会提供的个案监测数据。

权利。(2) 实行居住证管理制度。为了完善了居住证管理制度，成都市于2010年出台并于2011年1月1日起施行《成都市居住证管理规定》，用居住证取代暂住证制度，给予持证人相应的市民待遇。持证人被纳入社会保障系统，获得公平的就业机会，可参加技术职务评定；享有同等的公共资源，可在创办企业、从事科技活动、落实子女就读、办理出入境手续、申请专利补助基金等方面享受市民待遇。

第二，创新流动人口管理体制机制。四川省对流动人口管理实行的是省、市、区、街道和社区五级管理体制。与此相适应，成都市构建起“党委领导、政府负责、公安主导、部门联动、社会协同、公众参与”的工作格局，完善了市、区、街道和社区四级管理体制。作为成都市创新流动人口管理体制机制经验的典型代表，温江区与锦江区各有特色。其中，温江区积极探索了专业机构协调型流动人口管理模式，成立了流动人口服务管理工作小组，区政府12个职能部门为成员单位，下设区政府流动人口服务管理工作办公室。锦江区合江亭街道办事处则是探索出了“三支撑、三抓手、两重点”工作模式，即强化街道组织领导、发挥公安派出所主力军作用、做实网格管理三个支撑，以及抓用工单位、抓物管中介企业、抓小区院落自治三个抓手，突出规范小区“小旅店”式管理和商住楼写字间管理两个重点。

第三，加强流动人口信息建设。温江区涌泉街道办事处坚持以“网格化为手段、信息化为支撑、精细化为目标”，在瑞泉馨城社区试点推行了以“一中心三机制”为核心的“小网格”精细化服务管理模式，① 流动人口服务管理方式实现由“业务线条”向“网格集成”推进的转变。目前，软件系统一期开发已完成信息分类采集模块，信息综合查询模块，基于地理信息系统的网格划分、数据统计、指挥调度模块，工作日志撰写、审核、查询、统计模块，针对网格员和业务科室的绩效考核模块五个系统。该系统的技术水平在全国处于领先地位。

---

① “一中心三机制”的“一中心”指的是“数字涌泉”社会管理综合指挥中心，“三机制”指的是分片包干、网格管理，一岗多能、扁平智慧，资源整合、信息共享三大机制。

第四，组建全新的行政管理模式。(1) 服务为重，以证管人。积极探索以居住证为载体，以统一联网的信息平台为依托的新模式。2011 年起，成都市全面启动“暂”改“居”政策，进而提高了流动人口主动办证的积极性和主动性。(2) 自律自治，以房管人。将全市所有房屋与住户的详细信息统一纳入管理范围，并实时根据变动情况实施动态管理，实现以图定位、以房找人、以房管人。一是规范出租房屋管理，实施颜色管理。温江区公安部门探索了出租房屋“一院一档”的管理新模式，加大了打击出租房屋违法经营和流动人口违法犯罪的力度。锦江区合江亭街道办事处引入酒店式管理，规范短租房的流动人口工作。二是特别重视社会组织在流动人口管理中的作用。譬如，锦江区合江亭街道办事处组织成立合江亭物业管理协会和合江亭房屋中介协会，制定行业自律公约，推行行业自治，将出租房屋、流动人口作为其中的重要内容。成都市还以“共驻共建共享”为核心，通过社区、社会组织、社工三社互动，对流动人口进行组织化管理。三是以院落自治为抓手，实现“以院管人”。(3) 行业自治，以业管人。全市于 2012 年启动在出租车行业、餐饮行业、宾馆饭店行业、集贸市场等分批次推进社会化信息采集工作，进一步规范行业流动人口自治管理工作机制。落实用工单位协管责任，通过人来登记、人走注销，实现动态管理、信息变更。合江亭街道办事处流管办在 2012 年初与辖区用工单位逐一签订治安责任书，明确了用工单位在流动人口服务管理中的责任和义务。为加强商住楼宇的规范管理，街道办与物管公司签订责任书，提供商户信息；通过商户信息与所有商户签订《用工单位流动人口服务管理责任书》，要求商户全方位采集流动人口信息；社区民警、网格人员和社区工作人员形成合力，督促物管和商户履行职责。(4) 精细管理，以网管人。形成“网中有格，按格定岗，人在格上，事在网中”的工作格局，为流动人口服务管理工作提供强有力的管理支撑。锦江区合江亭街道办事处明确网格内专（兼）职协管员的工作职责，实行“六员一警”联动，即流动人口协管员、街道工作人员、社区工作人员、城管队员、综治员、文明劝导员和社区民警都划入流管网格，按照各自工作职责对网格内居民院落、商家店铺、旅馆酒店、娱乐场所、在建工地、商务楼盘开展宣传、巡查工作。温江区涌泉街道办事处在集中居住区瑞泉馨城社区建立了“数字涌泉”综合服务管理信息平台，通过每个小网格上配备的专职网格员打捆落实社会服务管理的各项工作，每月定期不定期走访居民，在为居民服务的同时，建立“日记制”将采集的信息及时输机，留下服务痕迹，确保数据的准确、鲜活。该区还依托人力资源和社会保障局，建立起了区、镇（街道）、社区三级劳动保障监察网格，实现统一、合理的劳动监察网格化动态管理，及时掌握企业用工信息，有效监控流动人口用工状况。（5）双向协作，以制管人。成都市在全国率先启动针对流出人口及其家庭留守成员的服务管理工作。

第五，民主化管理流动人口。（1）涌泉街道将辖区内工作和生活的流动人口统称为“新涌泉人”，鼓励和引导他们参与民主选举、民主管理，对从制度设计上确保流动人口参与社区管理进行积极的探索。（2）健全议事会成员联系户制度，及时了解处理流动人口的正确诉求，将流动人口纳入议事会成员的联系对象，定期了解他们的诉求，及时解决他们的困难。（3）将流动人口纳入社区化管理等。把流动人口和居住证持证人纳入社区化管理工作之中，按照共住共建的原则，积极引导居住区全体居民群众自觉遵守《居民自治章程》和《居民公约》，参与社区建设和管理。

二、常州市流动人口管理取得的主要经验

江苏省常州市地处长江三角洲中心地带，是先进制造业基地和长三角地区重要的中心城市之一，也是我国重要的人口流入市。常州市流动人口以跨省流入为主，总量和结构基本稳定，学历层次较高，工作变动较为频繁。与其他地区不同，常州市本地出现了城镇居民将户口迁回农村的现象，一部分已办理过“地方城镇户口”和“小城镇户口”的群众，又要求将户口迁回农村。因而，从户口迁移数量来看，2007年以后，常州市从农村地区迁入市区的人口逐年减少，大量的城市人口又迁往了农村。值得肯定的是，常州市在长期的流动人口管理实践中探索出了社区化管理、动态化管理、乡情化

管理、包融式管理、社会化管理等新的管理方式，并取得了良好成效。常州市流动人口管理的主要经验包括：

第一，建设流动人口集居区，探索社区化管理新方式。政府将流动人口住房保障列入规划，采用行政划拨土地开发建设周边厂区职工居住区的办法，建设方便政府将流动人口纳入社区化管理的流动人口集居区。位于武进高新区南夏墅街道的南湖家苑就是其中的一个典型。该社区管理反映了常州市社区化管理新方式所具有的特点：（1）公共服务机构齐全。该社区内设有派出所、人力资源市场和社区卫生服务站等公共服务机构，有利于保证社区安全，提供职业介绍与卫生服务。（2）租金低廉。与社区有合作关系的企业向社区交 450 元 / 月，外来员工只要有暂住证和工作证，就可以 1.7 元 / 天的房租入住 8 人间集体宿舍。（3）规章制度健全。在社区办公大厅内，社区工作职责、社区劳动工作站工作职责、办理常州市流动人口计划生育服务证须知、环境保护工作职责、社区环境卫生工作制度及职责、社区人力资源和社会保障服务站工作职责等都明示于墙上，便于进入社区的流动人口了解和监督。（4）“以外管外”。各个集体宿舍民主选举出寝室长，义务管理寝室卫生。

第二，开发信息社会化采集系统，实行动态化管理。公安部门每年开展“实有人口、实有房屋、实有图像”三实信息会战，推动警方、房主、社区在流动人口信息采集与管理中的多方参与和合作共赢。（1）以外来人口为重点，探寻破解管理难题的“端口”。如是否主动登记，督促入住人员办证；是否主动提供入住人员相关情况；每月的发案情况；邻里关系情况；防范设施情况；环境卫生状况等。（2）以“三色四级”为标识，探寻实施差别管理的“路径”。一是红色，列为“重点户”管理；二是黄色，列为“关注户”管理；三是绿色，列为“放心户”管理；四是星级，列为“扶植户”管理。（3）以信息应用为核心，探寻加快升级转型的“工具”。一是采集录入源头信息，二是系统整合关联信息，三是广泛发布运用信息。（4）以各方多赢为目标，探寻提升警务效能的“驱动器”。一是警方得益，提高群防群治质态；二是房主收益，提高租房经济收入；三是社区获益，提高平安和谐指数。

第三，发挥社会组织作用，实行社会化管理。对于涉及民族、宗教等敏感问题，政府不宜出面的矛盾纠纷，政府非常重视发挥社会组织的作用，动员社会力量参与。社会组织在其中充当“缓冲带”“调解人”，能够避免政府直接与特殊流动人口群体发生正面冲突，从而有利于维护政府形象与城市社会稳定。

第四，开展源头管理试点工作，实施乡情化管理。即由流动人口主要流出地的公安机关，向常州市派驻民警即“老乡警察”，协助管理流动人口，实现有效管理。

三、关于创新流动人口管理的启示与建议

第一，加强制度顶层设计，深化户籍管理制度及附着其上的各项社会福利制度改革，制定和完善全国统一、有利于人口自由流动与迁移的法律和制度。我国客观存在的户籍与福利合一的社会管理制度，使户籍管理制度壁垒的打破已成为一项牵涉就业、社保、教育、计生、兵役、土地承包等多项改革的系统工程。从成都和常州两市的实践看，由于教育、社保、土地承包等多项政策均属国家法律法规和中央事权调整范围，单靠各地的户籍管理制度改革探索并不能从根本上打破户籍壁垒，也不能从根本上形成有利于劳动力流动与人口自由迁徙的法律制度。根本的出路只能是，由中央最高层从国家层面加强制度顶层设计，逐步深化户籍管理制度及附着其上的各项社会福利制度改革。(1) 从短期来看，应弱化现行户籍管理制度的限制性功能，建立区域和城乡统一、以居住地为依据、人口登记和身份证管理统一的新型居民管理制度。按照“人户、人证一致”原则，通过临时、正式两类居住证办理，全面建立以人口出生、死亡、迁入、迁出、变更五项为主的居住信息登记制。缩小城乡区域户口上附带的福利差异，逐步将“捆绑”在城乡区域户口上的福利差异转换为与居住证时效长短挂钩的权益差异。积极探索居住证分类管理制度，对于半年以内的流动人口，要求其必须申请办理临时居住证，凭临时居住证在就业、培训等方面享有本地居民的部分权益；对于半年

以上的流动人口，要求其必须申请办理居住证，凭居住证在医疗保险、子女教育、职称考试、失业保险、最低收入保障、住房保障、物价补贴、参与社区管理等方面享有与本地居民的同等权利，打通有序解决流动人口落户问题的阶梯式政策通道。当前，还应统一政策，将居住证办理作为提供用工、医疗等服务的先决条件或门槛，对不办理居住证、不配合流动人口信息登记工作的单位和个人，规定相应的处罚措施。（2）从长远来看，应当从根本上深化户籍管理制度改革，适时制定全国统一的《户籍法》。目前，全国各地户籍制度改革试点的做法不一，缺乏全国统一、有利于劳动力和人口自由流动和迁移的法律制度。为此，要在各地试点的基础上，制定全国统一的户籍管理办法，并适时上升为法律，尤其是要剥离附着在户籍上的不平等的公民权利与社会福利差异，尽快形成全国统一、有利于人口自由流动与迁移的法律和制度。

第二，创新流动人口管理体制，建立统一的服务管理工作机构。在长期的流动人口管理实践中，常州市创造性地提出和采用了社区化管理、动态化管理、乡情化管理、包融式管理、社会化管理等流动人口管理新方式。其他流动人口较为集中的城市，完全可以借鉴常州市的成功经验，结合平安社区创建，实行社区化管理；扩大流动人口管理主体，实行社会化管理和乡情化管理；及时更新流动人口信息，实行动态化管理；立足服务，融合内外，实行包容式管理。成都市理顺流动人口管理体制，建立统一的服务管理工作机构的经验，也颇值得借鉴与推广。该市建立流动人口管理专职机构“流管办”，并明确其工作职责，将其纳入政府常设机构编制，配备专（兼）职协管人员，保障工作经费。“流管办”负责组织协调公安、人社、人口与计划生育、民政等各个部门共同做好流动人口服务管理工作。在社区（乡村）建立信息化综合服务中心（工作站），按照“上面多条线，社区一个站”的要求，综合各个部门的服务管理职能，完善基层流动人口管理体制。此外，成都市还推广和完善“以证管人、以房管人、以业管人、以制管人、以网管人”的“五位一体”行政管理模式。该市在多数地区已实行的“以证管人、以房管人、以业管人”的“三位一体”行政管理模式的基础上，探索出了流出地与流入地双向互动的“以制管人”方法与网格化管理中“以网管人”方法。其他地区可以根据本地实际，适当加以借鉴；在实际工作中还需要将五种方法结合起来，如稳步推进“实有人口、实有房屋”全覆盖管理，实现“以房找人”“查人知住”的双向互联，以克服“以证管人”中流动人口不办证的弊端。

第三，以实现基本公共服务均等化为核心，改革现行财政拨付制度。人口从农村流向城市是为了乐业，人口从城市流回农村是因为无法享受到均等化的基本公共服务从而难以实现乐业。因此，应使大多数流动人口在城镇和农村各得其所，要分清楚哪部分人想回去，哪部分人想留下。“60”后、“70”后的农民，一般想回去也回得去。“80”后、“90”后的新生代农民工，从小在城市长大，没有农村生活技能，这部分人想留在城市，也回不去。要想让这部分人在城市稳定下来，就要为他们提供均等化的基本公共服务，使他们逐步享受到城市户籍人口享有同等权利。因此，必须改革现行财政拨付制度，中央财政在均衡性转移支付标准财政支出测算中，要增加对重要人口流入地的一般性财政补贴力度，根据各地实有常住人口数量，实现基本公共服务均等化。

第四，整合各部门管理资源，建设覆盖全国的流动人口动态信息库和信息共享机制。充分利用和整合现有的人口计生、公安、统计、劳动保障、卫生等各个部门的信息管理资源，建立一套能够覆盖全部流动人口的、全国联网的流动人口动态信息管理系统和综合服务平台，在此基础上构建起跨地区、跨部门、跨系统的流动人口信息共享机制。

结　语

在我国开启全面建设社会主义现代化国家的新发展阶段，以城乡融合发展推进农业农村现代化已成为亟待解决的一个重大战略问题，统筹城乡就业、推进城乡就业一体化是实施这一工程的核心与基础。对于一个发展中国家来说，如何避免出现严重的经济社会问题并达到理顺和优化城乡就业关系、扩大城乡就业总量和提高城乡就业现代化水平的目标，是统筹城乡就业面临的重大课题。改革开放以来，我国统筹城乡就业取得了举世瞩目的伟大成就。但是，不管承认与否，长期奉行西方乡—城劳动力流动理论与政策也造成了严重的负面影响。近年来，我国统筹城乡就业、推进城乡就业一体化，已从最初针对“城乡分割”的就业管理体制，转向如何消除影响城乡平等就业的制度障碍、建立经济发展与扩大就业的联动机制、进一步优化城乡劳动力资源配置等问题。问题导向和政策目标的重大调整，促使我们对事实上主导我国统筹城乡就业的理论研究与政策设计的主流理论——现代西方乡—城劳动力转移理论，进行系统的反思。

尽管马克思从没有明确使用过统筹城乡就业概念，但对城乡就业一体化却有大量相关论述，形成了科学、系统和富有批判精神的城乡就业一体化理论。本书研究的目的在于，通过对马克思城乡就业一体化理论的文本研究和现代阐释，提炼出基于马克思视角的统筹城乡就业理论分析框架。这对于克服西方乡—城劳动力转移理论研究路线的根本局限，创新我国统筹城乡就业机制具有重大的理论价值与现实意义。通过研究，我们得出的结论是：

第一，作为客观经济规律，城乡就业一体化在社会发展的不同阶段体现为内容上各有侧重、时间上前后衔接的阶段性特征：雇佣劳动就业方式城乡一体化是资本主义产生、发展和走向成熟阶段城乡就业一体化的基本内容，就业内容城乡一体化是人类社会发展到最高阶段的必然结果。现阶段，我国的城乡就业一体化属于现代劳动就业方式城乡一体化范畴。马克思城乡就业一体化理论科学、系统、富有批判精神，对于当前我国统筹城乡就业、加快推进城乡就业一体化的理论研究和实践具有重要的指导意义。

第二，现代西方乡—城劳动力转移理论，把乡—城劳动力转移看作是欠发达经济体现代化转型必然出现的城乡就业结构调整现象，以刘易斯模型为基础和起点，沿着修正与拓展的方向逐步发展起来的理论体系。它迎合了第二次世界大战后获得独立的欠发达国家和地区现代化转型的迫切需要，以这些欠发达国家和地区为直接服务对象，理论建构也注意反映这些国家的经济社会条件。然而，由于它主要来自西方发达国家的经济学家、研究机构和国际组织，代表发达国家及其国家集团狭隘的重大政治利益和战略利益；反映以英国为代表的发达国家早期现代化转型及乡—城劳动力转移的部分“经验”，没有也不可能反映血腥的“圈地运动”、逼迫失地农民转化为雇佣工人的严酷刑罚、掠夺海外殖民地积累巨额资本、大规模向海外殖民地移民等羞于启齿和极力掩盖的历史“经验”；坚持历史唯心主义方法论，遵循结构主义、比较静态分析和动态分析及从利己主义出发展开整个理论体系的理论框架；以发达资本主义国家为转型目标，因而不可避免地具有自身无法克服的局限，不可能为广大发展中国家和地区提供科学的理论依据和有效的政策建议。

第三，推进城乡就业一体化面临两个相互紧密关联、需要统筹解决的难题：一是如何充分创造现代生产方式—就业机会，二是如何实现现代生产方式—就业机会城乡动态分布合理化。对于第一个难题，马克思的观点是：存在两种不同性质的现代生产方式—就业机会及其实现道路：一种是资本主义性质的现代生产方式—就业机会及其实现道路，表现为城市工业部门和乡村农业部门通过现代化转型为现代生产方式—就业机会创造的源泉；另一种是社会主义性质的现代生产方式—就业机会及其实现道路。对于第二个难题，马克思强调现代生产方式—就业机会城乡动态分布合理化，体现资本主义生产方式从城市工业部门向城乡各个产业部门扩张，并最终实现现代劳动就业方式城乡一体化的历史过程。工业化基础上的城市化和商业化基础上的农业现代化，犹如车之双轮、鸟之双翼，缺少任何一个都无法实现现代劳动就业方式城乡一体化的协调推进。这一观点显然较现代西方乡城劳动力转移理论，更为完整和准确地说明现代生产方式—就业机会城乡动态分布合理化机制。

第四，留在农业领域的农民如何实现就业现代化，是当前我国统筹城乡就业、推进城乡就业一体化的重点和难点。马克思通过对发达国家农民就业现代化过程的批判与超越，形成“后现代”理论特质的农民就业现代化思想，具有重要的指导意义。他认为，雇佣劳动是资本主义性质农民就业现代化的本质内容，但并非是农民就业现代化自然而然的常态和“不变的规律”，只具有历史暂时性。合作劳动或联合劳动积极扬弃和超越了雇佣劳动，实现了“两个和解”，不是奴役人的手段而是解放人的手段，因而是社会主义性质农民就业现代化的本质内容。

第五，通过系统总结马克思城乡就业一体化思想特别是雇佣劳动就业方式城乡一体化机制的模型化，从摆脱现代西方乡—城劳动力流动理论范式的窠臼、探索有中国特色的城乡就业一体化道路的角度，进一步提炼出统筹城乡就业的理论分析框架及重要观点。即现代劳动就业方式城乡一体化，必须以生产方式城乡一体化和劳动力市场城乡一体化为基础；只有深入推进农业现代化，才能为农业剩余劳动力的持续转移提供必要条件和充足的推动力；城乡就业一体化并非完全是市场自发形成的产物，国家应积极创造条件；推进城乡就业一体化要注重保障劳动者权益，更要创新统筹城乡就业机制。按照马克思统筹城乡就业的理论分析框架，依据新中国成立以来现代化模式转换逻辑，站在从传统社会主义模式和中国特色的自主型发展模式转换而形成的现代化的断裂点上，改革开放以来我国城乡就业一体化路径转换与机制创新的历史过程可以分为城乡二元就业制度的初步改革（1978—1990

年)、统筹城乡劳动就业管理（1991—2002 年)、促进城乡劳动者平等就业(2002—2012 年)、推动实现更高质量的就业（2012 年至今）四个阶段。通过回顾，我们得出的历史经验主要是：中国共产党坚持把就业作为最大的民生，始终将就业工作放在经济社会发展的突出位置，坚持不断巩固与加强党的集中统一领导的制度优势，为做好就业工作提供了坚强的政治保证；坚持社会主义市场经济，客观上为传统社会主义城乡就业体制改革和市场型就业制度创新锚定了正确的航向；坚持中国特色经济发展道路，以人民为中心而不是以资本为中心，摈弃了资本主义现代化模式给人类社会造成的痛苦与困境，实现了经济发展、经济结构优化和扩大就业、提升就业质量的良性循环，为促进全体人民共同富裕、人的全面发展和社会全面进步积累了宝贵经验。

第六，以现代生产方式—就业机会需求主体高校毕业生为考察对象，基于现代生产方式—就业机会创造与分布视角，实证分析现阶段我国现代生产方式—就业机会创造是否充分、分布是否合理。结果表明：高校毕业生就业需求不足基本态势的形成，根源于我国经济增长偏离了现代生产方式变革的良性运行轨道。在总量上，我国产业结构扭曲、就业结构调整明显滞后于产业结构，在弱化经济增长对就业的拉动作用的同时，必然造成高校毕业生就业弹性系数的降低，严重制约了高校毕业生就业需求总量的增长。在结构上，制造业以劳动密集型为主和处在国际产业链低端的定位，新创造就业机会以一般劳动力为主，集中于城市完全竞争劳动力市场；第三产业特别是属于高等教育强密集行业的现代服务业发展滞后，是城镇不完全竞争劳动力市场就业需求不足和就业竞争异常激烈的重要原因；我国农业总体上仍属于传统农业，对劳动者的知识和技能的要求比较低，总体上仍属于传统生产方式—就业机会，对高校毕业生缺乏吸引力。

第七，按照马克思城乡就业一体化理论，城市化是统筹城乡就业能否顺利推进的重心与关键所在。然而，城市化滞后却是制约我国现代劳动就业方式城乡一体化的瓶颈。本书以河南省为例，通过对其维护国家粮食安全和经济发展矛盾的实证分析，得出的结论是：中西部粮食主产区城市化滞后源于人口聚集和经济聚集的空间错位，即人口和经济由于规模效应本应向大城市聚集，但现实是中小城镇吸纳了过多的人口、完成了过多的经济价值创造。原因是：长期存在的户籍管理制度障碍使农民融入大城市成本过高，土地制度使农民为避免丧失界定不明的农业既得利益选择低成本城镇化方式；国家小城镇发展战略的推行，使农民缺乏融入大城市的动力和推力。另一方面，政府发展地方经济时，并未考虑经济效率因素，“注重人口城镇化、忽略社会城镇化”。

第八，以马克思城乡就业一体化理论为依据、基于劳动力价值实现的视角，运用“无储蓄原则”的劳动力价值测算方法，对农民工劳动力价值实现程度、农民工市民化缺口测算分析的结论是：以家庭为单位的农民工劳动力价值呈上升趋势且近年来上升速度加快，家庭整体生活水平提高；以家庭为单位的农民工劳动力价值实现程度较高，但单靠务工收入至今仍无法维持市民生活水平的劳动力再生产；农民工市民化缺口呈先增大后逐步缩小趋势，但缺口依然很大。应通过提高农民工劳动力价值实现程度，由政府、企业、个人多方分担农民工市民化成本，从而缩小与最终弥补缺口，应成为时下加快推进农民工市民化进程的基本途径。

第九，城乡劳动力市场一体化基础上如何实现农业转移劳动力与人口融入城市社会或实现市民化，是统筹城乡就业现阶段应着重解决的难题。四川省成都市与江苏省常州市创新流动人口管理与服务的经验表明，创新流动人口管理最根本的是要实现“四化”，即服务管理统筹化、管理主体社会化、管理客体一元化、管理平台社区化，在户籍制度、财税体制等方面深化改革。

第十，改革开放以来，我国统筹城乡就业从“城乡分治”向“城乡一体化”方向进行路径转换，市场化城乡就业一体化机制基本得到恢复与重建。然而，基于马克思城乡就业一体化理论分析，受现代西方乡—城劳动力流动理论路线的影响，我国统筹城乡就业在取得举世瞩目成就的同时，也酿成了严重的经济社会问题。我国城乡就业一体化路径优化的方向是：以再造现代农业生产组织形式为抓手、拉长农业现代化“短版”，是优化城乡就业一体化路径的首要任务；以现代市场体系为载体、构建工业化、信息化、城市化、农业现代化良性互动机制，是优化城乡就业一体化路径的核心任务；保障劳动者权益、促进城乡劳动者充分就业、平等就业与体面劳动，是当前我国统筹城乡就业政策必须坚持的价值取向。

参 考 文 献

中文文献：

1.《马克思恩格斯选集》第 1—4 卷，人民出版社 2012 年版。

2.《马克思恩格斯文集》第 1—10 卷，人民出版社 2009 年版。

3. 马克思：《资本论》第 1—3 卷，人民出版社 2004 年版。

4.《列宁专题文集》（论马克思主义），人民出版社 2009 年版。

5.《斯大林选集》第 2 卷，人民出版社 1979 年版。

6.《毛泽东选集》第四卷，人民出版社 1979 年版。

7.《邓小平文选》第二卷，人民出版社 1983 年版。

8.《习近平谈治国理政》第二卷，外文出版社 2018 年版。

9. 中共中央宣传部、国家发展和改革委员会：《习近平经济思想学习纲要》，人民出版社、学习出版社 2022 年版。

10. [美] 威廉·阿瑟·刘易斯：《二元经济论》，北京经济学院出版社 1989 年版。

11. [美] 道格拉斯·R. 诺思：《经济史上的结构和变革》，商务印书馆 2002 年版。

12. [英] M. M. 波斯坦：《剑桥欧洲经济史》，经济科学出版社 2002 年版。

13. [美] 弗雷德里克·L. 努斯鲍姆：《现代欧洲经济制度史》，人民邮电出版社 2004 年版。

14. [英] 埃里克·霍布斯鲍姆：《工业与帝国：英国的现代化进程》，中央编译出版社 2016 年版。

15. [日] 祖田休：《近代农业思想史——从工业革命到21世纪》，清华大学出版社2015年版。

16. [美] 盖尔·约翰逊：《经济发展中的农业、农村、农民问题》，商务印书馆2005年版。

17. [英] 罗伯特·艾伦：《近代英国工业革命揭秘》，浙江大学出版社2012年版。

18. [美] 西奥多·W. 舒尔茨：《改造传统农业》，商务印书馆2003年版。

19. [美] 罗伯特·L. 海尔布罗纳、威廉·米尔博格：《经济社会的起源》，格致出版社2010年版。

20. [美] 德布拉吉·瑞：《发展经济学》，北京大学出版社2002年版。

21. [澳] 大卫·桑普斯福特、泽弗里斯·桑纳托斯：《劳动力经济学前沿问题》，中国税务出版社、北京腾图电子出版社2000年版。

22. [美] 詹姆斯·A. 道、史迪夫·H. 汉科、[英] 阿兰·A. 瓦尔特斯：《发展经济学的革命》，上海三联书店、上海人民出版社2000年版。

23. [美] 亚历山大·格申克龙：《经济落后的历史透视》，商务印书馆2009年版。

24. [美] 费景汉、古斯塔夫·拉尼斯：《增长和发展：演进观点》，商务印书馆2004年版。

25. [英] V. N. 巴拉舒伯拉曼雅姆、桑加亚·拉尔：《发展经济学前沿问题》，中国税务出版社、北京腾图电子出版社2000年版。

26. [美] 迈克尔·P. 托达罗、斯蒂芬·C. 史密斯：《发展经济学》，机械工业出版社2014年版。

27. [瑞典] 冈纳·缪尔达尔：《亚洲的戏剧：南亚国家贫困问题研究》，首都经济贸易大学出版社2001年版。

28. 张培刚：《农业与工业化（中下合卷：农业国工业化问题再论）》，华中科技大学出版社2002年版。

29. 辜胜阻：《中国农村剩余劳动力向何处去》，《改革》1994年第4期。

30. 费孝通：《农村、小城镇、区域发展——我的社区研究历程再回顾》，《北京大学学报》（哲学社会科学版）1995年第2期。

31. 林毅夫：《中国经济》，中国财政经济出版社2003年版。

32. 杨宜勇：《城市化创造就业机会与城市就业空间分析》，《管理世界》2000 年第 2 期。

33. 袁志刚、范剑勇：《产业集聚与农村劳动力的跨区域流动》，《劳动保障通讯》2003 年第 10 期。

34. 李实：《中国经济转轨中劳动力流动模型》，《经济研究》1997 年第 1 期。

35. 李实：《中国农村劳动力流动及教育在其中的作用——以四川省为基础的研究》，《经济研究》1997 年第 2 期。

36. 陈吉元、胡必亮：《中国三元经济与农业剩余劳动力转移》，《经济研究》1994 年第 4 期。

37. 乔根平：《建立三元经济发展的模型框架》，中国财政经济出版社 2003 年版。

38. 杜育红、孙志军：《中国欠发达地区的教育、收入与劳动力市场经历——基于内蒙古赤峰市城镇地区的研究》，《管理世界》2003 年第 9 期。

39. 陈珣、徐舒：《农民工与城镇职工的工资差距及动态同化》，《经济研究》2014 年第 10 期。

40. 王德文、吴要武、蔡昉：《迁移、失业与劳动力市场分割——为什么农村迁移者的失业率很低》，《世界经济文汇》2004 年第 1 期。

41. 姚先国、赖普清：《中国劳资关系的城乡户籍差异》，《经济研究》2004 年第 7 期。

42. 甘春华：《城乡劳动力市场融合：动力机制与对策》，经济科学出版社 2010 年版。

43. 袁志刚、范剑勇：《我国劳动力市场如何整合》，《劳动保障通讯》2002 年第 5 期。

44. 姚先国：《职业隔离的经济效应——对我国城市就业人口职业性别歧视的分析》，《浙江大学学报》（人文社会科学版）2006 年第 2 期。

45. 邓曲恒、古斯塔夫森：《中国的永久移民》，《经济研究》2007 年第 4 期。

46. 王美艳：《城市劳动力市场上的就业机会与工资差异——外来劳动力就业与报酬研究》，《中国社会科学》2005 年第 5 期。

47. 杨云彦等：《大城市的内部迁移与城市空间动态分析——以武汉市为例》，《人口研究》2004 年第 2 期。

48. 蔡昉、都阳、王美艳：《中国劳动力市场转型与发育》，商务印书馆 2005 年版。

49. 简新华、张建伟：《中国农民工最新生存状况研究——基于 765 名农民工调查数据分析》,《人口研究》2007 年第 6 期。

50. 刘建娥:《中国乡—城移民的城市社会融入》,社会科学文献出版社 2011 年版。

51. 余向华、陈雪娟:《中国劳动力市场的户籍分割效应及其变迁》,《经济研究》2012 年第 12 期。

52. 章元、高汉:《城市二元劳动力市场对农民工的户籍与地域歧视——以上海市为例》,《中国人口科学》2011 年第 5 期。

53. 陈钊、陆铭:《从分割到融合:城乡经济增长与社会和谐的政治经济学》,《经济研究》2008 年第 1 期。

54. 洪银兴:《以三农现代化补四化同步的短板》,《经济学动态》2015 年第 2 期。

55. 魏义方、顾严:《农业转移人口市民化:为何地方政府不积极——基于农民工落户城镇的成本收益分析》,《宏观经济研究》2017 年第 8 期。

56. 张可云、王洋志:《农业转移人口市民化方式及其对收入分化的影响——基于 CGSS 数据的观察》,《中国农村经济》2021 年第 8 期。

57. 洪银兴等:《城镇化新阶段:农业转移人口和农民市民化》,《经济理论与经济管理》2021 年第 1 期。

58. 汪川:《农业与工业化:新经济增长理论的视角》,《经济学动态》2014 年第 7 期。

59. 李培林:《社会改革与社会治理》,社会科学文献出版社 2014 年版。

60. 蔡昉:《中国经济面临的转折及其对发展和改革的影响》,《中国社会科学》2007 年第 3 期。

61. 杨云彦:《就业替代与劳动力流动:一个新的分析框架》,《经济研究》2003 年第 8 期。

62. 张永丽、金虎玲:《农村人口和劳动力资源禀赋变动趋势》,《经济学动态》2013 年第 9 期。

63. 夏柱智、贺雪峰:《半工半耕与中国渐进城镇化模式》,《中国社会科学》2017 年第 12 期。

64. 吴要武、陈梦玫:《当经济下行碰头就业压力——对中国城乡劳动力市场状况的分析》,《劳动经济研究》2018 年第 3 期。

65. 苏剑、陈阳:《人工智能等技术进步影响劳动力需求的机制研究》,《中国经济报告》2019年第2期。

66. 蔡昉：《新冠肺炎疫情对中国劳动力市场的影响——基于个体追踪调查的全面分析》，《经济研究》2021年第2期。

67. 王亚南：《资产阶级古典政治经济学选辑》，商务印书馆1979年版。

68. 谭崇台：《发达国家发展初期与当今发展中国家经济发展比较研究》武汉大学出版社2008年版。

69. 许宁：《法国农村社会转型研究（19世纪—20世纪初）》，北京大学出版社2001年版。

70. 世界银行：《2006年世界发展报告：公平与发展》，清华大学出版社2006年版。

71. 蔡昉、都阳、王美艳：《中国劳动力市场转型与发育》，商务印书馆2005年版。

72. 蔡昉：《中国人口与劳动问题报告NO8刘易斯转折点及其政策挑战》，社会科学文献出版社2007年版。

73. 李培林：《农民工——中国进城农民工的经济社会分析》，社会科学文献出版社2003年版。

74. 蒋选：《我国中长期失业问题研究——以产业结构变动为主线》，中国人民大学出版社2004年版。

75. 杨宜勇：《劳动就业体制改革攻坚》，中国水利水电出版社2005年版。

76. 刘世锦：《传统与现代之间——增长模式转型与新型工业化道路的选择》，中国人民大学出版社2006年版。

77. 于沛：《历史科学与中国特色社会主义》，《中国社会科学》2019年第10期。

78. 周天勇：《劳动与经济增长》，上海三联书店、上海人民出版社1994年版。

79. 于鸿君：《两种体制、两个奇迹与“两个时期互不否定”》，《北京大学学报》（哲学社会科学版）2021年第1期。

80. 杜润生：《中国农村制度变迁》，四川人民出版社2003年版。

81. 陆学艺：《当代中国社会流动》，社会科学文献出版社2003年版。

82. 郭庆松：《中国城乡就业发展战略研究2001—2010》，上海人民出版社2004年版。

83. 袁志刚：《中国的城乡劳动力流动与城镇失业——理论和经验研究》，经济科学出版社2007年版。

84. 陈明生：《我国城乡产业转移的机制和对策》，中国政法大学出版社 2007 年版。

85. 黎煦：《中国劳动力市场变迁的产权经济分析》，浙江大学出版社 2006 年版。

86. 石美暇：《非正规就业劳动关系研究——从国际视野探讨中国模式和政策选择》，中国劳动社会保障出版社 2007 年版。

87. 李迎生：《社会保障与社会结构转型——二元社会保障体系研究》，中国人民大学出版社 2001 年版。

88. 中国社会科学院农村发展研究所：《中国农村发展报告 NO.6》，社会科学文献出版社 2008 年版。

89. 郎咸平：《产业链阴谋——一场没有硝烟的战争》，东方出版社 2008 年版。

90. 王章辉、黄柯可：《欧美农村劳动力的转移与城市化》，社会科学文献出版社 1999 年版。

91. 陈元：《中国农村城镇化问题研究》，中国财政经济出版社 2004 年版。

92. 王检贵：《劳动与资本双重过剩下的经济发展》，上海三联书店、上海人民出版社 2002 年版。

93. 郑功成、黄黎若莲：《中国农民工问题与社会保护》，人民出版社 2007 年版。

94. 候风云：《中国人力资本投资与城乡就业相关性研究》，上海三联书店、上海人民出版社 2007 年版。

95. 方竹兰：《市场化与马克思主义的发展》，中国人民大学出版社 2006 年版。

96. 李培林、陈光金、张翼：《社会蓝皮书：2015 年中国社会形势分析与预测》，社会科学文献出版社 2014 年版。

97. 萧国亮、隋福民：《中华人民共和国经济史（1949—2010）》，北京大学出版社 2011 年版。

98. 上海财经大学课题组：《中国经济发展史（1949—2005）》，上海财经大学出版社 2007 年版。

99. 蔡昉：《民生经济学——“三农”与就业问题的解析》，社会科学文献出版社 2005 年版。

100. 汝信、付崇兰：《中国城乡一体化发展报告》，社会科学文献出版社 2011 年版。

101. 于金富：《社会主义经济转轨的马克思主义分析方法》，《经济研究》2006 年第

12 期。

102. 李世安：《英国农村剩余劳动力转移问题的历史考察》，《世界历史》2005 年第 2 期。

103. 都阳等：《延续中国奇迹：从户籍制度改革中获取红利》，《经济研究》2014 年第 8 期。

104. 李富强、王立勇：《人力资本、农村劳动力迁移与城镇化模式——来自基于面板矫正型标准误的多期混合多项 Logit 模型的经验证据》，《经济学动态》2014 年第 10 期。

105. 李江帆：《产业结构高级化与第三产业现代化》，《中山大学学报（社会科学版）》2005 年第 4 期。

106. 周天勇：《“转移→聚集→网络”经济推动的二元结构转型——对发展经济学分析方法和框架的补充与修正》，《中国人口科学》2006 年第 1 期。

107. 王章辉：《圈地运动——工业革命劳动力的主要来源》，《世界历史》1984 年第 4 期。

108. 王章辉：《大农业不是英国农业和经济衰落的原因》，《史学月刊》2000 年第 1 期。

109. 庞明川：《建党百年宏观经济政策的探索与创新》，《财经问题研究》2021 年第 7 期。

110. 闫逢柱：《台湾现代农业人力资本的变化及大陆的启示》，《中国农学通讯》2006 年第 4 期。

111. 袁富华：《中国劳动密集型制造业出口和就业状况分析》，《经济理论与经济管理》2007 年第 4 期。

112. 岳昌君、丁小浩：《受高等教育者就业的经济学分析》，《高等教育研究》2003 年第 6 期。

113. 岳昌君：《影响高校毕业生就业的因素分析》，《国家教育行政学院学报》2004 年第 2 期。

114. 岳昌君：《高等教育人口比重的国际比较》，《教育研究》2004 年第 2 期。

115. 朱镜德：《现阶段中国劳动力流动模式、就业政策与经济发展》，《中国人口科学》2001 年第 4 期。

116. 曾湘泉：《变革中的就业环境与中国大学生就业》，《经济研究》2004 年第 6 期。

117. 郑功成：《大学生就业难与政府的政策取向》，《中国劳动》2006 年第 4 期。

118. 赖德胜：《劳动力市场分割与大学毕业生失业》，《北京师范大学学报》（人文社会科学版）2001 年第 4 期。

119. 吴克明、赖德胜：《大学生自愿性失业的经济学分析》，《高等教育研究》2004 年第 2 期。

120. 刘秀娟、董谦、王军：《农业类高校毕业生的农村基层就业意愿调查分析》，《安徽农业科学》2008 年第 10 期。

121. 李仙娥、王春艳：《国外农村剩余劳动力转移模式的比较》，《中国农村经济》2004 年第 5 期。

122. 马风华、李江帆：《生产服务业与制造业互动研究》，《经济管理》2008 年第 17 期。

123. 党国英：《中国农村改革与发展模式的转变——中国农村改革 30 年回顾与展望》，《社会科学战线》2008 年第 2 期。

124. 王诚：《中国就业发展：从二元就业到现代化就业》，《国家行政学院学报》2000 年第 4 期。

125. 卢荣善：《经济学视角：日本农业现代化经验及其对中国适用性研究》，《农业经济问题》2007 年第 2 期。

126. 田永坡：《高等教育扩展与“知识失业”：国外的研究和经验》，《高等教育研究》2006 年第 7 期。

127. 陆铭、蒋仕卿：《重构“铁三角”：中国的劳动力市场改革、收入分配和经济增长》，《管理世界》2007 年第 6 期。

128. 李晓春：《劳动力转移和工业污染——在现行户籍制度下的经济分析》，《管理世界》2005 年第 6 期。

129. 曾令华、江群、黄泽先：《非农就业增长与城市化进程相关性分析》，《经济体制改革》2007 年第 1 期。

130. 李若建：《中国人口的户籍现状与分区域推进户籍制度改革》，《中国人口科学》2003 年第 3 期。

131. 钱陈、史晋川：《城市化、结构变动与农业发展——基于城乡两部门的动态一般均衡分析》，《经济学（季刊）》2006 年第 1 期。

132. 邹农俭：《进城人口的户籍制度改革》，《经济社会体制改革比较》2003 年第 5 期。

133. 廖筠：《城市化进程中的“逆城市化现象”——“非转农”问题分析》，《上海经济研究》2003 年第 6 期。

134. 安同良、卞加振、陆国庆：《中国工业反哺农业的机制与模式：微观行为主体的视角》，《经济研究》2007 年第 7 期。

135. 温铁军：《产业资本如何介入乡村建设》，《中国改革》2005 年第 12 期。

136. 彭连清、詹向阳：《沿海地区产业转移与欠发达地区农村劳动力转移模式的演变——以珠三角为例》，《当代经济研究》2007 年第 5 期。

137. 王满四、熊巍俊：《制度变迁与农民身份的变迁——城市农民工及其城市化问题的制度分析》，《改革》2005 年第 4 期。

138. 周天勇：《托达罗模型的缺陷及其相反的政策含义——中国剩余劳动力转移和就业容量扩张的思路》，《经济研究》2001 年第 3 期。

139. 周天勇：《制度逆向安排：劳力剩余、失业严重和分配不公的深层症结》，《经济研究参考》2006 年第 44 期。

140. 陆铭、陈钊、杨真真：《平等与增长携手并进——收益递增、策略性行为和分工的效率损失》，《经济学（季刊）》2007 年第 2 期。

141. 贺雪峰：《中国农业的发展道路和政策重点》，《南京农业大学学报》2010 年第 4 期。

142. 贺雪峰：《当前三农领域的两种主张》，《经济导刊》2014 年第 8 期。

143. 厉以宁：《双向城乡一体化显露生机》，《北京日报》2012 年 11 月 12 日。

144. 黄祖辉：《中国农民合作组织发展的若干理论与实践问题》，《中国农村经济》2008 年第 11 期。

145. 李国荣、郭爽、蓝建中：《国外家庭农场：小农场，大农业》，《国际先驱导报》2013 年 9 月 27 日。

146. 温铁军：《我国为什么不能实现农村土地私有化》，《红旗文稿》2009 年第 2 期。

147. 简新华、杨冕：《“中国农地制度与农业经营方式创新高峰论坛”综述》，《经济研究》2015 年第 2 期。

148. 黄祖辉等：《小农户参与大市场的集体行动》，《农业经济问题》2007 年第 9 期。

149. 林毅夫、蔡昉、李周：《中国的奇迹：发展战略与经济改革》（修订版），上海三联书店、上海人民出版社 1999 年版。

150. 张永丽、金虎玲：《农村人口和劳动力资源禀赋变动趋势》，《经济学动态》2013 年第 9 期。

151. 陈珣、徐舒：《农民工与城镇职工的工资差距及动态同化》，《经济研究》2014 年第 10 期。

152. 杨菊华：《中国流动人口的社会融入研究》，《中国社会科学》2015 年第 2 期。

153. 简新华、黄锟：《中国农民工最新生存状况研究——基于 765 名农民工调查数据的分析》，《人口研究》2007 年第 11 期。

154. 周振、孔祥智：《新中国 70 年农业经营体制的历史变迁与政策启示》，《管理世界》2019 年第 10 期。

155. 于桂兰、宋冬林：《我国劳动力价值实现程度与劳动争议关系的实证研究》，《马克思主义研究》2009 年第 6 期。

156. 张晨、冯志轩：《资本积累视角下的劳动力价值：识别、测算与中国现实》，《经济学家》2014 年第 6 期。

157. 王美艳：《城市劳动力市场对外来劳动力歧视的变化》，《中国劳动经济学》2007 年第 4 期。

158. 高文：《我国劳动力价值实现程度的指标构建、测度及影响因素分析——基于马克思工资理论的视角》，《经济问题探索》2015 年第 5 期。

159. 李春根、夏珺：《中国城市最低生活保障标准：变化轨迹和现实考量——基于 2003—2013 年 31 个省域城市低保数据的聚类分析》，《中国行政管理》2014 年第 12 期。

160. 李保民：《马克思和恩格斯论城乡就业一体化》，《经济学家》2008 年第 3 期。

161. 李保民：《统筹城乡就业的一个马克思主义经济学新解》，《当代世界与社会主义》2009 年第 2 期。

162. 李保民：《我国城乡就业一体化的路径转换及其优化方向》，《当代经济研究》2009 年第 7 期。

163. 李保民：《我国统筹城乡就业的回顾与展望——基于马克思主义经济学视角》，

《华北水利水电学院学报》2009 年第 12 期。

164. 李保民：《高校毕业生就业困境、原因与对策》，《经济纵横》2009 年第 12 期。

165. 李保民：《市场经济与劳动者主权有机统一论——中国失业问题的一个分析框架》，中国社会科学出版社 2007 年版。

166. 孔伟艳：《创新流动人口管理要实现“四化”——基于成都市与常州市的调研》，《中国党政干部论坛》2013 年第 10 期。

167. 孔伟艳：《成都、常州创新流动人口管理的经验与启示——基于四川成都市与江苏常州市的调研》，《中共四川省委党校学报》2013 年第 4 期。

168. 王美艳、贾明：《中国劳动力市场制度面临的新挑战和建议》，《中国发展观察》2020 年第 Z7 期。

169. 刘涛：《中西部粮食主产区城镇化的思考——基于城镇化研究文献和河南省城镇化数据》，《河南大学学报》2014 年第 1 期。

170. 郭启民、李志明：《“十四五”时期实施就业优先战略的实践意义和重点路径》，《新视野》2021 年第 4 期。

171. 陈文通：《正确理解生产方式与生产关系及所有制范畴》，《经济纵横》2012 年第 4 期。

172. 罗荣渠：《现代化新论——中国的现代化之路》，华东师范大学出版社 2013 年版。

173. 刘嘉林、毛凤华等：《中国劳动制度改革》，经济科学出版社 1988 年版。

174. 俞宪忠：《是“城市化”还是“城镇化”——一个新型城市化道路的战略发展框架》，《中国人口资源与环境》2004 年第 5 期。

175. 张丽宾：《我国统筹城乡就业试点的现状分析与政策建议》，《经济研究参考》2008 年第 46 期。

176. 赵伟、隋月红：《集聚类型劳动力市场特征与工资——生产率差异》，《经济研究》2015 年第 6 期。

177. 王小鲁、夏小林：《优化城市规模　推动经济增长》，《经济研究》1999 年第 9 期。

178. 王小鲁：《中国城市化路径与城市规模的经济学分析》，《经济研究》2010 年第 10 期。

179. 钟宁桦：《农村工业化还能走多远》，《经济研究》2011 年第 1 期。

180. 聂华林、王宇辉：《西部地区农村城镇化道路的思考》，《社科纵横》2005 年第 5 期。

181. 李富田、李戈：《进城还是进镇：西部农民城镇化路径选择——对四川省 31 个镇、村调查》，《农村经济》2010 年第 4 期。

182. 陈凤桂、张虹欧等：《我国人口城镇化与土地城镇化协调发展研究》，《人文地理》2010 年第 5 期。

183. 章征涛、李世龙：《城市化的虚荣——对我国城市化现状的认识》，《城市发展研究》2011 年第 12 期。

184. 赵新平、周一星、曹广忠：《改革以来中国城市化道路及城市化理论研究评述》，《中国社会科学》2002 年第 2 期。

185. 朱莉芬：《城镇化对耕地影响的研究》，《经济研究》2007 年第 2 期。

186. 陆铭、向宽虎、陈钊：《中国的城市化和城市体系调整：基于文献的评述》，《世界经济》2011 年第 6 期。

187. 陆铭、陈钊：《分割市场的经济增长——为什么经济开放可能加剧地方保护》，《经济研究》2009 年第 3 期。

188. 王伟同：《城镇化进程与社会福利水平——关于中国城镇化道路的认知与反思》，《经济社会体制比较》2011 年第 3 期。

189. 魏后凯、苏红键：《中国农业转移人口市民化进程研究》，《中国人口科学》2013 年第 10 期。

190. 陈纪平：《为什么大工业没有割断农业生产中的家庭纽带——马克思农业资本主义生产理论的解读及发展》，《经济学家》2013 年第 2 期。

191. 程广云：《后现代：走向“多元”的现代性》，《哲学研究》2005 年第 5 期。

192. 杨宜勇：《中国转轨时期的就业问题》，中国劳动社会保障出版社 2005 年版。

193. 林毅夫：《中国经济专题》，北京大学出版社 2008 年版。

194. 黄春高：《分化与突破：14　16 世纪英国农民经济》，清华大学出版社 2011 年版。

195. 魏后凯、闫坤：《中国农村发展报告——以全面深化改革激发农村发展新动能》，中国社会科学出版社 2017 年版。

196. 纪韶、李小亮：《改革开放以来农村劳动力流动就业制度、政策演进和创新》，《经济与管理研究》2019 年第 1 期。

197. 蔡昉：《中国经济改革效应分析》，《经济研究》2017 年第 7 期。

198. 袁志刚等：《城乡统筹劳动力市场建设与国家竞争力研究》，复旦大学出版社 2010 年版。

199. 本书编写组：《中国共产党简史》，人民出版社、中共党史出版社 2021 年版。

200. 常凯：《中国劳动关系报告——当代中国劳动关系报告》，中国劳动社会保障出版社 2009 年版。

201. 赖德胜：《2011 中国劳动力市场报告》，北京师范大学出版集团、北京师范大学出版社 2011 年版。

202. 张莞航：《就业优先政策再强化，力促更充分更高质量就业》，《中国发展观察》2021 年第 6 期。

203. 张雄：《马克思政治经济学批判思想缘起及其发展逻辑》，《哲学研究》2021 年第 6 期。

204. 谢玲红、吕开宇：《“十四五”时期农村劳动力转移就业的五大问题》，《经济学家》2020 年第 10 期。

205. 张可云、王洋志：《农业转移人口市民化方式及其对收入分化的影响——基于 CGSS 数据的观察》，《中国农村经济》2021 年第 8 期。

206. 孟捷、李怡乐：《改革以来劳动力商品化和雇佣关系的发展——波兰尼和马克思的视角》，《开放时代》2013 年第 5 期。

207. 李春根、夏珺：《中国城市最低生活保障标准：变化轨迹和现实考量——基于 2003—2013 年 31 个省域城市低保数据的聚类分析》，《中国行政管理》2014 年第 12 期。

208. 本刊评论员：《发展无愧于新时代的中国理论》，《中国社会科学》2022 年第 1 期。

209. 潘璐、周雪：《资本农场中的农业雇工：剥夺与异化——对四川葛村资本农场的实地研究》，《中国农业大学学报》（社会科学版）2016 年第 2 期。

210. 文礼朋：《近现代英国农业资本主义的兴衰——农业与农民现代化的再探讨》，中央编译出版社 2013 年版。

211. 金辉等：《苏联经济概论》，中国财政经济出版社 1985 年版。

212. 李贵春、李虎、宋彦峰：《农业产业化标准化现代化知识读本》，西南师范大学出版社、人民出版社 2009 年版。

213. 杜润生：《杜润生自述：中国农村体制变革重大决策纪实》，人民出版社 2005 年版。

214. 胡学勤：《失业论——中外失业问题研究》，人民出版社 2002 年版。

215. 耿明斋：《中原经济区竞争力报告（2014～2015）》，社会科学文献出版社 2015 年版。

外文文献：

1. Lewis W. A.，“Economic Development with Unlimited Supplies of Labour”，*The Manchester School*，Vol.22，No.2（1954），pp.139-191.

2. Ranis G. & Fei J.，“A Theory of Economic Development”，*American Economic Review*，Vol. 51，No. 4（1961），pp.533-565.

3. Acemoglu D. & Zilibotti F.，“Productivity Differences”，*Quarterly Journal of Economics*，Vol.116，No.2（2001），pp. 563-606.

4. Matsuyama K.，“Structural Change ”，in Blume L. E. & DurLauf S. N.（eds），*The New Palgrave Dictionary of Economics*，London：Palgrave Macmillan，2008.

5. Schultz T. W.，*Transforming Traditional Agriculture*，New Haven：Yale University Press，1964.

6. Jorgenson D. W.，“Surplus Agricultural Labour and the Development of A Dual Economy”，*Oxford Economic Papers*，Vol. 19，No. 3（1967），pp.288-312.

7. Harris J. R. & Todaro M. P.，“Migration，Unemployment and Development：A Two Sector Analysis”，*American Economic Review*，Vol. 60，1970，pp. 126-142.

8. Dixit A.，“Models of Dual Economies”，in *Models of Economic Growth*，Mirrlees J. A. & Stern N. H.（eds），London：Macmillan，1973.

9. Gollin，Parente & Rogenson，“The Role of Agriculture in Development”，*American Economic Review*，Vol. 99，No.2（2002），pp. 160-164.

10. Piore M. J., “The Dual Labour Market：Theory and Applications”, in *The State and the Poor*, Barringer R. & Beer S. H. (eds), Cambridge, Mass.: Winthrop, 1970.

11. Bose G., “Agrarian Efficiency Wages in a Dual Economy”, *Journal of Development Economics*, Vol. 49, No. 2 (1996), pp. 371-386.

12. Ljungqvist L., “Wage Structure as Implicit Insurance on Human Capital in Developed Versus Undeveloped Countries”, *Journal of Development Economics*, Vol. 46, No. 1 (1995), pp.35-50.

13. Arai K., “Cooperation, Jobs Security, and Wages in a Dual Labor Market Equilibrium”, *Journal of Socio-Economics*, Vol. 26, No. 1 (1997), pp.39-57.

14. Basu B., “Another Look at Wage Distortion in a Developing Dual Economy”, *Australian Economic Papers*, Vol. 43, No. 2 (2004), pp.208-227.

15. Proto E. “Land and the Transition from a Dual to a Modern Economy”, *Journal of Development Economics*, Vol. 83, No. 1 (2007), pp.88-108.

16. Mude, Barrett, McPeak & Doss, “Educational Investments in a Dual Economy”, *Economica*, Vol. 74, No.2 (2007), pp. 351-369.

17. Banerjee B., “The Role of the Informal Sector in the Migration Process：A Test of Probabilistic Migration Models and Labor Market Segmentation for India”, *Oxford Economic Papers*, Vol. 35, 1983, pp. 411-20.

18. Stark O. & Taylor J.E., “Migration Incentives, Migration Types：the Role of Relatives Deprivation”, *The Economic Journal*, Vol. 101, 1991, pp.1163-1178.

19. Robert E., & Lucas Jr., “Life Earnings and Rural-Urban Migration”, *Journal of Political Economy*, Vol. 112, No. 1 (2004), pp.29-59.

20. Deane, P. and Cole, W.A., *British Economic Growth, 1688—1957*, Cambridge, 1964.

21. Dean, P. and Cole, W. A., *British Economic Growth, 1688—1957*, Cambridge: Cambridge University, 1962, p.142.

后　记

在全面建设社会主义现代化国家、向第二个百年奋斗目标进军的新征程上，城乡经济社会协调发展仍是亟待解决的一个重大战略问题。早在2003年10月，党的十六届三中全会首次提出了统筹城乡发展、统筹区域发展、统筹经济社会发展、统筹人与自然和谐发展、统筹国内发展和对外开放即“五个统筹”的战略要求，统筹城乡发展被摆在“五个统筹”的首要位置，可见当时城乡经济社会发展差距问题之突出、城乡经济社会协调发展之重要。不久，中共中央党校中青班按照“五个统筹”相应组建了五个课题组，我有幸参加了其中的“统筹城乡发展”课题组。通过学习和参与研讨，我越来越意识到统筹城乡就业、推进城乡就业一体化是实施城乡经济社会协调发展工程的核心与基础，非常有必要进行专题研究。此后，我先后主持承担了河南省哲学社会科学规划项目《城乡就业一体化的机制原理与对策体系研究》（证书号2010C024）、国家社会科学基金项目《马克思城乡就业一体化理论与我国统筹城乡就业机制创新研究》（批准号09CJL001）、河南省高校科技创新人才（人文社科类）项目《马克思城乡就业一体化理论的文本解读、现代阐释及在中国的应用研究》等的研究工作。历经十余载较为深入的研究，发表了一系列学术论文，完成了两份研究工作报告，业已结项的课题得到鉴定专家的积极肯定，鉴定等级为优秀和良好，更加激励我做更为深入的研究。本书是对国家社会科学基金项目结项成果的进一步丰富、充实与完善，同时是我主持的2020年河南省哲学社会科学规划年度项目“《法德农民问题》中蕴含的农业合作社思想及其当代价值研究”的阶段性研究成果。也是对本人相关研究所做的一个总结，希望能够以自己的赤诚之心、绵绵之力，为推动城乡经济社会协调发展、迈上更高质量、更有效率、更加公平、更可持续、更为安全的发展之路贡献一份才智。

本书通过对马克思主义城乡就业一体化理论的文本研究和现代阐释，提炼出基于马克思主义视角的统筹城乡就业理论分析框架。基于该视角，将发展中国家在现代化进程中面临的——如何避免出现严重的城乡经济社会矛盾并达到理顺和优化城乡就业关系、扩大城乡就业总量和提高城乡就业现代化水平的目标，归结为推进城乡就业一体化的两个相互紧密关联、需要统筹解决的难题：一是如何充分创造现代生产方式—就业机会，二是如何实现现代生产方式—就业机会城乡动态分布合理化。遵循提出问题、分析问题、解决问题的逻辑思路进行谋篇布局。根据城乡就业一体化的阶段性特点及新任务，价值导向由服从资本利益向坚持以人民为中心的发展转变，政策设计由“农村剩余劳动力转移政策”向“城乡就业一体化政策”转变，按照城乡就业总量扩大、城乡就业关系优化和城乡就业现代化水平提高等目标导向，提出现阶段我国统筹城乡就业机制转换与创新的政策重点和努力方向。

全书由李保民论证设计、谋篇布局。全书除导论和结语外，由八章构成。李保民写作了导论、第一章、第二章、第三章、第四章、第五章、结语，中共山东省委党校研究生李存远参与了第四章的写作；河南科技学院张永波博士写作了第六章；河南大学乡村振兴研究院副院长赵志亮、河南大学经济学院副教授刘涛写作了第七章；中国宏观经济研究院社会发展所副研究员孔伟艳写作了第八章；河南大学外语部王博副教授、李存远参与了国外文献部分的翻译工作、专题调研和研讨；最后由李保民对全书进行修改定稿。

值此本书付梓之际，我要向国家社会科学基金、河南省哲学社会科学规划办公室、河南省教育厅对课题研究的大力资助表示诚挚的敬意和谢意。我要向研究和写作过程中给予启发、引用参考的文献的作者致以崇高的敬意，如有遗漏、错误或评述不妥之处，还请予以谅解。在这里，我特别感谢人民出版社编审王世勇先生审阅书稿与积极推荐，感谢人民出版社编辑王怡石女士悉心审阅书稿并为之杀青。感谢河南大学经济学院、人文社科研究院、公共政策与地方治理软科学研究基地、经济研究所、乡村振兴研究院、中原发展研究院等机构和工作人员，为课题研究与出版事宜提供的大力支持与便利。我还要特别感谢河南大学应用经济学科建设基金资助本书出版。最后，我要向可亲可敬的母亲、可爱的妻子和孩子长期以来对我研究工作的理解和默默的支持，表示深深的歉意和谢意。

李保民

2022 年 8 月 6 日